Alltagsbewältigung
Rückzug — Widerstand?

Alltag und Biografie von Mädchen
Band 7

Herausgegeben von der
Sachverständigenkommission Sechster Jugendbericht
Helga Krüger, Gerhild Frasch, Elfriede Bode,
Dieter Baacke, Renata v. Ungern, Gabriele Naundorf.

Redaktion: Winfried Krüger, Carola Möller, Marianne Weg

Claudia Fromm / Monika Savier
Ulrike Kreyssig / Anne Kurth
Rita Eichelkraut / Andrea Simon

Alltagsbewältigung Rückzug — Widerstand?

Leske Verlag + Budrich GmbH, Opladen 1984

CIP-Kurztitelaufnahme der Deutschen Bibliothek

Alltag und Biografie von Mädchen / Hrsg.
von d. Sachverständigenkomm. Sechster
Jugendbericht. Helga Krüger . . . Red. Winfried Krüger . . .
– Opladen Leske und Budrich

NE: Krüger, Helga (Hrsg.); Sachverständigen-
kommission Sechster Jugendbericht

Bd. 7. Alltagsbewältigung, Rückzug – Wider-
stand? / Mit Beitr. von Claudia Fromm . . .–
1984
ISBN: 3-8100-0482-0

NE: Fromm, Claudia (Mitverf.)

Gesamtherstellung: Hain Druck GmbH, Meisenheim/Glan
Printed in Germany

Vorbemerkung der Sachverständigenkommission

Alltag und Biografie von Mädchen sind vielfältig und reichhaltig an gesellschaftlichen Erfahrungen und Widersprüchen; nur ist viel zu wenig davon bekannt. Die vorliegende Reihe veranschaulicht diesen Alltag, liefert Daten, analysiert den gesellschaftlichen Kontext und macht hierüber die Besonderheit weiblicher Existenz deutlich. Sie stellt den Lebenszusammenhang von Mädchen in den Mittelpunkt, um von hier aus eine angemessene Sichtweise der Probleme und neue Perspektiven für Mädchen und Frauen zu entwickeln.

In Forschung und wissenschaftlicher Literatur über Kinder- und Jugendfragen kommen Mädchen wenig vor, da durchweg ohne Unterscheidung über die Lebenskonzepte, die Berufsorientierung, Ausbildungs-, Schul- oder Freizeitprobleme, Familiensituation und Konfliktlagen „der Jugendlichen" oder der „Kinder" nachgedacht wird. Schon bei erstem Hinsehen zeigt sich: Es wird praktisch nur von Jungen berichtet – Mädchen erscheinen subsumiert bzw. allenfalls als eine (defizitäre) Untergruppe des „Normalfalls" der männlichen Jugendlichen. So bleiben die durch die geschlechtsspezifische Arbeitsteilung in der Gesellschaft bedingten Merkmale ihrer Lebenssituation unsichtbar: die Interessen und Denkweisen von Mädchen, ihre Stärken und die ihnen zugemuteten Benachteiligungen, ihre Probleme sind kein Thema. Es geht um „Schüler", „Arbeiterjugendliche", „die Alternativszene" – aber nicht um Schülerinnen, Arbeitermädchen, Mädchen in Alternativbewegungen . . . .

Das Spektrum dieser Reihe umfaßt unter anderem: die Sichtweise des „weiblichen Sozialcharakters" in den Sozialisationstheorien; Mutter/Tochter- und Vater/Tochter-Beziehungen in der Familie, den Sexismus in der Schule, im Kindergarten, in der Beratungspraxis und in Heimen, die Weiblichkeitsbilder in den Medien; Untersuchungen zur Lebenssituation von Mädchen ohne Ausbildung, von behinderten Mädchen und Mädchen auf dem Lande; sexuelle Gewalt gegen Mädchen ist ebenso Thema wie die Diskriminierung von Mädchen im geltenden Recht; Alternativen der Mädchenarbeit werden aufgezeigt sowie theoretische und praktische Ansätze einer kulturpolitischen Bildung für Mädchen und Frauen.

Die Arbeiten sind als Expertisen zum 6. Jugendbericht entstanden, der das Thema „Verbesserung der Chancengleichheit von Mädchen" zum Gegenstand hat. Ihre Veröffentlichung in dieser Reihe wurde finanziell vom Bundesministerium für Jugend, Familie und Gesundheit gefördert. Die Expertisen waren eine der Grundlagen für die Sachverständigenkommission, die zu Beginn ihrer Arbeit die erheblichen Informations- und Forschungslücken auf allen Gebieten feststellen mußte. Um sie zu schließen, wurden Wissenschaftler/innen und Praktiker/innen mit den oben genannten Themen beauftragt.

Die verschiedenen Studien dieses Bandes untersuchen offensive und öffentliche, sowie auf privaten Rückzug gerichtete oder auch selbstzerstörerische Widerstandsformen von Mädchen, mit denen sie sich Überlebensmöglichkeiten und Freiräume zu schaffen suchen. Mädchen kommen selbst zu Wort, um ihre schwierige Suche nach einem lebenswerten Alltag darzustellen. Alternativen für die pädagogische und die therapeutische Arbeit mit Mädchen werden aufgezeigt, die darauf zielen, Stärke und Selbstbewußtsein bei Mädchen zu unterstützen.

Inhaltsübersicht

Widerstandsformen von Mädchen in Jugendsubkulturen

Inhalt

Prolog: Dialog ohne die Jugend

,BILD AM SONNTAG' vom 3.5.1981 macht sich Sorgen um Deutschlands ,Außenseiterinnen' (Serientitel): „Der Fall Katja. Was trieb dieses Mädchen zu den Hausbesetzern?" Es ist einfach nicht zu glauben, denn „in ihrem Elternhaus hat die Schülerin ein wunderschönes Zimmer mit Farbfernseher, Stereo-Anlage und Mini-Bar".

Zugegeben, die BILD-Zeitung vertritt die reaktionärste Positition in Berichterstattung und Auseinandersetzung um die ,Jugend 1981'. Trotzdem: Wenn wir die in der letzten Zeit auf allen öffentlichen und politischen Ebenen heftig geführte Diskussion um ,die Jugend' aus unserer Sicht betrachten, dann ist zumindest eines klar: es geht dabei nicht darum, wie die Jugendlichen die Probleme ihrer Lebensverhältnisse erleben, was sie denken und fühlen, sondern in erster Linie geht es um die *ideologische* und *administrative* Bewältigung des Jugendproblems.

Die politische Großwetterlage in der Bundesrepublik verdüstert sich und verstärkte restaurative Tendenzen in allen gesellschaftlichen Bereichen lassen sogar oft vorsichtige Versuche ,Verständnis' für ,die Jugend' zu haben und ,etwas für sie zu tun' ins Schußfeld der Kritik geraten.

Sozio-ökonomische oder gesellschaftspolitische Entwicklungen werden in weiten Kreisen der öffentlichen Diskussion kaum berücksichtigt, wenn es um das Problem auffälliger Jugendsubkulturen wie Punks und Hausbesetzer geht. Sondern „der gestörte Generationstransfer glaubwürdiger Normen und Wertorientierungen der ,freiheitlich demokratischen Grundordnung' wird in den Mittelpunkt der Überlegung gestellt" (*Presse und Informationszentrum der Hochschule der Künste Berlin* 1981).

Je weniger die Gesellschaft den Jugendlichen an Lebensperspektiven und Teilnahmemöglichkeiten am gesellschaftlichen Leben, z.B. in Form von Arbeitsplätzen, zu bieten hat, desto mehr geht es um Normen und Ideologien. Umso bedrohlicher wird alles ,Jugendliche': Die Jugend wird zum ,Staatsfeind Nr. 1'.

Auf Bundesebene wird eine Enquete-Kommission zum Thema ,Jugendprotest' eingerichtet, Punks werden in den Bundestag eingeladen und während viele Altlinke sich verzweifelt die Haare raufen, weil niemand von der ,Jugend' mit ihnen reden will, wollen einige von der SPD wenigstens noch *Eindrücke* vermitteln: „Das Mißtrauen uns gegenüber ist groß. Es wäre schon viel erreicht, wenn wir wenigstens den Eindruck vermitteln könnten, daß wir vorurteilslos zuhören wollen". So können wir in den ‚Kieler Nachrichten' vom 12.11.1981 lesen.

Auf Tagungen, die das Problem mit der Jugend klären sollen, wird von einem Wettlauf um die öffentliche Meinung gesprochen: Dem Wettlauf zwischen reaktionär faschistischen Tendenzen in diesem Land und dem Einfluß der liberalen Öffentlichkeit, die für Toleranz, Anhören und Umdenken plädiert.

Wer wird gewinnen?

Daß die Gesellschaft der Erwachsenen Jugendliche als Sündenböcke braucht, ist nichts Neues. Die Verteufelung von ‚Gammlern', ‚Hippies' und ‚Rockern' in den letzten 20 Jahren durch die bundesdeutsche Presse und die Medien sind Beispiele dafür. Doch die Punks und Hausbesetzer als der Vertreter neuerer Jugendbewegungen haben nicht einfach die Rolle der alten Subkulturen übernommen.

Heute weht ein anderer Wind in Deutschland: Die erste allgemeine Verunsicherung hat längst stattgefunden. Politiker und Parteien unterschätzen die symbolische Kraft der maskierten Polizisten, der wegsanierten Häuser und der Kühltürme von Kernkraftwerken. Die reale Weltuntergangsperspektive aufgrund des ‚kleinen atomaren Schlagabtauschs' auf deutschem Territorium motiviert die Jugendlichen (und uns auch) zu der Frage: Wo ist denn das Leben vor dem Tode? Zum Glück setzt bei vielen nicht die große Depression, sondern die große Kampfstimmung ein. Hausbesetzungen und die begeisterte Reaktion vieler Jugendlicher auf Hausbesetzungen sind eine reale Möglichkeit, sich zu wehren. Auf einer Tagung zum Jugendprotest wird ein namenloser Jugendlicher zitiert: „Ich stehe heute nicht auf" soll er zu seiner Mutter morgens gesagt haben. „Es gibt eh bald Krieg". Uns wird dieser Satz von einem bekannten Erziehungswissenschaftler erläutert: Es handele sich hierbei um eine Verkoppelung sehr subjektiver Gefühlsnormen und der übergeordneten individuellen Interpretation der derzeitigen gesellschaftlichen Lage . . .

Wir fragen uns lieber, wie Jugendliche (Kinder) mit Informationen durch Liedertexte wie denen auf der neuen Langspielplatte (Titel: Ich will leben!) des deutschen Schlagerstars Peter Maffay umgehen, dessen Millionenauflagen die Zwölf- bis Achtzehnjährigen anvisieren, wenn er singt:

„Wer vernichtet den Wal, wer vergiftet die See,
schlägt neugeborene Robben tot.
Wer planiert das Land, betoniert den Strand,
wer backt mit Chemie sein Brot,
wenn Häuser wegsaniert, einfach ausradiert
werden, muß doch jemand schuldig sein.
Ihr nicht,
Das fiele Euch im Traum nicht ein.

Fünf vor Zwölf, es ist höchste Zeit,
die Bombe fängt zu ticken an,
die Lunte brennt, keiner weiß Bescheid,
wie man Bomben stoppen kann.
Solange sich ein anderer Euren Kopf zerbricht,
habt Ihr keine Zeit zu ruhn,
Ihr nicht!
Packt an, es gibt so viel zu tun.
Träumt nicht,
schlaft nicht,
sagt nicht,
Ihr hättet nichts gewußt."

Die pädagogische Vermittlung solcher schlichten Wahrheiten im Rahmen von Jugendarbeit hatte bisher immer den altbekannten ‚zum einen Ohr rein, zum anderen Ohr raus' Effekt. Unsere Betroffenheit gilt als nicht so glaubwürdig, denn wir stehen als Pädagoginnen ‚im anderen Lager'. Peter Maffay dagegen ist ‚einer von ihnen' und außerdem hält er keinen Vortrag, sondern er singt, er benutzt ein Medium, das stark über den Bauch wahrgenommen wird, und die, die sich jetzt immer noch nicht angesprochen fühlen, tun es spätestens nach dem folgenden Lied:

„*Kontinente rasen dann*
in Sekunden auf sich zu,
wer sieht noch den letzten Blitz,
dann vor dieser Explosion,
die Wellen sind so rot,
und wo einst Wüste war,
gähnt nur ein schwarzes Loch,
und der letzte Mensch bittet um den Tod . . . "

Maffays Vision vom Weltuntergang, ausgelöst durch einen atomaren Krieg, trifft Mädchen in der Pubertät mitten in's Herz. Sollen sie daraufhin weinen? Werfen sie Steine oder fixen sie nun erst recht?

Fest steht, auf ihre Zukunft hin planen nur noch wenige. Dazu liefern Staat und Gesellschaft Schützenhilfe – Arbeitslosigkeit, Wohnraumnot, Gewalt von allen Seiten. Wir sehen und fühlen alle den krassen Widerspruch zwischen der öffentlichen Moral und dem politischen Handeln der Apparate. Der ‚Dialog' mit der Jugend' wird durch unsere Gesetzgebung (mit der Strafanstalt im Hintergrund) formal beendet. „Es ist alles verboten" sagen die Jugendlichen. An einer Telefonzelle in West-Berlin war aufgesprüht: „Telefonieren erlaubt".

Wir setzen unsere Hoffnungen auch nicht mehr in politische Forderungen und schließen uns der Einschätzung einer Gruppe von Sozialwissenschaftlern an, die nach einer Untersuchung der Situation von Jugendlichen in Kreuzberg und der derzeitigen Jugendarbeit in diesem Gebiet die Forderung nach dezentralen, entinstitutionalisierten Jugendtreffs aufstellen und im Nachsatz gleichzeitig betonen:

„Wir besitzen nicht die *politische Naivität* zu hoffen, daß diese – in Anbetracht der massenhaften Marginalisierung Kreuzberger *Jugendlicher* nicht ausreichenden *Minimalforderungen* auch nur ansatzweise durchsetzbar sind. Stattdessen rechnen wir mit einer *Zunahme repressiver Maßnahmen*, bestenfalls ergänzt um das eine oder andere Renommierprojekt. Damit werden sich sichtbar ausgeübte wie *strukturelle Gewalt* (als Vorenthaltung von Lebenschancen) deutlich vermehren. Es soll sich daher niemand wundern oder moralisch entrüsten, wenn – um ein türkisches Sprichwort abzuwandeln – die Bombe neben dem Feuer tatsächlich expolodiert."
(Presse- und Informationsstelle der Hochschule der Künste 1981)

Einleitung

„Bilder von Jugendkulturen, die in Umlauf gesetzt werden, wirken auf Jugendliche zurück und prägen deren Selbstverständnis. Die Bilder sind ferner strategischer Teil gesellschaftlichen Kontrollhandelns gegen Jugend, sie bereiten Eingriffe vor, legitimieren, produzieren sie" (Zinnecker 1981).

Nun sollen auch wir diese Bilder malen – jugendliche Stilformen zur Abgrenzung von der Erwachsenenwelt, der Abrißkugel, dem Bauzaun in Brokdorf, den Kaufhausdedektiven und der ZDF-Hitparade. Es geht um Trends zum Widerstand, ‚Devianz' und Militanz. Wir sollen vermarkten, indem wir die Nicht-Vermarktbarkeit, die Abgrenzung der Jugendkulturen anpreisen, beschreiben (und selbst darauf ‚abfahren'). Kritik an allen Formen von Vermarktung jugendlicher Stil- und Widerstandsformen ist angebracht.

Doch unsere Position ist anders als die vieler unserer Kollegen und Kolleginnen: Wir schreiben nicht über ‚die Jugend', sondern über Mädchen bzw., so glauben wir, in ihrem Interesse und beziehen unsere eigenen Erfahrungen mit ein. Wir Frauen haben selbst als Mädchen die frauenfeindlichen Züge unserer damaligen Jugendsubkulturen ‚am eigenen Leibe' erfahren dürfen. Wir erleben sie noch immer, täglich bei unserer Arbeit, von allen jugendlichen Kultgruppen mehr oder weniger dreist zur Schau gestellt. Denn bereits in der äußeren Präsentation trägt man ‚Chauvi-Stil'.

Wir werden von den meisten Subkulturforschern eines Besseren belehrt: Das ist ästhetische Kultur, künstlerischer Ausdruck und politische Kreativität – also diese Ketten, das schwarze Leder, diverse Phallussymbole, Messerhaarschnitt und der paramilitärische Kleidungsstil – vom persönlichen Verhalten der Jungen an dieser Stelle ganz zu schweigen. Selbst das Symbol der Hausbesetzerscene ist das stilisierte biologische Zeichen für Männlichkeit.

Wir sind bewußt gemein, weil parteilich, denn beim Aufdecken der Unterdrückungsmeachnismen gegenüber Mädchen bekämpfen wir auch unsere eigene Unterdrückung. Uns geht es um das Aufdecken weiblichen Widerstands, der, unserer Erfahrung nach, nur in geringem Maße an die jeweilige Subkultur gebunden ist. Das heißt beispielsweise, mädchenspezifische Widerstandsformen können sehr wohl oder müssen gerade in angepaßten Familienverhältnissen stattfinden. Der Widerstand von Mädchen hat andere Ausdrucksmöglichkeiten, gerade in der Familie. Diese verschwiegenen stillen Orte existieren für Jungen ab einem bestimmten Alter nicht mehr. Für sie gibt es nur noch ein gesellschaftlich anerkanntes oder auch diskriminiertes Jugenddasein, für Mädchen gibt es aber auch noch die Ebene des Lebens zu Hause unter familialer Kontrolle. Dort entwickeln sie Widerstandsformen, die nicht benannt und nicht bewertet werden (vgl. McRobbie 1978; Savier/Wildt 1978).

So können wir durchaus Stilformen von Mädchen in Subkulturen beschreiben, aber sie sind nicht immer identisch mit ihren Widerstandsformen. Komplizierter noch: Jedem Versuch der Kategorisierung stellen sie sich in den Weg. Weiblicher Widerstand taucht da auf, wo wir ihn (als Wissenschaftlerinnen) nicht erwartet hätten – aus dem Hinterhalt der ‚geschlossenen Unterbringung' Familie beispielsweise. Unsere Überraschung ist im Prinzip eine konditionierte. Doch wenn wir an unsere eigene Geschichte, an die Möglichkeiten und Unmöglichkeiten, praktischen Widerstand zu entwickeln denken und darüber hinaus die Geschichten der Frauen und Mädchen in unserer Nähe sehen, dann wandelt sich die Überraschung zur logischen Einsicht. Denn auch unser Blick ist gelegentlich verstellt, von der Literatur zum Thema, den Kommissionen, den ‚Sachverständigen', den Forschungsergebnissen aus Großstudien. Immer wieder sehen wir uns gezwungen, nachzusehen, ob wir auf diesem Markt Brauchbares für den Mädchenansatz finden. Wir finden nichts, doch verunsichert uns diese Erkenntnis. Sollte es wahr sein? Spinnen die Forscher auf Dauer – so wie die Römer im ‚Asterix'? Sind wir ein gallisches Dorf? Winzig aber schlau – kämpfen wir gegen die kulturelle Vereinnahmung durch eine Großmacht?

Unter diesem Aspekt konnten wir vielleicht sogar froh sein, daß noch in der Shell-Studie Mädchen kaum erfaßt, gekennzeichnet, eingeordnet wurden, wie es mit der Jugend (den Jungen) in der ‚Shell-Studie 1981' passierte, die zu einer „... statisch strukturierten Verfügungsmasse für's Marketing der Jugendfreunde in Politik und Geschäftswelt ..." (Liebel 1982) gemacht wurde. Doch diese Marktlücke versucht die BRIGITTE-Studie ‚Mädchen 82' nun zu füllen. Hier erfahren wir viel darüber, wie durch oberflächliche Fragerei Nichtssagendes und doch politisch Verwertbares erfaßt werden kann: ‚Mädchen 82' wünschen sich partnerschaftliche Familienverhältnisse und gesicherte berufliche Perspektiven – doch nach der tatsächlichen Problemsituation, in der sich Mädchen heute befinden wird nicht gefragt, sie bleibt sorgfältig ausgespart.

Durch diesen Beitrag über den Mädchenalltag versuchen wir lediglich, vorwiegend Frauen und Mädchen daran zu erinnern, daß weiblicher Widerstand seine guten Folgen haben kann – ob öffentlich oder nicht öffentlich geübt, in Cliquen, Jugendsubkulturen oder zuhause. Der rote Faden dabei ist für uns der Mädchenalltag, die frauenspezifische ‚Sprache', Gegenstände, Stilbasteleien – verbunden mit unserer eigenen Betroffenheit, die in unserer Alltagspraxis an vielen Stellen in ein gemeinsames Handeln mit Mädchen mündet. So werden unsere Überlegungen Teil eines Selbsthilfeansatzes.

Nun haben wir zwar nicht die Hoffnung, durch das Schreiben dieser Expertise an der Situation von Mädchen konkret etwas verändern zu können, doch für uns als bezahlte Kopfarbeiterinnen ist dies einer der Handlungsspielräume, denen wir uns verpflichtet fühlen.

1. Bisherige Ansätze von Jugendsubkulturforschung

Wenn wir uns auf die neueren subkulturtheoretischen Ansätze und Untersuchungen, besonders in England (vgl. Clarke 1979; Hebdige 1979; Willis 1979) beziehen, stellen wir fest, daß es meistens um festumrissene, eindeutig zu kategorisierende Subkulturgruppen geht: Punks, Mods, Skins, Fußballfans, Motorradcliquen, rechtsradikale Jugendorganisationen etc.. Beeinflußt von bestimmten Wissenschaftsgebieten der Jugendsoziologie, wie der Theorie der Delinquenz, werden hier subkulturelle Orientierungen mit abweichendem, auffälligem Verhalten gleichgesetzt.

Die Forschergruppe des CCCS (Centre for Contemporary Cultural Studies an der Universität Birmingham) geht von einer Umdeutung des allgemein gebräuchlichen Begriffs ‚Kultur' aus, der wir uns ohne Zweifel anschließen: Unter ‚Kultur' sind in diesem Sinne nicht mehr die fragwürdigen ‚Höchstleistungen' bürgerlichen künstlerischen und geistigen Schaffens – wie Opern, Denkmäler und Gedichte – zu verstehen. Kultur ist vielmehr Ausdrucksweise eines Lebensstils, die gesamte Lebensweise einer Gruppe im Zusammenhang mit dem Gebrauch von Symbolen und dem Entwickeln von bestimmten (Lebens)Stilen. Diese Definition von (Jugend)Kultur ist aus der politischen Absicht heraus entstanden, Lebensweisen auch da als ‚kulturell' zu deuten, wo nach bürgerlicher Sichtweise sozial- und bildungsmäßig benachteiligte Bevölkerungsteile von Kultur ausgeschlossen sind.

Die Forscher des CCCS gehen davon aus, daß Jugendkulturen der Mittelschicht (z.B. die verschiedenen sogenannten Jugendprotestbewegungen) aufgrund ihrer ‚kulturellen Mitgift' eher die Chance haben, sich und ihre Absichten zu artikulieren und eine Form von Gegenöffentlichkeit zu schaffen, so daß sie (die Forscher) sich eher als Anwälte der unterprivilegierten Jugendlichen verstehen, die versuchen, die oppositionellen Ausdrucksweisen, die Sprache der Jugendlichen, die sich oft nur in ihren subkulturellen Stilen ausdrückt, zu übersetzen und zu bewerten.

‚Stil' ist eine zentrale Kategorie in ihren Untersuchungen

‚Stilbasteleien' der Jugendlichen charakterisieren ihre klassenspezifischen Ausbruchsversuche aus dem Alltag, den ihnen Erwachsene, die Gesellschaft, der Staat aufzwingen. Subkulturelle Stilformen mißachten die Regeln eines ‚anständigen Tagesablaufs, die bürgerlichen Anstandsregeln. In diesem Sinne haben subkulturelle Stil- und Lebensformen – unabhängig davon, ob sie einen direkt politischen Anspruch äußern oder nicht – einen politischen Charakter und werfen die Frage auf, welchen Stellenwert in der derzeitigen gesellschaftlichen Situation eine ‚Politik des Alltags' haben kann.

Anstelle der traditionellen Formen von gesellschaftsverändernden Kräften tritt verstärkt eine ‚Politik von unten' oder, wie Zinnecker die Diskussion der englischen Subkulturforscher zusammenfaßt:

„Alltagskultur und sozialer Nahraum werden zu eigenständigen Kampffeldern gesellschaftlicher Eingliederung und gesellschaftlichem Widerstand. Das verleiht den subkulturellen Angriffen auf die herrschende Gewalt eine gewisse politische Bedeutung ..." (Zinnecker, 1981).

Neben dem gesellschaftlichen Aspekt von Widerstand transportieren subkulturelle Stile auch eine individuelle Botschaft: sie geben Außenstehenden Aufschluß darüber: „... in welche Richtung man sich selbst biografisch verorten möchte, von welcher Zukunft man träumt, mit wem man sich identifiziert und welche sozialen Gruppen man ablehnt" (Zinnecker, 1981).

Während sich die englischen Forscher in ihren Untersuchungen und Einschätzungen ausschließlich auf Jugendkulturen der sogenannten Arbeiterklasse beziehen, kommt Zinnecker aufgrund einer breitangelegten Untersuchung über Jugendliche und ihre Zuordnung zu bestimmten Gruppenstilen und Subkulturen zu der Feststellung: „Für die Auswahl des Stils ist nicht die Herkunft entscheidend, sondern die ersehnte Zukunftsperspektive" (Jugendwerk der Deutschen Shell 1981).

Aber ob es sich um Untersuchungen eher proletarischer Erscheinungen von Jugendkultur wie die Mods und Skinheads in England oder deutsche Fußballfans oder Rockergruppen handelt, oder ob es um Jugendliche aus der Mittelschicht in der Ökologie- oder Friedensbewegung geht, bestimmte Prämissen sind – so unterschiedlich die Herangehensweisen auch sein mögen – gesetzt. Die Jugend wird als ‚Suchphase' gesehen, in der die Ablösung von der Familie, die sexuelle Orientierung stattfindet und berufliche Entscheidungen fallen. Andere Jugendliche, Cliquen, peer-groups haben in dieser Phase des Lebens große Bedeutung, denn mit ihnen wird die Freizeit gelebt.

Fassen wir zusammen, was die herrschende Forschung charakterisiert:

Die derzeitigen Ansätze von Subkulturforschung verbindet eine klassen- und generationsspezifische Herangehensweise, die jugendliche Subkulturen und Gruppen stark unter dem Gesichtspunkt der ‚Abweichung', des Auffälligen, Spektakulären sieht, und Zusammenhänge zwischen Jugendkultur, sozialer Herkunft und Staat in den Vordergrund stellt und vor allem: für die ‚Widerstand' in Subkulturen implizit enthalten ist.

Zinnecker dazu:

„Diskussionen um Jugendkulturen, wie alle sozialwissenschaftlichen Debatten, sind reflexiv, verweisen auf die Diskutanten zurück, sind Projektionsfläche für deren Lebensgeschichte, Gesellschaftsbild, Handlungsabsichten" (Zinnecker, 1981).

Von Männer erforschte Jugendsubkulturen sind an männliche Sichtweisen gebunden und an männlichen Jugendlichen orientiert:

> „Unter patriarchalen Verhältnissen ist Männlichkeit die kulturelle Norm *menschlicher* Identität. Unter patriarchalischen Verhältnissen besteht die kulturelle Norm *männlicher* Identität in Macht, Prestige, Privilegien und Vorrechten gegenüber dem anderen Geschlecht. Männerkumpanei gehören zum institutionalisiert-erlernten Verhalten, durch das Männer sich ihre Geschlechterrolle gegenseitig bestätigen (Brake, 1981).

So leuchtet ein, daß die zentrale Dimension, die den Begriff ‚Jugend' für Mädchen bestimmt, nämlich das Geschlecht und die damit zusammenhängende Rollenzuweisung in einer patriarchalen Gesellschaft, keine Auswirkungen auf die Sichtweise von Männern in Bezug auf Jugendkulturen haben kann. Das heißt nicht, daß nicht konstatiert würde, daß Mädchen aufgrund einer Reihe von Sozialisationsfaktoren und gesellschaftlicher Verhältnisse schlechtere Startbedingungen für subkulturelle Karrieren haben, aber in der Regel bleibt es eben dabei, daß festgestellt wird: Mädchen spielen in den männlich dominierten Subkulturen eine marginale Rolle, sind Anhängsel der Jungen und eher in den ‚weiblichen' Ausprägungen jugendlicher Orientierung zum Beispiel in Fan-Clubs zu finden oder bleiben völlig im ‚privaten' Teil des Jugenddaseins in der Familie verborgen.

Die Unsichtbarkeit von Mädchen in Jugendsubkulturen ist allerdings nicht nur eine Frage der Quantität, sondern auch das Resultat der Herangehensweise und Sichtweise von Forschern. Ein Gruppengespräch in einer Rockerclique zu führen, heißt für den Forscher, sich auf Wertungen der Jungen über die Mädchen einzulassen, von ‚Mann zu Mann' über die ‚Weiber' zu reden und ihre, die Mädchen diskriminierende Sprache wiederzugeben und zu bewerten. Sie kommen nicht umhin, unabhängig von ihrer persönlichen Einstellung, die Mädchen mit den Augen der Jungen zu sehen. Viele Einschätzungen von Forschern über die Rolle von Mädchen in Jugendsubkulturen erscheinen uns auf eine sehr zweifelhafte Art und Weise parteilich. So z.B. die Einschätzung von Willis über Mädchen ohne feste Beziehung in einer von ihm untersuchten Motorradclique:

> „Was sie zu verbinden schien, war der gemeinsame Wunsch nach der Bindung an einen Mann und ihre allgemeine Unfähigkeit, einen Mann für eine längerwährende Beziehung zu gewinnen. Sie waren meist ruppiger und weniger attraktiv als die Mädchen mit fester Bindung" (Willis, zitiert nach McRobbie/Garber 1979).

Er interpretiert also den Widerstand der Mädchen gegen ihre Anhängselfunktion an einen der ‚Typen' als „Unfähigkeit, einen Mann für eine längere Zeit gewinnen zu können ...", und das, obwohl er an anderer Stelle klar feststellt und auch (von sich selbst) genau weiß, wie es den Mädchen hinten auf den ‚Böcken' ihrer Freunde in den Motarradcliquen ergeht. Er erdreistet sich, dies sogar an anderer Stelle zu bedauern. So definiert er Verhalten von Mädchen entweder als ‚Unfähigkeit' – weil nicht total männerorientiert oder aber im

Leiden ergeben – chancenlos, gegenüber dem Sexismus der Jungen. Assoziationen zum Widerstand, zur Verweigerung, wollen ihm nicht einfallen.

Willis stieß bei seinen Untersuchungen auf Verhaltensweisen von Mädchen, die oft von Forschern als ‚typisch weiblich' beklagt werden. Während die Jungs auf Fragen stundenlang erzählten und sich in Szene setzten, fingen Mädchen an zu lachen, sagten gar nichts oder nur ‚albernes Zeug' und zogen sich in ein Cliquenverhalten mit anderen Mädchen zurück, das jedes ‚vernünftige' Gespräch unmöglich machte.

Sind Mädchen nun mal so und entziehen sich jedem Zugriff ‚wissenschaftlicher' Erforschung oder wähnen sie den Forscher auf der Seite der Jungen, da er diese doch untersuchen will und wohl irgendwie ihr Urteil über die Mädchen teilen wird? (vergl. McRobbie/Garber 1979).

Die Vorliebe vieler Forscher (die meistens Akademiker sind und aus der sogenannten Mittelschicht stammen) für Jugendkulturen der Arbeiterklasse mit deren ausgeprägtem Machismo-Gehabe, wirft bei uns doch immer wieder die Frage auf: Entspringt diese Vorliebe nicht dem stillen unterdrücktem Wunsch, auch mal so wie die Jungs zu sein? Mystifizieren nicht männliche Forscher die ‚Freiheit' der Rocker, Punks, etc., um nicht ihre eigene Identität, verunsichert von Persönlichkeitskrisen und dem ganzen intellektuellen Druck, infrage stellen zu müssen?

Das Interesse an bestimmten Erscheinungen der Jugendszene oder Gründe für die Auswahl der einen oder anderen Jugendclique als Forschungsschwerpunkt werden von Seiten der Forscher nicht erläutert. Obwohl – zumindest von linken Jugendsoziologen und Forschern – die Bedeutung des ‚Persönlichen' als politische Kategorie nicht geleugnet wird, ist es in Forscherkreisen dennoch tabu, die eigene Persönlichkeit, eigene Erfahrungen als Jugendlicher und Sympathien und Antipathien für bestimmte ‚Typen' von Jugendlichen in den Forschungsprozeß als subjektiven Faktor miteinzubeziehen. Im Namen der ‚Objektivität' kommt aber gerade der ‚Faktor-Mann' ins's Spiel, der alle Bereiche durchdringt und einen Grauschleier über die weiße ‚Objektivitätsweste' breitet.

Um dem etwas entgegenzusetzen, müßten wir zuerst einmal große Informationslücken beim Ablauf von Forschungsprozessen und bei der Herstellung von Forschungsergebnissen, die jedoch nicht unsere eigenen sind, stopfen.

In unserer Arbeit dagegen geht es uns weniger um die (ergänzende) Konstruktion einer ‚Theorie weiblichen Verhaltens in Subkulturen' und der Interpretation gewisser Stilformen. Es geht uns auch nicht um theoretische Lösungsangebote geschlechtsspezifischer Probleme, die in einem gewissen Rahmen mittels Forschungsergebnissen durchaus sichtbar werden.

Uns geht es hier um Versuche der Analyse von Macht- – einer Macht, die den Alltag in jeder Hinsicht bestimmt. Sie stellt sich dar in den täglichen Gewaltformen, in der Sexualität, doch auch in der Liebe und den zwischenmenschlichen Beziehungen. Sie reguliert die Ordnung jeder jugendlichen Subkultur, jeder Wohngemeinschaft in jedem besetzen Haus, jeder Mädchenband etc. und auch unsere eigene Ordnung.

2. Mädchen in Subkulturen

Dieses Kapitel ist den Mädchen gewidmet, die ihren Alltag oder ihre Freizeit in den vorwiegend nach männlichen Bedürfnissen strukturierten Subkulturen verbringen.

Mädchen arrangieren sich mit den Jugendcliquen, den mädchenfeindlichen Kultgruppen unter anderem deshalb, weil es kaum Alternativen für sie gibt. Die Situation in der Familie, Wohnungsnot und der Mangel an qualifizierten Arbeitsplätzen sind nur die äußerlich wahrnehmbaren Zwänge, die zum Aushalten verpflichten. Weitaus repressiver wirkt sich unserer Meinung nach die gesellschaftliche Konditionierung zur verordneten Normalität aus. Die bürgerliche Moral, einhergehend mit Zwangsheterosexualität, sogar der Diskriminierung des Alleineseinwollens, verpflichtet die Mädchen auf Widerstandsformen im Rahmen des Akzeptierten. Ausbruchsversuche verweilen in äußerlichen Stil- und Gruppenformen, allenfalls im politischen Widerstand gegen den Staat, Spekulantentum, vielleicht noch gegen die erziehenden Autoritäten. Eine autonome Mädchenkultur innerhalb der Jugendkulturen kann nicht existieren, weil sie sich von ihren Inhalten her auch automatisch gegen die herrschenden Normen der Jugend(Jungen-)kulturen wehren muß. Doch wir halten die Erfahrungen, die die Mädchen in der Jugendszene machen, für einen gleichermaßen wichtigen ersten Schritt für die spätere Selbstbestimmung ihrer Interessen – wenn wir beispielsweise daran denken, wie viele Frauen der autonomen Frauenbewegung ihre ersten Erfahrungen durch ihre politischen Aktivitäten in der damaligen ‚Linken' gemacht haben.

Der allgemein-emanzipatorische Anspruch der Hausbesetzerszene z.B. und der faktische Widerspruch, den Mädchen darin erfahren – nämlich jenseits der Ansprüche real von Jungen in ihren sogenannten weiblichen Qualitäten ausgebeutet zu werden – vermag den Blick der Mädchen für die wirklichen Freiheiten, die sie brauchen, zu schärfen, und gibt ihnen Zündstoff, um sich durchsetzen zu lernen.

Allerdings laufen Mädchen in der Hausbesetzerszene auch bisweilen in die Falle, indem sie sich mit dem ‚geringeren Übel' (den alternativen freaks) lieber bereitwillig arrangieren, statt von ihnen als ‚Separatistin' diskriminiert werden zu wollen.

Die Mädchen in den ‚wilden Straßenqliquen' dagegen können ohne den Streß verursachenden Polit-Druck in Ruhe einschätzen, was ihnen ihre Gruppe bringt. Dafür ist allerdings ihr Blick für Alternativen gehörig eingegrenzt, denn Stil-, Kultur- und Kommunikationsformen stagnieren hier im kleinbürgerlichen Ghetto. Die Alternative zu den rüden Straßencliquen, durch die ‚Traummann-Ideologie' bereits suggeriert, wird in der Regel in der kaum zu realisierenden glücklichen Zweierbeziehung mit einem angenehmen Beschützer gesucht.

Doch die subkulturellen Stil-Basteleien der Mädchen finden viel weniger auf der Straße als mit der ‚besten Freundin' zuhause auf dem Sofa statt. Die sichtbaren äußeren Ergebnisse dieses häuslichen Freizeitverhaltens werden wiederum in den Cliquen präsentiert, aber an die wirklich persönlichen Kommunikationsstrukturen der Mädchen untereinander kommen die Jungen nicht heran.

2.1 Der sichtbare Widerstand

Repräsentativ für die Jugendlichen, die ihre politische Motivation in konkrete Aktionen umsetzen konnten, sind die Hausbesetzer/innen. Diese kleine Avantgarde – die jedoch Vorreiter-Funktion hat und für viele ein Identifikationspunkt ist – mit der großen Unterstützer/innenszene hat in vieler Hinsicht ‚jugendlich sein' zu einem Kult stilisiert. In Berlin (West) gab es zeitweise 140 besetzte (Großstadt)Häuser – ca. 100 sind nach spektakulären Räumungen übriggeblieben, in denen natürlich nicht nur Jugendliche wohnen. Doch die ‚Jugend 1981' ist allgemein zum Synonym für ‚Besetzen' und ‚Unterstützen' geworden, und die erwachsenen Mitbesetzer haben diesen Jungbrunnen nicht an sich vorüberziehen lassen. So verfestigte sich die Assoziationskette: Jugend-Widerstand-Besetzer-Subkultur. Und nach Aussage der großangelegten ‚Shell-Studie' fühlten sich immerhin 45% der übrigen Jugendlichen in der BRD ideologisch zugehörig (Deutsches Jugendwerk der Shell 1981).

Der ‚harte Kern' der Hausbesetzer/innenszene und ihre Sympathisanten verfügen in vieler Hinsicht über einen eigenen Stil, eine eigene gruppenbezogene Ausdrucksweise, durch Requisiten und Kultgegenstände mit politischer Symbolkraft. Dank der Massenmedien weiß mittlerweile jeder Bürger diesen Stil mit dem Etikett ‚Punk' zu benennen. Doch wir reden hier nicht von der Vielfalt jugendlicher Modepunks der späten 70er Jahre, die schnell wieder von der Bildfläche verschwanden und jetzt als ‚neo-punks' oder als ‚Jugend-Boheme '82' (DER SPIEGEL Nr. 17/82) ihr Revival in den Discotheken feiern. Wir reden von denen, die politisch aktiv sind, sich zumindest ideologisch der Besetzer/innenszene zugehörig fühlen und die vielfältigen Ausdrucksformen des Punk- und New-Wave-Stils zu leben versuchen. Die – zumindest gefühlsmäßige – Verbindung der Jugendlichen findet besonders in einem gemeinsamen Musikstil Ausdruck. So kamen die Hausbesetzer zu einer eigenen Musikszene. Beispiel: die Berliner Gruppe „Einstürzende Neubauten" u.a.

Das was uns aus England in den 70er Jahren zuerst als ‚Punk' vermittelt wurde, war, vereinfacht gesagt, bewußt aggressive, sozialkritische Rockmusik, die später durch Trendsetter wie die ‚Sexpistols', ‚Clash' u.a. vermarktet wurde. Von der hiesigen Plattenindustrie wurde dabei verheimlicht, daß Punk in England sehr wohl seine Wurzeln in der Verachtung von Staatsgewalt und bürgerlichem Alltag hatte und sich auch gegen Jugendarbeitslosigkeit und zunehmende Vernichtung von Lebensraum richtete. Das konnte auch deshalb gut verheimlicht werden, weil die meisten jugendlichen Punks in Deutschland die Ghettosprache aus den Londoner Slums sowieso nicht verstanden. Da auch viele Punk-Rockgruppen schnell Geld verdienen wollten, konnte dem Punk der schlecht vermarktbare politische Hintergrund gestrichen, die Musik kommerzialisiert, der Stil korrumpiert werden. Kaufende ‚Modepunks' gab es genug und so ebbte die Welle dann planmäßig ab zugunsten der ‚New-romantic-Welle', die von der Musikindustrie in Szene gesetzt wurde, um die Jugendlichen schnell wieder an zartere Töne zu gewöhnen, denn mit dem, was die Punkmusik ausgelöst hatte, wollte die Industrie nichts zu tun haben. Ungläubig fragten uns englische Kolleginnen: „Gibt es bei Euch noch Punks?!" Wir verwiesen auf die Punks in der Hausbesetzer/innenszene, die hier in Deutschland das rechtmäßige Erbe der Punkkultur angetreten hat. Die Verbindung erscheint uns logisch. Punk soll schocken – und Punk schockt auch die, die geschockt werden sollen. Die (äußerliche) Abgrenzung von bürgerlicher Kultur und Ordnung, präsentiert durch ‚zuviel Staat', ist Ziel des Stils. „Gute alte Werte werden mit Füßen getreten", entrüstet sich die bürgerliche Öffentlichkeit. Doch ist nicht auch der Kampf für die Erhaltung alter Häuser eines ganzen Bezirks mit seiner sozialen Wohnstruktur der Versuch, alte Werte zu erhalten? Doch leider pflegen die Jugendlichen nicht nur Denkmalschutz, sondern halten im inneren Wohnzusammenhang auch die alten patriarchalischen Normen in Ordnung.

Unser Verhältnis zu weiblichen Punks ist ambivalent. Ihre Abkehr von bürgerlichen Normen bedeutet auch eine Abkehr von der Erfüllung weiblicher Standards – zumindest äußerlich. Und die äußerliche Abgrenzung hat auch positive Folgen für den Alltag der Mädchen, denn sie zwingt notwendigerweise dazu, eine alternative weibliche Identität zu suchen und zu entwickeln, sie kann einen ‚Neuanfang' ermöglichen.

Doch der Punkstil signalisiert auch die Mitgliedschaft in einer männlich geprägten (Sado)kultur. Dies macht sich nicht nur am schwarzen Leder, den Ketten und sonstigen Attributen, sondern auch an der Körpersprache und der gesprochenen Sprache bemerkbar. So wird die ‚neue Freiheit', die Loslösung von den traditionellen weiblichen Fesseln, das Verweigern von ‚Schönheit', weiblicher Zurückhaltung usw. in protzige männliche, äußerlich zur Schau getragene Symbolsprache für Macht und Gewalt eingetauscht.

Dennoch, die im Punkstil implizierte verweigerte Weiblichkeit im bürgerlichen Sinne schützt u.U. auch vor sexueller Gewalt auf der Straße. Punkmädchen werden zwar wegen ihres ‚devianten' Äußeren ständig diskriminiert, doch nachts auf der Straße selterner ‚angemacht', vergewaltigt als Mädchen, die sich Mühe geben, nicht von den bürgerlichen Schönheitsnormen abzuweichen (in den besetzten Häusern schützt allerdings auch der Punkstil nicht vor Männergewalt).

Erica Carter schreibt in ihrem Kommentar zu einem Interview mit Punkmädchen:

> „Lange Zeit über hatten Feministinnen die Ausbeutung von Mädchen in den Subkulturen beklagt, wo sie nur als Geliebte und/oder ‚Ausgehbraut' toleriert werden. Sie durften die ‚Böcke' der Hell's Angels putzen oder bei den Hippies für ihre langhaarigen Freunde Pullover stricken. Die sexuelle Ambivalenz der Punk – und später der New-Wave – Stilgruppen, schien das Potential zu besitzen, die strenge Geschlechtsrollenzuteilung in Frage zu stellen. Sie öffnete den Mädchen einen Freiraum wo sie mit neuen Erfahrungsbereichen über die Grenzen der konventionellen Weiblichkeit hinaus experimentieren konnten. Natürlich gibt es auch negative Aspekte des Punk, nicht zuletzt seine Tendenz, mutwillige Gewalt und männliche Aggressivität zu verherrlichen" (Carter 1982).

Auch hier sind ‚natürliche' Verbindungen zur Hausbesetzer/innenszene zu erkennen. „Eine militante Knabenelite verkörpert das Macho-Ideal dieser Scene" (Savier 1982). Doch jegliche Gewalt – auch die in den Häusern stattfindende – wird mit dem Kriegszustand zwischen ‚Staat' und ‚Jugend' legitimiert, als Reaktion auf die strukturelle Gewalt, die von den Machthabern im Staat ausgeht – egal, wen sie konkret trifft. Mädchen und Frauen jedoch erleben die strukturelle Gewalt in dieser Gesellschaft in zweifacher Hinsicht:

Staatsgewalt betrifft sie in jedem Fall, sogar in besonderer Ausprägung. Denken wir nur an die Mädchenarbeitslosigkeit oder an die Doppelbelastung der in der Regel unterbezahlten, außerhäuslich berufstätigen Hausfrauen. Auch die Abrißkugel, deren Auswirkungen Männer wie Frauen trifft, verschärft das Problem wohnungssuchender Mütter mit Kindern oder alleinstehender Frauen und Mädchen zusätzlich. Ein Ehemann oder Freund würde die gesellschaftliche Abnormität einer alleinstehenden Frau wieder regulieren können, er würde durch seine schlichte Anwesenheit ihre Diskriminierung teilweise auffangen können, so ist das jedenfalls vom Staat gedacht. Ein alleinstehender Junge oder Mann dagegen reguliert seine normative Existenz durch sein eigenes selbständiges Verhalten. Für Frauen und Mädchen gibt es aber nur ein Verhalten, das ihnen generell gesellschaftliche Anerkennung einbringt: Die lebenslängliche nach außen hin sichtbare Kooperation mit Männern.

Hier wiederum tritt die zweite Form struktureller Gewalt deutlich in den Vordergrund. Frauen sind zusätzlich allen Formen von Männergewalt ausgeliefert. Die Stadt ist männliches Territorium mit all ihren U-Bahnhöfen und Kneipen. Männliches Territorialverhalten herrscht auch auf Demonstrationen, wenn Frauen ihre Kinder nicht mitnehmen können, weil die gewalttätige ‚Äktschn' von seiten der Polizei und der Demonstranten bereits in der Luft liegt. Werden Frauen verhaftet, weil sie sich mutig in die vordersten Reihen begeben haben, erleben sie in der Regel auf dem Polizeirevier eine sexistische ‚Sonderbehandlung', die sich u.U. im ‚Knast' fortsetzt (vergl. Savier 1982).

Indem Mädchen mit neuen Ausdrucksmöglichkeiten experimentieren, erweitern sie auch ihr Handlungsrepertoire. Sie entwickeln klarere Vorstellungen von dem, was sie wollen, auch wenn sie diese bewußt ‚no future' nennen. Sicher, sie müssen in vielfältigen Rollen zur Verfügung stehen: als Kämpferin, Haushälterin, mütterliche Freundin, Geliebte. Doch sie entwickeln in der Hausbesetzer/innenszene ein Verhaltensrepertoire, das außerhalb ihrer bisherigen Erfahrung und Möglichkeiten lag.

Die wenigen Mädchen, die sich offene Kampfformen zu eigen gemacht haben, sind mutig. Sie verlieren ihren Status als ‚wirkliche Frau'. Typisch männliche Eigenschaften, sonst gerne positiv bewertet, werden ihnen als negative Verhaltensweisen angehängt. Auch wir glauben, daß der Preis, den sie zahlen, hoch ist. Sie begeben sich in eine schizophrene Lage, denn sie müssen auf zwei verschiedenen Ebenen funktionieren – als Freundin in den besetzten Häusern und als Kämpferin im Männerschritt gegen den Staat und die Männermacht.

2.1.1 Mädchen in der männlich dominierten Besetzerszene – Ein Interview –[1]

Schnuffi und Sabine

Schnuffi, 18, lebt zur Zeit des Interviews mit einer Gruppe Jugendlicher und einigen Erwachsenen seit knapp einem Jahr in einem besetzten Haus in Berlin-Schöneberg. Die Jugendlichen kannten sich aus einer Jugendgruppe in einem Freizeitheim im gleichen Stadtteil und wollten zusammen in eine Jugendwohngemeinschaft ziehen – Wohnungen dafür waren nur leider auf ‚legale' Weise nicht zu finden. Das besetzte Haus, von dem hier die Rede ist, liegt mitten im Schöneberger Kiez, der für Schnuffi auch schon vorher ihr Zuhause war. Hier hat sie nicht nur die letzten Jahre mit ihrer Mutter und ihrem Stiefvater in einer Hauswartswohnung im Hinterhof gewohnt, sondern hier hat sie auch ihre Freunde, ihre ‚connections'.

Seit sie vor einiger Zeit mit der Schule aufgehört hat, weil sie „echt keinen Bock mehr drauf" hatte, hat sie endlich Zeit für das, was sie interessiert und was ihr wichtig ist – Unternehmungen mit der Mädchengruppe und ihren Freundinnen, Musik machen mit Sabine, Sängerin in einer Punk-Band war sie auch schon ... Außerdem würde sie gerne eine Schreinerlehre machen. Aber abgesehen davon: Am allerliebsten möchte sie „einfach nur so mit Sabine rumreisen und echt leben!"

Sabine ist 17 Jahre alt und nach einer ‚Heimmädchenkarriere' und Trebezeit in das besetzte Haus gezogen, vor allem, um mit Schnuffi zusammenzuwohnen. Auf unsere Frage hin, was wir sonst noch zu ihrer Person schreiben sollen, sagt sie: „Ich bin Sabine – und damit basta". Also gut, basta!

Sabine: Also, Gewalt gibt es ja von beiden Seiten. Bei den Besetzern heißt es, „die Bullen provozieren uns", und bei den Bullen heißt es, „die Demonstranten provozieren". Daß man das gar nicht so richtig trennen kann, wer wen provoziert ...

Anfangs, wie ich in die Szene reingekommen bin, da hab ich auf den Demos auch ordentlich mitgemöbelt, und so. Hab eigentlich so keine Steine geworfen, wollte aber irgendwie mehr sehen, was da überhaupt so richtig abläuft. Und jetzt mach ich das nicht mehr, weil, das wird mir echt zu brutal.

Irgendwie hab ich unheimliche Angst gehabt, was abzukriegen, so von den Bullen, und auf der anderen Seite, da hab ich mir immer gesagt, also jetzt mußt du dich zusammenreißen, jetzt mußt du weitermachen. Ich hatte ein Angstgefühl und gleichzeitig hab ich auch so ein Gefühl gehabt, den Bullen zu zeigen, daß sie nicht alles machen können, was sie wollen.

Wut hab ich schon noch, aber ich hab gesehen, daß das absolut nichts mehr bringt, wenn du da so'n Stein wirfst, und was weiß ich, da deine Barrikaden baust, weil, ehrlich, das bringt es nicht mehr. Irgendwie find ich das ein bißchen blöde, was da so abläuft, weil die meisten Leute, die so auf die Demos gehen – also nicht die meisten, ein Teil davon – die warten bloß darauf, daß jetzt was passiert, daß irgendein Stein geworfen wird, oder so was, um zu zeigen, wie stark sie sind. Daß sie einen Stein einem Bullen an den Kopf werfen können. Aber ich mach das selber nicht mehr.

Schnuffi: Ich hab auch schon mal ... das war jetzt vor kurzem bei 'ner Demo. Da hab ich von so 'nem Typen gehört, – der war auch nach der Demo abends auf der Fete, das sei so eine Scheiße gewesen, und die Bullen hätten sich gar nicht provozieren lassen, und so.

Sabine: Bei mir hat sich doch schon was verändert. Ich hab das halt gesehen, daß das nichts bringt mit den Steinen, mit den Barrikaden, und so. Weil die Bullen, die sind sowieso in der Überzahl und die gewinnen eigentlich immer. So die Demonstranten, die sind ja sowieso diejenigen, die sich zurückziehen, weil die Bullen sie eben in einzelne Gruppen zerteilt haben und dann passiert da letztendlich nichts mehr, außer, daß dann am nächsten Tag in der Zeitung steht: ‚Riesengroßer Krawall, das und das wurde eingeschlagen'.

Könntest du das auf dem Besetzerrat erzählen, daß du Gewalt auf Demos nicht mehr gut findest?

Sabine: Na klar könnte ich das auf dem Besetzerrat erzählen. Aber bloß, die hören sich das eben an, und bei denen geht das ins eine Ohr rein und ins andere wieder raus, weil ... Ja, wenn da Mädchen und Frauen was sagen, dann wird das sowieso nicht gemacht, oder die hören sich das erst gar nicht an.

Schnuffi: Und irgendwie find ich, daß die auf dem Besetzerrat, die das Ganze auch leiten oder so, daß die irgendwie so ein standfestes Bild haben von einem Besetzer. Irgendwie denke ich mir, daß die sich das so vorstellen: Also, so ein Besetzer muß, wenn irgendwas ist, schon Backsteine in der Tasche haben, um die dann eben halt loszuschmeißen, wenn da Bullen vorbeikommen. Früher jedenfalls, da haben sie immer abgestimmt, ob es Krawall geben soll oder nicht auf einer Demo.

Im Besetzerrat, da habe ich auch schon Sachen mitgekriegt ... Da war z. B.

eine Friedensdemo, und da hat sich eine Frau wahnsinnig aufgeregt, daß da auch mit Steinen geworfen wurde. Da waren ja auch Kinder. Ich meine, auf einer Friedensdemo, wenn da Leute auch mit Kindern ankommen . . . Na ja, und dann haben sie die Frau da total angemacht, was das soll, daß sie sich darüber aufregt, daß da Steine geworfen wurden. Die Frau wollte irgendwas noch sagen, kam aber gar nicht mehr dazu, weil die sind dann einfach zum nächsten Punkt übergegangen. Frauen sind überhaupt wenig auf dem Besetzerrat. Ich würde sagen – also, ich war schon lange nicht mehr da, ich weiß es nicht, wie es jetzt ist – aber damals, da schätze ich, daß da so ungefähr fünfzehn Prozent Frauen waren und fünfundachtzig Prozent Männer.

Würde sich im Besetzerrat Eurer Meinung nach etwas verändern, wenn da mehr Frauen und Mädchen hingingen?

Sabine: Also, ich weiß nicht, ob das viel Sinn hat. Und überhaupt, ich weiß nicht, ob die Frauen, die ich auch so ein bißchen kenne, ob die überhaupt da hingehen würden. Wo die schon so viel Müll da erlebt haben. Also ich würde da jedenfalls nicht mehr hingehen. Wenn einfach mehr Frauen da wären, wär das auch bestimmt ganz gut, dann könnten sie sich auch besser durchsetzen. Aber so . . . Irgendwie denk ich manchmal, so als Frau hat man überhaupt nichts zu sagen auf dem Besetzerrat.

Was wäre, wenn es einen Frauen-Besetzerrat gäbe?

Schnuffi: Also, ich kann mir vorstellen, daß da echt viel mehr rauskommen würde als wie jetzt bei dem Besetzerrat, wie der jetzt so ist. Wenn die Typen alleine ihren Besetzerrat hätten, dann würde sich eh alles nur um Gewalt drehen, was da besprochen wird. Ich finde, wenn Frauen so alleine in einem Haus wohnen, daß die auch eher bereit sind, so ein Haus fertig zu kriegen, es instand zu setzen und eben auch verhandeln würden, als wenn man da in so einem gemischten Haus ist. Da ist die Hauptsache, daß erst mal auf der Straße Krawall gemacht wird. Mit dem Haus, das können wir immer noch, später, und verhandelt wird schon mal gar nicht. Ich weiß es nicht so genau, aber ich kann mir vorstellen, daß auf einem Frauen-Besetzerrat viel mehr Sachen abgeklärt würden, die in den Häusern passieren, und daß es nicht so allgemein wär.

Wie kommt Ihr mit den männlichen Besetzern, die Ihr kennt, klar? Wie schätzt Ihr sie ein?

Sabine: Teilweise kommen die mir ziemlich spontihaft vor. Irgendwie die starken Besetzer, die halt da das Haus verteidigen, und dann auf der Straße auch mit Steinen schmeißen und Barrikaden bauen und sowas alles. Und daß es denen teilweise gar nicht mal so wichtig ist, was im Haus geschieht, sondern vielmehr so, daß es halt Krawall gibt auf Demos, und daß sie da halt mitmachen können.

Was ist Dir denn am wichtigsten?

Sabine: Also, am wichtigsten ist mir, daß wir im Haus bleiben können und wir uns das Haus fertigmachen.

Aber dafür muß man kämpfen, sagen doch die Besetzer?

Sabine: Also, ich weiß ja nicht, wa die unter kämpfen verstehen. Ob sie nun meinen, kämpfen auf der Straße, oder so . . . Ich seh das schon als ziemlich harten Kampf an, so mit Verhandlungen das Haus durchzukriegen. So was sehe ich als harten Kampf an für ein Haus und nicht, daß ich da auf die Straße gehe und Steine schmeiße. In dem ganzen Kampf ist mir am wichtigsten, daß wir also auch das Haus kriegen, also daß das auch drinnen fertig wird. Daß eben auch mit dem ‚Vater Staat' verhandelt wird. Das ist mir am wichtigsten.

Wie läuft das jetzt so bei Euch im Haus?

Sabine: Jetzt läuft das so, also wir haben da zwei Hausmacker und die haben das Sagen. Die sagen, das und das muß gemacht werden, und dann muß das auch wirklich gemacht werden.

Schnuffi: Vor einem Vierteljahr haben wir schon mal gesagt, daß wir jetzt eine Frauenetage machen wollen, und das geht halt nicht. Daß heißt, daß das unrealistisch ist, bei uns eine Frauenetage zu machen. Aber – ich find das gar nicht so unrealistisch, weil ich meine, wo wir sowieso schon so viele Mädchen und Frauen sind, daß da eine Frauenetage . . .

Sabine: Also, ich wohne sowieso lieber mit Frauen zusammen. Da fühle ich mich irgendwie wohler, und da kann man auch mehr zusammen machen, irgendwie, finde ich. Weil, irgendwie macht mir das eben keinen Spaß mit Jungs irgendwas zusammen zu machen. Und – die haben eben ihre festen Vorstellungen, und wenn ihnen was nicht paßt, dann lassen sie dumme Sprüche ab.

Schnuffi: Der eine hier im Haus, der hat irgendwie gar keine Argumente, finde ich. Der läßt nur Sprüche ab. Der sagt halt nur, entweder man spinnt oder man kriegt eine auf's Mal oder man soll abhauen. Das sind so die Sprüche, die der drauf hat.

Sabine: Also, wenn es wirklich hart auf hart kommt, wenn Schnuffi ihn also unheimlich viel nervt, dann würde der auch zuhauen. Irgendwie ist das so ein kleiner Schlägertyp. Also ich selber hab da keine Angst, weil ich weiß, wie ich mich wehren kann. Wenn es also nicht irgendwie so mit Sprüchen oder Argumenten geht, dann kommt es eben durch die Fäuste bei mir. Bei Schnuffi weiß ich nicht so ganz.

Schnuffi: Also ich hab unheimlich viel Angst vor Schlägen. Das hängt auch damit zusammen, weil, ich hab ja praktisch nur bei meiner Mutter gewohnt. Da ist auch ein Jahr vorbei, wo ich bei meinem Vater war. Und ich hab nur bei meinem Vater Schläge gekriegt, bei meiner Mutter nie. Und ich weiß nicht, vielleicht kommt es daher, daß ich auch auf Demos unheimlich Schiß habe, ich gehe wahnsinnig ungern auf Demos. Ich gehe so ziemlich selten auf Demos, weil ich unheimlich viel Schiß habe, was da so abläuft, wenn da wirklich mal Randale ist, oder so . . . Daß ich da einen Knüppel abkriege, oder daß die Bullen mich da irgendwie kriegen würden. Da habe ich echt schon miese Sachen erfahren, was mit Frauen abläuft, wenn sie die verhaften.

Sabine: Also, ich meine, wenn ein Typ mir eine auf's Maul hauen würde, dann würde ich mich auch wehren, das ist klar. Aber trotzdem hab ich wahnsinnig Schiß vor sowas. Und das ist auch eine Sache, daß ich lieber mit Frauen zusammen wohne. Wo ich weiß, daß es nicht darüber läuft, so ‚halt's Maul' oder ‚halt deine Schnauze' oder ‚du kriegst eine auf's Maul' oder so. Daß, wenn einem Sachen nicht passen, daß man sich dann auch anders auseinandersetzen kann, daß man das sagen kann.

Schnuffi: Und für mich ist jetzt ein Ziel, daß wir das jetzt auch mit der Frauenetage durchkriegen. Weil, ich sehe das absolut nicht ein, daß wir bei uns im Haus sowas nicht machen können. Ich weiß überhaupt nicht, warum das nicht gehen soll. Wenn die immer anfangen damit, also das sei unrealistisch ... das kapiere ich irgendwo nicht. Das hab ich denen auch schon so oft gesagt.

Und die eine Frau, die war am Anfang auch dafür, und jetzt auf einmal sagt sie, das wäre unrealistisch. Also ich weiß überhaupt nicht warum ...

Sabine: Ich will eigentlich solange kämpfen, bis das klappt. Ich will da absolut keine Ruhe geben. Ich will, daß in dem Haus eine Frauenetage existiert.

Und der J., der wohnt in einer anderen Wohnung, aber irgendwie ist das praktisch neben meinem Zimmer. Und da ist eben ein großer Balkon, und den haben wir gemeinsam. Und mit dem Balkon habe ich die Hoffnung, daß ich ihn da eben irgendwie rauskriege aus der Etage. Ich mache da so viel Theater, bis der geht. Und vor allem macht der auch so 'ne Dinger, wenn der also früh morgens aufsteht, dann geht der nicht runter auf's Klo, sondern geht auf den Balkon und pißt da auf unsere Seite, weil der absolut keine Lust hat, nach unten zu gehen. Ich finde so was ekelhaft.

Und genauso wie auch im Sommer, da will ich auch unheimlich viel Blumen auf den Balkon stellen. Und ich glaube, wenn da J.'s Freunde kommen und J. auch selber, dann schmeißen die die irgendwann mal runter auf die Bullen, wenn 'ne Demo unten in der Winterfeldtstraße ist und überall sind Bullen, dann schmeißen die die Blumen runter. Also, da hab ich keinen Nerv drauf!

Nachtrag:

Nach zähem Ringen um eine Frauenetage sind Schnuffi und Sabine schließlich in ein Frauenprojekt gezogen. Ihre Erfahrungen im gemischt-geschlechtlich besetzten Haus motivierten sie, sich endgültig ins ‚soziale Abseits' der Frauen- und Mädchenkultur zu begeben, um endlich den Bewertungsmustern einer Szene, von der sie nicht akzeptiert wurden, und die sie in ihrer Entwicklung auch nicht unterstützte, den Rücken zu kehren.

2.2 Der unsichtbare Widerstand

Mädchen in der Punk- und Hausbesetzerszene sind eine kleine – aber konsequente – Minderheit. Die Mehrheit der Mädchen schließt sich jedoch nicht den

Jugendsubkulturen an, die sich eindeutig durch bestimmte äußere Stil- und Widerstandsformen abgrenzen.

2.2.1 Die Kultur in den häuslichen vier Wänden

Eine Alternative zu den männlich dominierten Jugendsubkulturen und Cliquen ist für viele Mädchen im Alter zwischen 12 und etwa 16 das Zusammensein mit der besten Freundin oder einer Freundinnenclique zuhause. Diese Mädchenkultur (früher auch „Teeny-Bopper-Kultur" genannt) hat für sie den Vorteil, von den Eltern toleriert zu werden. Sie ermöglicht den Mädchen, ihre Verpflichtungen im Haushalt und bei der Betreuung kleinerer Geschwister gleichzeitig einzuhalten.

> „Die Teeny-Bopper-Kultur ist flexibel genug, daß jeder sich ihr anschließen kann, sie kennt keine Ausschluß-Regeln und stellt keine Aufnahmebedingungen. (...) Es gibt kein Risiko, persönlich gedemütigt oder abgewertet zu werden, keine Gelegenheit, bloßgestellt und blamiert zu werden. Einige Teeny-Bopper, mit denen wir geredet haben, scheinen sich der Tatsache erstaunlich bewußt zu sein, daß die Jungen ‚nur das eine wollen' und daß die Mädchen bei diesem Spiel nur verlieren können. Die Beteiligung an der Teeny-Bopper-Kultur läßt sich also als eine Art von defensivem Rückzug vor der Gefahr der sexuellen Stigmatisierung auffassen; sie beweist aber auch ein hohes Maß an Selbstgenügsamkeit in den verschiedenen kleinen Frauengruppen" (McRobbie 1979).

Viele, gerade junge Mädchen zwischen zwölf und fünfzehn Jahren, ziehen sich auf diese Form von Mädchenkultur zurück – nachmittags nach der Schule und am Wochenende treffen sie sich mit der Freundin/den Freundinnen, schlafen oft beieinander, schminken sich gegenseitig, tanzen zusammen, hören Musik. Disco-Besuche und Verabredungen mit Jungen gehören dazu, sind aber oft nicht so wichtig. Wichtiger ist es für die Mädchen, im Anschluß an die Verabredung mit einem Freund der besten Freundin davon zu erzählen oder Enttäuschungen zu verarbeiten, indem sie sich gemeinsam mit ihr über die Jungen lustig macht.

Die Kommunikation zwischen den Freundinnen ist gegen jede reale Einflußnahme durch die Jungen gesichert – solange nicht heterosexuelle Zwänge wirksam werden. Jungen haben auf sie keinen Zugriff.

Daneben gibt es in fast jedem Mädchenleben den ‚Star', mit dem sie durch Schallplatten, Fotos und imaginäre Briefe in einer Traumwelt verbunden sind. Der Austausch von Phantasiegeschichten mit der besten Freundin, die Charakter, Schwächen und Stärken des ‚Schwarms' natürlich genauso gut kennt, gehören dazu.

Dieser Teil von Mädchenkultur ist schon oft als eine ‚typisch weibliche Form von romantischem Schwärmen' interpretiert worden. Als ein scheinbarer Freiraum, um den Umgang mit Männern erstmal zu üben, bevor der harte Alltag es erforderlich macht. Solche Phantasien sind angeblich Vorbereitung auf die Ehe, auf die Übernahme der traditionellen Frauenrolle.

Diese Einschätzung beinhaltet, daß Mädchen sich selbst in ihren Phantasien nur an Jungen/Männern orientieren und schreibt die heterosexuelle Orientierung der Mädchen als unveränderbar fest. Aber ist es nicht eine grandiose Alternative, mit seinem ‚Star' die tollsten Abenteuer zu erleben als sich mit dem pickeligen Jungen von nebenan abzugeben? Die personenorientierte Liebesfähigkeit findet in solchen Phantasie-Abenteuern ihren leidenschaftlichen Ausdruck, ohne daß diese Liebe in einer harten Beziehungsrealität zerstört würde.

Der Traum-Star hat für die Mädchen außerdem eine mittelbare Funktion: Denn statt sich in folgenlosen Phantasien zu erschöpfen, ist es für sie wichtiger, mit der Freundin Geschichten zu erfinden und zu erzählen und die phantasierte Beziehung mit ihr zusammen praktisch zu erproben. So gesehen ist der ‚Schwarm' nur Mittel zum Zweck. Denn über ihn als gesellschaftlich anerkanntes ‚Medium' können die Mädchen ihre erotisch/homosexuelle Beziehung zueinander (nicht nur platonisch) ausleben und sich ihrer heterosexuellen Konditionierung zumindest noch eine Zeitlang entziehen.[2]

Allerdings zerbrechen diese mädchenspezifischen Cliquen zumeist, wenn die harte Realität ins Wohnzimmer einzieht – wenn der gemeinsame soziale Zusammenhang, die Schule, beendet ist oder wenn die eine oder andere Freundin in die traute Zweisamkeit mit einem Freund verschwindet. Die Möglichkeit für Mädchen, ihre untergründige Mädchenkultur ins Erwachsenenleben hineinzuentwickeln, ist heute geringer denn je.

2.2.2 Straßencliquen

Die Clique in der unmittelbaren Wohnumgebung ist für viele Mädchen, die es schaffen, sich draußen Freizeit zu erkämpfen, ein wichtiger Treffpunkt. Gelebt wird auf dem Hof, an der Ecke vor dem Haus, im Park nebenan.

> „Natürlich vollzieht sich dieser Prozeß sozialer Kontrolle nicht nur innerhalb der Familie; genauso vollzieht er sich in der Schule, in Clubs und auf der Straße. Dort wird er weitgehend von Jungen bestimmt, durch eine gewisse Vorstellung von ‚Weiblichkeit', die bestimmte Formen sexuellen *Verhaltens Nachgiebigkeit und Unterwürfigkeit* beinhaltet. In dieser außerhäuslichen Kultur sind die Mädchen Beobachterinnen der Aktivitäten der Jungen und die Jungen Beobachter und Bewacher der Passivität der Mädchen" (NAVA 1982).

Die Straße ist das Territorium der Jungen, und sie können es nur unter gewissen Bedingungen akzeptieren, wenn Mädchen in ihr Gebiet eindringen. Diese Ausgangssituation bestimmt das Verhalten der Mädchen in jeder Hinsicht. Sie bestimmt auch z.B. ihren Kleidungsstil. Die Kleidung muß zum einen zweckmäßig sein für ihre Straßenaktivitäten und sie muß zum anderen vor körperlichen und sexuellen Angriffen der Jungen (und Männer) schützen.

Aus einem Interview mit Berliner Mädchen aus einer Straßenclique (zitiert nach Kahl 1981):

Warum zieht ihr Jeans und T-Shirts an und z.B. keine Röcke?

Judy: Ja, weil manche Jungs, die ziehen die Röcke hoch oder reißen sie runter und dann laufen sie einem hinterher. Dann stänkern sie, und wenn man dann Turnschuhe dazu anzieht, sieht auch dann blöde aus, zum Rock Turnschuhe. Dann zieh ich manchmal Klapperlatschen an, und dann klauen sie die auch und schmeißen damit rum.

Jaqueline: Also, ich zieh keinen Rock und kein Kleid an, weil ich finde, ich seh darin bescheuert aus.

Warum?

Jaqueline: Weiß ich nich. Erstens mal, wenn ich da z.B. mit 'nem Rock runterkommen würde, da würden die Jungs gleich wieder anfangen zu schreien. ‚Ääh, wie sieht die denn aus, mit Rock, na, ich halts ja nicht aus' und so. Und das will ich mir ersparen und deswegen ziehe ich keinen Rock an. Die sind das einfach nicht gewöhnt.

Mary: Ja, jedenfalls, ich und meine Freundin, wir fahren Rollschuh, meine Freundin fliegt hin und hält sich an meinem Rock fest. Und jedenfalls, da waren Druckknöpfe dran und die sind aufgegangen, dann stand ich da in Unterhose.

Sunny: Außerdem muß man dann immer Schuhe, also, anständige, also, hohe Schuhe anziehen und in denen kann man sowieso nicht gut laufen. Jedenfalls ich nicht. Ich bin meine Turnschuhe gewöhnt, darin bin ich aufgewachsen.

Alleine haben die Mädchen in den Cliquen keine Chance. Entweder sie stellen sich unter den Schutz eines Jungen oder sind zumindest an der Seite der Jungen der ständigen ‚Anmache' fremder Jungen weniger ausgesetzt. Sich aktiv wehren gelingt ihnen nur, wenn sie es lernen, sich auf körperliche Gewaltformen einzulassen. Damit überschreiten sie die von den Jungen gezogene Grenze zwischen männlichem und weiblichem Verhalten.

Jungen müssen ihre prinzipielle Überlegenheit über Mädchen behaupten und auch in körperlichen Auseinandersetzungen unbedingt Sieger bleiben. Prügeleien mit Jungen sind daher für Mädchen immer eine Gefahr, weil der Ehrenkodex, der in Jungenkämpfen gilt, Mädchen gegenüber außer Kraft gesetzt wird. Mädchen müssen mit allen Mitteln in ihre ‚Grenzen' verwiesen werden. Das gehört zum alltäglichen Wettkampf männlicher Selbstbehauptung.

Auch Mädchen, die sich innerhalb einer gemischten Clique zusammentun und ein Gegengewicht zur Dominanz der Jungen bilden, sind den ständigen Angriffen der Jungen ausgesetzt.

Sunny und Spendy sind zwei Mädchen aus einer Berliner Mädchen-Straßenclique. (Zitiert nach Kahl 1981):

Spendy: Und da haben wir über die Probleme mit Jungen und Mädchen geredet. Daß es uns ankotzt, daß die Jungen ewig so'n Kotten machen, immer 'ne große Schnauze haben und uns nicht richtig akzeptieren, wa. Die haben uns nicht richtig akzeptiert, die haben mit uns gemacht, was sie wollten. Hatten sie mal gute Laune, dann haben sie das mitgespielt, was wir wollten. Aber irgendwie kannste sagen, die Jungen waren alle Hosenscheißer. Kam z.B. Frank, ich weiß nicht, ob du den noch kennst, da hättest du die mal sehen sollen. Wenn der gesagt hat, die sollen mal das und das machen, haben die das auch gemacht, die haben vielleicht noch 'n bißchen rumgemotzt... Die Jungen haben immer die Kleineren genommen, die sich nicht so richtig wehren konnten. Also, ich find, bei den Jungen, da geht es nur nach der Stärke.

Und bei Euch?

Spendy: Bei uns hat das überhaupt nichts mit Stärke zu tun.

Aber Ela ist bei Euch auch die Stärkste und du hattest Angst, daß sie dich verprügelt.

Spendy: Ja, aber trotzdem geht's nicht nach der Stärke. Wir haben uns zwar mal gekloppt, so die Geschwister miteinander, aber wenn z.B. Ela was gesagt hat und die anderen haben das nicht gemacht, dann war das nicht schlimm.

Sunny: Oder wenn Ela und ich mal Streit hatten, da wollt' sie mir mal den Arm brechen, hat sie dann aber doch nicht gemacht. Ich hatte auch keinen Schiß vor Ela.

Spendy: Die Jungen haben auch nur die Mädchen akzeptiert, die gut aussehen, die so nach ihrem Geschmack waren.

Die durften mitmachen, oder wie ... ?

Spendy: Also, wir, Sunny und ich, wir hießen bei den Jungen nur Schmidt und Meier. Aber die anderen, die hießen Susanne oder so. Die haben die Jungen zwar auch geärgert, aber anders, nicht so abschätzig. Also Susanne, die haben sie geärgert, weil sie sie gut fanden, also das war mehr Flirten.

War Susanne auch in Eurer Mädchenclique?

Sunny: Ja doch. Wer bei uns neu eingezogen ist, der wurde auf dem Platz von den Jungen auf die Probe gestellt.

Und was war, wenn neue Mädchen kamen?

Sunny: Die Jungen, die haben versucht, die Mädchen anzumachen, sich zu keilen und so. Mit Ela z.B., Spendies Schwester, da war so'n Streit. Erst kam so 'ne kleine, die wollt Ela verkloppen. Da hat Ela ihr eine runtergehauen. Dann kam ihre größere Schwester, die hat Ela auch noch fertig gemacht, dann kam die Dritte, die hat sie auch noch fertig gemacht und von der Vierten hat sich Ela dann verkeilen lassen. Aber danach, als die Vierte Ela verkeilt hatte, ist sie wieder angekommen und hat sich entschuldigt. Und seitdem sind sie Feundinnen, sozusagen. Einmal haben wir Hopse gespielt, da kommt ein Junge und will mir 'n paar runterhaun. Da kam die Schwester von ihr (Spendy) und beschützt mich.

Wie alt wart Ihr da?

Sunny: Dreizehn. Bei den Mädchen auf dem Platz gab's so zwei Gruppen. Die andere Gruppe war mehr mit den Jungen zusammen, hat mit denen geflirtet, und wir waren mehr unter uns, haben unsere Spiele gemacht. Also es war jetzt nicht so, daß die eine Mädchengruppe die andere nicht leiden konnte, wir konnten uns alle leiden. Aber die anderen waren mehr unter sich und wir auch.

Mädchen sind – zumindest solange ihr mächenspezifischer, aus der Kindheit gewachsener Zusammenhang nicht durch die Erwachsenenrealität zerstört wird – durchaus fähig, ihre Kämpfe untereinander auszutragen und auch territoriale Machtkämpfe mit Jungen zu führen. Sie wehren sich dagegen, daß Jungen in das Spielfeld ihrer Freundschaftsclique eindringen und dieses okkupieren – auch wenn sie bereits lernen, auf der Hut zu sein und auch, wenn die Spaltung zwischen denen, die bereits anfangen, den Jungen Gefälligkeit zu erweisen und denen, die ihren mädchenspezifischen Raum noch verteidigen, schon sichtbar wird.

2.2.3 Einzelkämpferinnen im Jungenland

Es gibt sie natürlich auch, die Mädchen, die sich weiblicher Sozialisation schon von Kindesbeinen an massiv widersetzen und es ablehnen, unter welcher Bedrohung auch immer, zu „Röckchenträgern" gemacht zu werden: Es sind die burschikosen, jungenhaften, die sich gegen andere Mädchen abgrenzen und manchmal zu Beginn der Pubertät die Führungsrolle in Jungencliquen übernehmen. Sie suchen nicht den Schutz von Jungen, für sie sind die Jungen als „Kumpels" wichtig, denen sie weder in Raufereien noch sonst unterlegen sind. Weder die Jungen noch die Mädchen in einer solchen Straßenclique kämen auf die Idee, die Leaderin auf eine weibliche Rolle verpflichten zu wollen: das würde ihnen schlecht bekommen.
Sabine erzählt dazu aus ihrer Lebensgeschichte in einem Interview (im Rahmen des Forschungsprojekts „Mädchenorientierte Jugendarbeit"):

„Bevor ich mit 11 oder 12 ins Heim kam, war ich in so einer Clique, die fast nur aus Typen bestand, sehr wenig Mädchen, und die mußten halt so sein wie Typen, sich alles trauen und so. Das fand ich immer ganz toll. Denn meine Schwester, die war ja nun wirklich so ein Feinlingskind, so ein Röckchenträger, so habe ich damals gesagt, und solche Leute haben wir dann immer verkloppt, ob das ein Mädchen war oder so ein Junge, der schüchtern war, das war ganz egal. Wir Starken waren zusammen, und die, die sich ein bißchen zurückgezogen haben, bekamen was ab. Bei uns im Viertel gab es so ein großes Fabrikgelände, mit vielen verschiedenen Fabriken. Und dort haben wir mal spaßeshalber eingebrochen, haben alles durch die Gegend gefeuert und so. Also nicht, um irgendwie etwas zu verkaufen oder so, sondern eher – ich weiß nicht – also einfach nur so aus Lust und Laune.
Naja, und da haben sie uns irgendwann mal gekriegt, da war ich noch keine 14, da ging es dann halt los mit den Bullen."

Die Einzelkämpferinnen wehren sich mit aller Kraft, in einer geschlechtsspezifischen Hierarchie den unteren Rang einzunehmen und Jungen gefällig zu sein. Sie wehren sich dagegen, zu Sexualobjekten degradiert zu werden. Doch im Verlauf ihrer Entwicklung müssen sie sich entscheiden: Entweder sie werden zu resoluten, organisatorisch und im Überlebenskampf pfiffigen „Müttern", die auch für die Jungen und Männer das Leben mit organisieren, oder sie separieren sich ganz aus der Männerwelt; dann allerdings, in Frauenprojekten, werden sie bisweilen hart angegangen wegen ihrer Überlebenstechniken und ihres „unweiblichen Verhaltens".

3. Die Ausbeutung der Weiblichkeit als gemeinsame Problematik der Mädchen in allen Subkulturen

Jugendsubkulturen und Cliquen sind auch Fluchtpunkte vor den Zwängen und Repressionen, denen Jugendliche in der Familie, in der Schule oder im Beruf ausgesetzt sind. Die Teilnahme von Mädchen an jugendlichen Subkulturen ist immer auch eine Form von Widerstand gegen die von ihnen erwarteten Anpassungen an tradierte weibliche Aufgaben und Verhaltensnormen. Das Gefühl, zu einer Gruppe, Clique oder bestimmten Szenen dazuzugehören, verhilft den Mädchen übergangsweise zu einer Orientierung in der Zeit zwischen einsetzender Pubertät und dem Eintritt in das Leben als Erwachsene. Die Clique ‚borgt' dem Mädchen bis zu dem Zeitpunkt einer festen Beziehung mit einem Mann oder bis zur Heirat, dem ‚natürlichen' Ende der Jugend, eine Identität. Diese aber ist für die Mädchen wiederum nötig, um sich gegen autoritäre Strukturen in ihrem übrigen Leben zu wehren.

Für Mädchen ist der ‚Fluchtpunkt' Subkultur allerdings weniger leicht anzusteuern als für männliche Jugendliche. Sie sind in jeder Hinsicht einer größeren sozialen Kontrolle durch das Umfeld Familie, Schule, Arbeitgeber etc. ausgesetzt und laufen ständig Gefahr, von den Diskriminierungen durch die bürgerliche Moral betroffen zu sein.

Auch der Tagesablauf der Mädchen unterliegt einer autoritären Reglementierung und Strukturierung. Von ihnen wird erwartet, daß sie einen großen Teil ihrer ‚Freizeit' außerhalb von Schule oder Berufstätigkeit für Hausarbeit und die Betreuung der Geschwister opfern. Sie müssen meist die berufstätige Mutter entlasten und damit den Vätern und Brüdern ihre Freizeit garantieren.

Sie haben schon früh gelernt, daß Widerstand gegen die von ihnen verlangte Hausarbeit sinnlos ist, denn sie muß ja gemacht werden. Ein Boykott würde in erster Linie ihre Mütter treffen, die dann diese Arbeit zusätzlich verrichten müßten. So teilen sich die Frauen in der Familie die Arbeit solidarischerweise auf. Das daraus resultierende mütterliche Verantwortungsgefühl der Mädchen hat seine Fortsetzung in den Küchen und Gemeinschaftszimmer der besetzten Häuser, so wie auch dort die Jungen in der Regel ihr Konsum- und Abhängigkeitsverhalten in Bezug auf die emotionale und hauswirtschaftliche Versorgung und Betreuung durch Frauen fortsetzen.

Die elterliche Kontrolle in der Familie bezieht sich vor allem auf das Sexualverhalten der Mädchen. Während für Jungen ‚Spaß haben' als Ausdruck für das ‚sexuelle Ausprobieren' von Mädchen legitimer Teil ihres Freizeitvergnügens ist, gilt für Mädchen eine andere Moral (McRobbie 1982). Die allgemeine moralische Entrüstung trifft sie bereits dann, wenn die ‚elterliche Gewalt' über ihre zu leistenden Pflichten und ihre zu behütende Sexualität nicht mehr gewährleistet scheint – zumindest solange, bis sie an einen ‚festen Freund', der sie fortan beschützen soll, weitergereicht werden können.

Wenn sie sich als Mädchen in Straßencliquen draußen ‚rumtreiben' oder wie ein Punkmädchen ‚aus der Rolle fallen', haben sie bereits bestimmte Grenzen überschritten. Durch ihre ‚Straßenaktivitäten' verletzen sie ein Tabu. Denn Frauen und Mädchen haben in der Öffentlichkeit nichts zu suchen, es sei denn unter der Obhut eines legitimen, natürlich männlichen Beschützers. Die sexuelle Kontrolle über die Mädchen reicht bis auf die Straße, denn halten sie sich dort nur einfach auf, ohne sichtlich beschäftigt zu sein oder auf den Bus zu warten, werden sie als Prostituierte eingeordnet. Sie müssen sich für ihre Anwesenheit auf der Straße rechtfertigen, um einer Reduktion auf Sexualität zu entgehen.

„Die Freiheit, die den Frauen nicht zugestanden werden soll, ist häufig in bezug auf eine sexuelle Freiheit definiert, zu der sich – wie man annimmt – die Frau bekennen wird, sobald man nicht mehr ein strenges Auge auf sie hat" (Benard/Schlaffer 1980).

Hier ist auf einen scheinheiligen Widerspruch verwiesen, der sich auch z.B. in der ambivalenten Position von Müttern ausdrückt, wenn sie ihre Töchter vor entwürdigenden sexuellen Erfahrungen zu schützen versuchen, indem sie sie überwachen und zuhause ‚anbinden': Um die Mädchen vor Männersexualität zu schützen, werden sie diskriminiert.

Der Schutz der Clique verhilft den Mädchen bedingt zu den Freiheiten auf der Straße, die sie sonst ohne männliche Begleitung nicht ausleben könnten. Dazu gehört auch der Besuch in einer Discothek oder einer Kneipe, ja sogar der Eisdiele nebenan. Die Gruppenidentität liefert ihnen wiederum Argumente der Abwehr gegenüber moralischen Angriffen von ‚außen'. Ihr Verhalten gilt zwar in der bürgerlichen Öffentlichkeit als deviant, doch ihren ‚schlechten Ruf' nehmen sie in Kauf, wenn dafür die Subkultur Spannung, Abwechslung und ‚Gruppenfeeling' gegenüber der Außenwelt verspricht.

Während sogenannte Devianz bei Jungen immer mit Straftaten wie Diebstahl, Körperverletzung etc. gleichgesetzt wird, wird die Devianz bei Mädchen an ihrem Aufenthalt außerhalb sexueller Kontrolle festgemacht. Der Begriff ‚sich rumtreiben' assoziiert bei Mädchen in der Regel sexuelle ‚Verwahrlosung', bei Jungen dagegen – wenn überhaupt auffälliges Verhalten – dann höchstens Kleinkriminalität. Und das, obwohl alle sexuellen Aggressionen immer von Jungen oder Männern ausgehen.

Hier das Erlebnis eines Punks:

„Als Chris zusammen mit zwei Freundinnen festgenommen wurde, weil sie nachts in der Innenstadt eine Schlägerei verursacht hatte, wurde sie im Auto auf dem Weg zur Polizeiwache geschlagen: ‚Im Auto waren drei Polizisten, zwei vorne und einer hinten in der Mitte, und als Julie dem Schwein einen Fußtritt gab, schlitterte das Auto hin und her. Dann zog der Typ mich aus dem Auto und drehte völlig durch. ‚Verdammte Hure ...' und schlug mir mit voller Kraft auf die Nase. Dann schnappte der andere Typ mich und schlug mir ein paar Mal ins Gesicht. Ich sagte: ‚Du Faschist!‘ und da hob er die Faust und flatsch! flatsch! warf uns dann so, Arme auf den Rücken in Zellen. Es war wirklich grauenhaft. Ich glaube, die behandeln dich genauso wie Männer“ (Carter 1982).

An einem Punkt irrt Chris, denn sie wurde vermutlich für ihr ‚abweichendes Verhalten‘ schlimmer behandelt als sich sonst Männer gegenseitig behandeln. Der ‚Ehrenkodex unter Kriegern‘ fiel hier weg. Stattdessen setzte eine sexistische Sonderbehandlung ein („Du Hure“), und zwar auf jener Ebene, auf der Männer ‚Devianz‘ bei Mädchen oder Frauen immer festmachen. Diese sexistische Ebene ist reine Projektionsfläche ihrer eigenen sexuellen Bedürfnisse. So kommt es, daß ein für jungen legitimes Verhalten, das Austoben und Ausprobieren von Sexualität (das sie in der Regel in eindeutiger Weise an die Mädchen herantragen) für Mädchen zur doppelten Falle wird: Wollen sie in den Cliquen Anerkennung finden, müssen sie auf die Anforderungen der Jungen eingehen. Denn, tun sie es nicht, werden sie als prüde, dumm und langweilig diskriminiert. Tun sie es, werden sie für ihre ‚Freizügigkeit‘ verachtet (die treibt es mit jedem). Welche Möglichkeiten bleiben da noch?

„Die zwangsheterosexuelle Ordnung produziert die Spaltung der jungen Frauen in Mütter und Huren. Der Unterscheidung zwischen Gut und Böse steht eine dritte Kategorie gegenüber: ‚Lesbianismus‘, ein Synonym für die Gefahr, die von Frauenfreundschaften, Frauenkultur und kollektivem Widerstand gegenüber patriarchalischer Kontrolle ausgeht. Lesbianismus umschließt auch das schlichte Zusammensein von Frauen oder das Alleinsein außerhalb von männlicher Kontrolle“ (Griffin 1982).

So erging es auch Schnuffi und Sabine, die wegen ihres Kampfes für eine Frauenetage im gemischt-geschlechtlich besetzten Haus verlacht und diskriminiert wurden. Die Mädchen, die es wagen, ‚Widerstand im Widerstand‘ zu leisten, verweigern die Anpassung an den heterosexuellen Gruppenstreß und bilden interne Mädchencliquen oder gehen feste (auch sexuelle) Mädchenfreundschaften ein. Sie können sich der Diskriminierung durch die Jungengruppe sicher sein. Mit Mädchen, die sich ihrem Schutz entziehen – was auch den meisten Eltern relativ rasch auffällt – ‚muß etwas nicht in Ordnung sein‘. Hinzu kommt, daß diese Mädchen, um sich gegen die Aggressionen von Seiten der Jungen zu schützen, eine Reihe ‚mackerhafter‘ Verhaltensweisen, z.B. in Bezug auf ihre Körpersprache, übernehmen (müssen). Das wiederum setzt sie in Clique, Schule und Elternhaus zusätzlichen Diskriminierungen aus.

Die neugewonnene Freiheit, auch im besetzten Haus, hat ihren Preis, denn auch wenn die Anforderungen an die Mädchenrollen in den einzelnen Subkulturen unterschiedlich sind und es hier und da so scheint, als seien die Grenzen weiter gesteckt, spiegeln sich dennoch Sexismus und patriarchale Strukturen auch dort wider: Die Jungen vertreten die Gesetze, wachen über die Sexualität der Mädchen und profitieren von deren reproduktiven Fähigkeiten.

Eine Möglichkeit, sich einen ‚anständigen Ruf‘ innerhalb der Gruppe und der Öffentlichkeit gegenüber zu erobern, besteht für die Mädchen darin, zeitweise die asexuelle Mutterrolle für einen ‚Auserwählten‘ (vgl. auch 2.2.3 – Einzelkämpferinnen . . .) zu übernehmen: Als Vertraute, als Managerin für

Gruppendynamik usw. Der ‚Sohn' wiederum bietet seiner ‚Mutter' dafür nach außen Schutz, auch Schutz vor den männlichen Gruppenmitgliedern der eigenen Clique. Dies ermöglicht den Mädchen eine legitime Teilhabe am Gruppenleben, ohne direkt sexuell verfügbar sein zu müssen. Doch auch für diese Konstellation gilt, was für alle Mädchen innerhalb der gemischten Cliquen gilt: ‚erfolgreiche' Mädchen sind die, die sich einen besonders repräsentativen Beschützer ‚an Land gezogen' haben, einen mit Macht – wobei es keine Rolle spielt, worauf sich diese Macht gründet, es kann der Schönste, der Stärkste, der Schlaueste, der Mutigste oder wenigstens der beste Freund eines solchen sein. Die Freundin/Mutter erfüllt als Gegengabe in der Regel die gängigen Standards entsprechend der jeweiligen Subkultur und den in ihr geltenden Normen für Weiblichkeit.

Das Verhalten der Jungen, ist es auch noch so gewalttätig, dumm oder sonstwie anzugreifen, wird von den Freundinnen außerhalb der Gruppe, also in der Öffentlichkeit, meist verteidigt. Notgedrungenerweise, denn indem sie auf ihren Freund oder die Gruppe ‚nichts kommen lassen', verteidigen sie auch ihre eigene Identität.

In der linken Besetzerszene z.B. fühlen sich Mädchen durch das militante Auftreten und den ‚großmäuligen' Politjargon ihrer Freunde aus dem Haus gut repräsentiert. Sie sind wer – weil der Freund sich hat Geltung verschaffen können. Dafür verzeihen sie gerne gewalttätige Strukturen im Innenverhältnis der persönlichen Beziehungen.

Doch die bedingungslose Solidarität und das Schweigen der Mädchen und Frauen in der Öffentlichkeit ihres Lebens hat sich in der Geschichte schon oft als Falle erwiesen. Weniger die Liebe und Geduld der Frauen verändert aggressives Männerverhalten, sondern Kontrollen von außen, Sanktionen von Bekannten und Verwandten oder der Ehrenkodex und die Kontrollfunktion der eigenen Clique.[3]

Trotzdem glauben viele Mädchen an die männerverändernde Kraft ihrer Liebesfähigkeit. Doch Liebe kann als unmittelbare Kraft nicht mehr wirksam werden, da sie in unserer Kultur vielfältigen Deformationen unterworfen ist. Die Liebe der Mädchen beinhaltet alle Formen von Zuwendung und Bedürfnissen, Fürsorge und Zärtlichkeit, Mütterlichkeit und Erotik verbinden sich zu dem Gefühl ‚Liebe', in der Hoffnung, daß diese auf der gleichen Ebene erwidert wird. Jedoch: Mütterlichkeit und Fürsorge werden ausgebeutet und gleichzeitig ins Lächerliche gezogen, sie werden zu einseitiger emotionaler Versorgungsleistung und zu selbstverständlichen Diensten an Jungen degradiert. Zärtlichkeit und Erotik verkommen zu tausendfach vermarkteter und an männlichen Bedürfnissen orientierter und nach männlichen Regeln ausgeführter Sexualität.

Die Jungen müssen ihr auf Sand gebautes Primat der Männlichkeit ständig reproduzieren und ihre angebliche Überlegenheit tagtäglich mittels sexistischer (Körper)Sprache und dominantem Territorialverhalten auf's Neue beweisen. Männerherrschaft hat weibliche Stärken im Laufe von Jahrtausenden zu Schwächen herabgewürdigt. Die Auswirkungen davon spiegeln sich auf Seiten der

Mädchen im Verzicht auf die Durchsetzung ihrer Rechte gegenüber den Jungen.

Die organisierte Hierarchie macht Beziehungen zwischen Mädchen und Jungen auf der gleichberechtigten Ebene eines fairen Austausches von geschlechtsspezifischen Stärken kaum noch möglich.

Trotz allem glauben Mädchen, Jungen durch Liebe verändern zu können. Sie hoffen auf den ‚weichen Kern' unter der ‚harten Schale' und sind mitunter auch noch stolz darauf, daß dieser Kern, wenn überhaupt, nur ihnen gegenüber sichtbar wird. Sie leiden zwar unter der Brutalität und Unsensibilität der ‚harten Schale', doch ihre dadurch provozierte Mütterlichkeit macht ihnen gleichzeitig auf sentimentale Weise klar, daß sie ihren Freund nicht alleine lassen können. Diese ‚Retterinnenmentalität' der Mädchen wird von den Jungen gerne als persönliche Stärkung ausgebeutet und gleichzeitig als Abhängigkeit der Mädchen diskriminiert.

4. Alternativen für Mädchen

Eine alternative Mädchenkultur im Sinne einer einheitlichen neuen kulturellen Stilform gibt es unserer Meinung nach genausowenig, wie es eine einheitliche Stilform innerhalb der Frauenbewegung gibt. Die Herkunft und persönliche Geschichte jedes einzelnen Mädchens bestimmt letztendlich ihre Einstiegsmöglichkeiten in alternative Lebens- oder auch nur äußerliche Stilformen.

Der Aspekt des politischen Widerstandes ist den Mädchen selten bewußt – zumindest wird er kaum ausgesprochen. Bereits die Teilhabe an männlich dominierten Subkulturen ist für viele Mädchen ein Ausstieg, eine Absage an familiale Normen und Moral. Diese Absage geht einher mit einem mühsamen alltäglichen Abwehrkampf, dem Abwehren ständiger Bevormundung von Seiten der erziehenden Autoritäten, sie richtet sich gegen Eingriffe und Konditionierung zu einer Weiblichkeit, die sich als Falle vor den Mädchen auftut. Denn die gesellschaftliche Realität zeigt in aller Klarheit, daß das, was Mädchen als Preis für die Übernahme der devoten Mädchenrolle versprochen bekommen, nicht existiert, nie existiert hat. Mädchenarbeitslosigkeit z.B. ist im Prinzip nichts Neues, doch heute fällt sie mehr auf, weil die Mädchen mehr fordern. Es gab noch nie genug Wohnraum für alleinstehende Mädchen oder junge Mütter, doch heute reagieren sie aktiv darauf. Auch die Gewalt gegen Mädchen und Frauen auf der Straße, in Kneipen oder Discotheken hat sich relativ gesehen nicht verschlimmert, nur – heute bestehen Mädchen eher darauf, auch allein das Haus zu verlassen. Es hat sich viel verändert im Bewußtsein und der Vorstellungskraft der Mädchen, wie und mit wem sie wo ihren Alltag verbringen möchten.

Doch der Erfolg – tiefergehende gesellschaftliche Veränderungen ökonomischer und moralisch-ideologischer Art – hat sich nicht eingestellt. Im Gegenteil. Die freiheitlich-patriarchalische Grundordnung reagiert mit Verbissenheit, gewalttätig bis perfide. Widersprüchliche Angebote, ständige Rückschläge und eine gut organisierte Spaltung zwischen uns Frauen trägt zum Rückzug vieler Frauen und Mädchen aus der bürgerlichen (und linken) Öffentlichkeit bei.

4.1 Eine neue Mädchengeneration

Emanzipation hängt heutzutage für viele Mädchen kaum mit der persönlichen Teilhabe an der Frauenbewegung zusammen. Sie fühlen sich auch so emanzipiert – sie haben sich Situationen erkämpft, die wir tatsächlich im weitesten Sinne mit relativer Unabhängigkeit umschreiben können. Die Geschichte vieler dieser Mädchen zeigt, daß sie mittelbar zur ‚zweiten Generation' der Frauenbewegung gehören, ohne daß sie dies selbst unbedingt wahrhaben wollen. Denn die Frauenbewegung erwies sich als ideologische Stütze der Frauen, die Bezugspersonen in ihrer Kindheit oder frühen Jugend waren: ‚Frauenbewegte' Lehrerinnen, Erzieherinnen im Jugendheim, Sozialarbeiterinnen auf dem Jugendamt oder der Familienfürsorge oder auch die Dozentin an der Volkshochschule, an der ihre Mutter einen Kurs belegt hatte, hatten einen nicht unerheblichen Einfluß auf die Entwicklung neuer Lebensperspektiven der Mädchen. Durch sie erlebten die Mädchen neue ‚Bilder' von Frauen. Oder haben Mütter unerfüllte Emanzipationswünsche an die Töchter ableiten können?[4]

Die verbale Absage vieler Mädchen an die Frauenbewegung (welche auch immer die Mädchen damit meinen) hat ihre guten Gründe, da der Frauenbewegung als einer Bewegung von erwachsenen Frauen oftmals die Handlungsspielräume fehlten, die die Mädchen für die Entwicklung einer Identifikation mit der Bewegung und ihren politischen Zielen nötig gehabt hätten.

Dennoch, auch ohne Bewegung haben viele Mädchen die Angst vor dem Abweichen von verordneten Normen verloren und gleichzeitig Mut entwickelt, sich eine ganzheitliche, neue Lebensalternative zu erkämpfen.

Als in Berlin die Hausbesetzungen an der Tagesordnung waren, haben sowohl viele (Bewegungs)Frauen als auch Mädchen mitgemacht. Hier trafen sie wieder aufeinander, verbunden durch den gemeinsamen Leidensdruck der Wohnraumnot und den Spaß am Widerstand. Für Mädchen ermöglicht eine besetzte eigene Wohnung die konsequente Fortsetzung ihrer Beziehungen zu ihren Freundinnen aus der Schulzeit. Die ‚beste Freundin' kann in die neue (Erwachsenen)welt der Selbständigkeit mit ‚rübergerettet' werden und fällt nicht zwangsheterosexuellen Konditionen zum Opfer: es besteht die Möglichkeit, die Gemeinschaft mit Frauen zu erproben, ohne sofort gegenüber den gesellschaftlichen Normen ins soziale Abseits zu geraten, oder im Beharren auf die Entwicklung mädchenspezifischer Lebens- und Gemeinschaftsformen mit dem Stempel ‚devianten' Verhaltens abgeurteilt zu werden.

In den Mädchen- und Frauenwohngemeinschaften auch in besetzten Häusern wird der Versuch unternommen, eine neue Kultur an einem identifizierten Ort zu erproben.[5] Die besetzten Räume sind in der Vorstellung der Mädchen und Frauen ein neuer Lebensraum, in dem sie ihre Wünsche und Bedürfnisse jenseits ‚normaler' Anpassungszwänge an weibliche Normen erproben können, ohne dabei unter der Aufsicht männlicher Mitbewohner zu stehen, die auf sanfte oder harte Weise versuchen, den Mädchen ihre traditionellen Vorstellungen weiblicher Verfügbarkeit für ihre Interessen aufzuwingen.

Mädchen sind hier in mancher Hinsicht älteren Frauen gegenüber privilegiert. Sie können nach außen aktiver sein, weil sie nur im seltensten Fall ein ‚Hausfrauensyndrom' plagt. Sie haben meist noch keine Kinder und sind daher unabhängiger, und – haben sie sich einmal zum Ausstieg entschlossen – entwickeln sie oftmals eine ungeahnte Radikalität. Der Bruch mit der Familie, der bei fast allen Mädchen für den Ausstieg nötig war, hat sie unabhängig gemacht und die Erinnerung an die familialen Zwänge, der Druck, sitzt ihnen noch im Nacken. Auch die Erfahrung, daß vielfache Versuche, ihren Wunsch nach Selbständigkeit und Autonomie innerhalb der sogenannten ‚normalen' Arrangements zu realisieren, gescheitert sind, macht sie radikal und risikobereit.

Sabine und Schnuffi (vgl. 2.1.1) haben zunächst in einem von Frauen und Männern besetzten Haus versucht, eine Frauenetage durchzusetzen, bevor sie in einem Frauenhaus eine Mädchenwohngemeinschaft mitgründeten. Christine, die ein Frauenhaus mitbesetzte, wollte davor auf dem freien Wohnungsmarkt zusammen mit ihrer Freundin eine Wohnung finden:

„... Also, das war ja so, daß ich mit meiner Freundin zusammenziehen wollte, und wir haben ja, bevor wir ein Haus besetzt haben, alles Mögliche probiert, um überhaupt erst mal 'ne Wohnung zu mieten. Da sind wir natürlich voll baden gegangen. Erstens, wie die ganze Lage sowieso ist und kaum Wohnungen da sind, und dann einfach nochmal: Icke 18, Manu 17. Zwei Mädchen, wa. Da lief ja sowieso nichts, auch weil wir zu jung sind und weil wir kein Einkommen haben ..."

Sie kämpfen für eine lebenswerte Alternative – aber möglichst sofort. Und hier beginnt dann auch im besetzten Frauenhaus die Auseinandersetzung, denn die Entwicklung und Erhaltung des neuen Lebensraumes kann nur durch alltäglichen, gemeinsamen Arbeitsaufwand gesichert werden. An vielen Fronten müssen sie kämpfen, den neuen Lebensraum zu verteidigen und zu sichern: da ist die Gefährdung, durch staatliche Verfügungsmacht wieder herausgesetzt zu werden, da ist die – unweibliche – Anstrengung gefordert, das Haus in seiner baulichen Substanz zu erhalten, da müssen die ersehnten Gemeinschaftsformen, die auch vielfache Konflikte beinhalten, gelernt werden, da gibt es unterschiedliche Interessen zwischen den Mädchen, unterschiedliche Interessen zwischen Mädchen und erwachsenen Frauen in einem solchen Haus usw. Kein Ort des Friedens und der Harmonie – eher einer der offenen Auseinandersetzung. Und doch: sie versuchen, diese Auseinandersetzung anzunehmen.

4.1.1 Ein feministischer Tatort

Ein Frauenprojekt in Berlin-West steht hier als Beispiel für eine feministische Gegenkultur, wie sie auch in vielen anderen Frauenhausprojekten, z. B. dem ‚Hexenhaus', dem ‚Marianne Teufel Haus', der ‚Schokoladenfabrik', dem

Frauencafe im ‚Haus Friedensbruch', dem Frauenhaus ‚Winterfeldtstraße' und ‚Naunynstraße' in Berlin und anderswo entwickelt wurde.

Es gibt in dem Haus zwei Mädchenwohngemeinschaften und drei Wohngemeinschaften erwachsener Frauen mit Kindern. Die übrigen Wohnungen stehen Frauenprojekten zur Verfügung: Im Erdgeschoß ist ein Frauenkunst- und Kulturprojekt, im Keller ein Übungsraum für die hauseigene Mädchenband, die Redaktion einer Berliner Mädchenzeitung hat ihren Raum in diesem Haus.

Für die Frauen, die in diesem Haus als Architektinnen und Pädagoginnen arbeiten, ist das Haus in erster Linie ein Frauengemeinwesenprojekt in einem sozialen Brennpunkt – der Potsdamer Straße.

Rechts und links vom Haus reihen sich die Asylanten-‚Hotels' aneinander. Unten in den Häusern in der Nachbarschaft sind Nachtbars. Davor arbeiten Frauen und Mädchen auf der Straße als Prostituierte.

Das Haus ist alt, pilzzerfressen und verrottet. 15% der Grundsanierung des Hauses müssen die Mädchen und Frauen in Selbsthilfe erbringen (nach der Schätzung eines unabhängigen Architekten sind bis zu 80% der Bausubstanz des Hauses zerstört). Seit die Mädchen und Frauen das Haus vor zwei Jahren besetzt haben, leben sie quasi auf einer Baustelle und haben dabei vielfältige Qualifikationen erworben: sie sind Glaserinnen, Holz-Restaurateurinnen, Fliesenlegerinnen, Maurerinnen, Malerinnen, Elektro- und Sanitär-Installateurinnen usw.

An ein geregeltes Wohngemeinschaftsleben ist nicht zu denken, weil sich immer wieder herausstellt, daß in einem soeben liebevoll renovierten Zimmer die Decke doch wider Erwarten vom Pilz zerfressen ist und heraus muß, oder weil das Wohngemeinschaftszimmer erst im Zuge der übernächsten Baumaßnahme renoviert werden kann usw.

Manche Mädchen, die endlich eine ihren Wünschen entsprechende Lehrstelle gefunden hatten, haben diese wieder abgebrochen, weil sie die Anforderungen der Arbeit und des Lebens im Haus und die beruflichen Anforderungen nicht mehr zusammen aushalten konnten, andere Mädchen sind in ‚ruhigere' Mädchenwohngemeinschaften umgezogen oder zu den Eltern zurück, um ihre Lehre machen zu können, doch auch sie fühlen sich weiterhin zum Haus zugehörig, beteiligen sich an den kulturellen Aktivitäten usw.

Diejenigen, die in diesem Haus leben und arbeiten, müssen das ganze Spektrum weiblicher Phantasie und weiblicher Improvisationskunst anwenden, um unter diesen Bedingungen ihre Vision vom eigenen Lebensraum langfristig realisieren zu können. Und doch ist er real auch, der eigene Lebensraum:

Im Hinterhof wurde ein großer wilder Garten angelegt, es finden regelmäßig Feste auch für Frauen und Kinder aus der Nachbarschaft statt, eine Sauna soll gebaut werden und vielleicht noch ein Theaterraum ... Es soll versucht werden, ein auf den Erfahrungen im Haus aufbauendes neues Modell für die berufliche Qualifizierung von Mädchen und Frauen zu entwickeln, in dem Leben und Arbeiten als Einheit begriffen werden. Wohnen bedeutete für Frauen noch nie, ‚abends nachhause zu kommen und sich zu erholen'. Frauen- und kinderfeindliche Neubauten, von einer männlichen Architektur geplant als Dienstleistungsbetrieb für den heimkehrenden oder zuhause herumsitzenden Ehemann, haben ihre Spuren im politischen Bewußtsein vieler Frauen hinterlassen (vgl. auch Terlinden 1980a; Erlemann, 1980). Und Wohnen als Arbeit in den ‚eigenen vier Wänden' ist auch für die Frauen im Frauenhausprojekt eine Realität, wenn auch ganz anders als in traditionellen Familienzusammenhängen. Neben der großen Anstrengung, diesen neuen Lebensraum zu schaffen steht für die Frauen als Selbstverständlichkeit fest, daß sie darin auch ihren eigenen kreativen und regenerativen Raum entwickeln: Und dies ist in der Tat für Frauen etwas ganz Neues . . .

5. Weibliche Anarchie

Mädchen, die in der Alternativszene leben und arbeiten, sind aufgrund ihrer Sozialisation und Lebenserfahrung hierfür gut vorbereitet. Sie bevorzugen Organisationsstrukturen ohne Führungsclique und Führungsanspruch: sie sind einfach nicht regierbar.

Deutlich wird dies auch an ihrer Weigerung, an Vereinssitzungen, Besetzerräten etc. teilzunehmen. Die Erfüllung ihrer politischen Zielsetzung ist ihnen wichtig, sie erkämpfen sie aber nicht um jeden Preis, vor allem nicht um den Preis der Zerstörung zwischenmenschlicher Kommunikation und des Aufbaus von Machtstrukturen.

Frauen und Mädchen sind im Alltagsleben oft viel überlebensstärker und selbständiger als Männer. Sie haben daher autoritäre Organisationsformen zur Durchsetzung ihrer politischen Interessen nicht nötig, wissen sie doch genau um ihre Fähigkeit, mit der praktischen Seite des Lebens umgehen zu können. Das den Mädchen oft vorgeworfene Desinteresse an politischen Strategien und Entscheidungen ist nicht Ausdruck eines generellen politischen Desinteresses, sondern oft vielmehr Ausdruck der Langeweile an ‚Politgelaber', sich selbst genügenden Machtspielchen, die allenfalls von negativer Konsequenz für die realen Probleme der Mädchen sind. Zudem finden sie ihre Bedürfnisse und Interessen weder erkannt noch vertreten, noch überhaupt im Ansatz positiv bewertet. Die fast automatisch einsetzende Hierarchiebildung und die autoritäre Diskussionsstruktur in gemischt-geschlechtlichen Gruppen führen in der Regel zum Rückzug – besonders der Mädchen. Ihre Ausdrucksmöglichkeiten, ihre Sprache sind anders.

Wenn in reinen Frauen- oder Mädchengruppen autoritäre Strukturmerkmale auftauchen, so werden sie dort auch kritisiert – nur mit dem Unterschied, daß dies offen geschieht, während in gemischten Gruppen das schleichende Gefühl der verbalen Ohnmacht, zumindest den Männern gegenüber, viele Frauen verstummen läßt: sie haben das Gefühl, es wird ihnen weder zugehört, noch wird verstanden, was sie sagen.

In den Frauenprojekten erhalten Mädchen einen Raum, ihre eigenen Ausdrucksformen zu entwickeln. Gleichzeitig erleben sie an den erwachsenen Frauen wie aneinander verschiedene Lebensmodelle, die sie ausprobieren, die sie aber auch ablehnen können.

In einem Frauenprojekt, wie in dem vorher vorgestellten, in dem ältere Frauen, Mädchen, Kinder, junge Frauen zusammenleben und arbeiten, werden neben Interessenkonflikten auch unterschiedliche weibliche Lebensmodelle und Zielvorstellungen sichtbar.

Individualität und Kollektivität von Frauen geraten in ein neues Spiel. Dies drückt sich auch in der Gestaltung der eigenen Zimmer aus: hier der offenbare Traum von Spitzengardinen und Nippes, da asketische Tendenzen, dort das schlichte Jungmädchenchaos und ein Stockwerk weiter in einem Zimmer Plüschbärchen, im nächsten Motorradutensilien als Wanddekoration usw.

Individualität muß sich nicht egoistisch abgrenzen, sondern kann sich kreativ und kommunikativ auf eine neue Form der Kollektivität von Frauen beziehen: eigene kulturelle Projekte von Mädchen, wie die Herstellung einer Zeitung, Musikmachen, Theaterspielen, Fotografieren usw. vermitteln mädchenspezifische Ausdrucksformen und -inhalte nicht nur einer Mädchenöffentlichkeit, sondern auch älteren Frauen. Unterschiedlichkeit kann nebeneinander existieren, weil z.B. in einem Frauenhausprojekt auch Gemeinsamkeit real ist: sie drückt sich aus in der gemeinsamen Arbeit für das Haus. Dies ist eine sensible Balance, gewiß: Schnell kommt es zu heftigen Auseinandersetzungen, wenn einzelne Mädchen und Frauen die Mitarbeit am gemeinsamen Projekt aufgeben und sich aus der Verantwortlichkeit zurückziehen. Das alte patriarchalische Modell, das auch für Frauen bisweilen verführerisch erscheint, kann nicht greifen (die einen arbeiten und die anderen genießen die Früchte dieser Arbeit für ihre Bequemlichkeit). Mädchen sind auch in ihren eigenen Projekten sehr sensibel gegenüber patriarchalischen Strukturen: eher schon mag ein Projekt scheitern, als daß solche Strukturen in Kauf genommen werden.

Anmerkungen

1 Dieses Interview wurde bereits im Artikel „Mädchen in Bewegung“ veröffentlicht, vgl. Savier 1982

2 Vgl. auch Expertise von Jutta Brauckmann, Monika Jaeckel, Liesing Pagenstecher im 6. Jugendbericht des BMJFG

3 Vgl. auch die Literatur zum Thema, Gewalt gegen Frauen:
- Frauenhaus Köln: Nachrichten aus dem Ghetto Liebe, Frankfurt/M. 1980
- Frauenhaus Berlin: Frauen gegen Männergewalt, Berlin-West 1978
- Der Bundesminister für Jugend, Familie und Gesundheit (Hrsg.): Hilfen für mißhandelte Frauen. Schriftenreihe des Bundesministeriums für Jugend, Familie und Gesundheit, Band 124, Stuttgart 1981

4 Vgl. auch Expertisen von Brigit Cramon-Daiber im 6. Jugendbericht des BMJFG

5 Vgl. auch Expertise von Cillie Rentmeister im 6. Jugendbericht des BMJFG

Literaturverzeichnis

Benard, Cheryl/*Schlaffer*, Edit: Der Mann auf der Straße, Reinbek 1980

Brake, Mike: Soziologie der jugendlichen Subkulturen, Frankfurt/M. 1981

Burger, Angelika/*Seidenspinner*, Gerlinde: Mädchen '82. Eine repräsentative Untersuchung über die Lebenssituation und das Lebensgefühl 15-19jähriger Mädchen in der BRD, durchgeführt vom Deutschen Jugendinstitut München im Auftrag der Zeitschrift BRIGITTE, Hamburg 1982

Carter, Erica: Momentaufnahme. Drei Mädchen – Über junge Frauen, Widerstand und Repression, in: McRobbie, Angela/Savier, Monika (Hrsg.) 1982

Clarke, J./*Cohen*, Ph./*Corrigan*, P. et. al.: Jugendkultur als Widerstand, Frankfurt/M. 1979

Erlemann, Christiane: Was ist feministische Architektur? in, Arch +, Nr. 60, Aachen 1981

Griffin, Chris: The good, the bad and the ugly. Zur Situation junger Mädchen auf dem Arbeitsmarkt, in: McRobbie, Angela/Savier, Monika 1982

Hebdige, D.: The Meaning of Style, London 1979

Jugendwerk der Deutschen Shell (Hrsg.): Jugend '81, Hamburg 1981

Kahl, Regina: Eine Mädchenkultur in der Großstadt oder „Eigentlich, die Clique sind nur wir Mädchen", unveröffentlichte Dipl.-Arbeit FU Berlin 1981

Liebel, Manfred, in: päd. extra, 4/1982

McRobbie, Angela/*Garber*, Jenny: Mädchen in den Subkulturen, in: *Clarke*, J. et al., 1979

McRobbie, Angela/*Savier*, Monika (Hrsg.): Autonomie – Aber wie! Mädchen, Alltag, Abenteuer, München 1982

Nava, Mica: Mädchen sind eigentlich kein Problem: Die politische Bedeutung von Ungleichheit in der Jugendarbeit, in: McRobbie, Angela/Savier, Monika (Hrsg.), 1982

Presse und Informationsstelle der Hochschule für Künste Berlin (Hrsg.): Jugendliche in Kreuzberg, Materialien 2/1981

Savier, Monika: Mädchen in Bewegung, in: McRobbie Angela und Savier, Monika (Hrsg.) 1982

Savier, Monika/*Wildt*, Carola: Mädchen zwischen Anpassung und Widerstand, München 1978

Terlinden, Ulla: Baulich-räumliche Herrschaft, in: Beiträge zur feministischen Theorie und Praxis, Nr. 4, München 1980 (a)

Terlinden, Ulla: Frauen in der Ökologiebewegung – Ökologie in der Frauenbewegung, in: Beiträge zur feministischen Theorie und Praxis, Nr. 4, München 1980 (b)

Willis, Paul: Spaß am Widerstand, Frankfurt/M. 1979

Zinnecker, Jürgen: Jugendliche Subkulturen, in: Zeitschrift für Pädagogik, 3/1981

Daneben gelebt . . . . . .
Drogenabhängige Mädchen und ihre Lebenswelt

Inhalt

I. Drogenpolitik, Jugendarbeit – und wo bleiben die Mädchen?

In der Bundesrepublik und West-Berlin ist das ‚Drogenproblem' lange ignoriert worden. Erst als sich Mitte der siebziger Jahre in der Presse die Meldungen über den Anstieg der Anzahl jugendlicher Herointoter überschlugen, begannen staatliche Stellen zu handeln. Einzelne Forschungsprogramme entstanden, das Beratungs- und Betreuungsangebot wurde – wenn auch geringfügig – erweitert, der umstrittene repressive Bereich – Polizei und Justiz – personell und finanziell aufgerüstet, suchtprophylaktische Strategien entwickelt.[1] Medienspots, Plakataktionen, Musikveranstaltungen dienten als Maßnahmen zur Drogenaufklärung in Schulen und Jugendfreizeitheimen. Über diesen z.T. längst überfälligen Bemühungen um eine gesellschaftliche Lösung des Drogenproblems, gerieten allerdings die Adressaten dieser Programme – die betroffenen Abhängigen – mehr und mehr aus dem Blickfeld.

Zwar hatte sich gezeigt, daß der Mißbrauch ‚harter' Drogen ein jugendspezifisches Phänomen war und weiterhin ist, doch schien niemand so recht an den Motiven der Jugendlichen für den Drogenkonsum, an den Gründen für den Ausstieg aus ‚normalen' Lebensformen und an dem Widerstand gegenüber Rehabilitationsmaßnahmen interessiert zu sein. Vor allem ignorierten (männliche) Drogenpolitiker, Wissenschaftler und Praktiker in ihren theoretischen und praktischen Arbeitsansätzen einmal mehr die Mädchen und Frauen unter den jugendlichen ‚Aussteigern', obwohl diese heute schon fast 40% der Drogenkonsumenten ausmachen.[2]

Bisher gibt es weder Versuche, Suchtmittelabhängigkeit von Frauen zu erklären, indem ihre spezifischen Erfahrungen in Familie, Heim, Jugendgruppe und später auf der Scene zur Kenntnis genommen werden, noch praktische Ansätze, die sich um die Entwicklung frauenadäquater Beratungs- und Therapieformen bemühen. Niemand scheint es z.B. bisher aufgefallen zu sein, daß weitaus weniger drogenabhängige Frauen als Männer in therapeutischen Einrichtungen anzutreffen sind. Diese Ignoranz gegenüber weiblicher Lebensrealität, gegenüber den spezifischen Erfahrungen, Wünschen, Erwartungen und Enttäuschungen von Mädchen und Frauen ist kein Novum in der Geschichte der Jugendpolitik und Jugendarbeit.

Beide haben sich in den vergangenen Jahrzehnten immer an den Interessen, Erfahrungen und Problemen männlicher Jugendlicher orientiert. Von Mädchen wurde nur am Rande Notiz genommen.

Mädchen gelten als angepaßt, sozial unauffällig und pädagogisch leicht erreichbar und ansprechbar. Dort, wo sie allerdings durch expressives Verhalten, ‚Trebeleben', und klein-kriminelle Delikte auffallen und nicht dem konventionellen Mädchenbild entsprechen, werden sie schnell als verwahrlost stigmatisiert (vgl. Kieper 1980).

Mädchen waren innerhalb der Jugendarbeit oft nur in einer Funktion wichtig: Durch ihre im weiblichen Sozialisationsprozeß angeeigneten emotionalen und kommunikativen Fähigkeiten wurden, bzw. werden sie immer noch zu Garanten eines angenehmen atmosphärischen Klimas in Schulen und Jugendfreizeitheimen.

Erst feministische Pädagoginnen, die durch eigene Sensibilisierung für Formen von Frauenunterdrückung die herrschende Pädagogik in Frage stellten, begannen die Wünsche, Hoffnungen und Probleme, die Stärken und Schwächen der Mädchen aufzugreifen und eine an den Interessen von Mädchen ansetzende Pädagogik zu entwickeln.

Trotz dieser Entwicklung blieb die Drogenarbeit weiterhin fest in Männerhand. Die Ignoranz gegenüber der Geschlechterdifferenz setzte sich hier fort, die Ausgrenzung der Mädchen blieb bestehen. Wenn von den gefährdeten oder drogenabhängigen Jugendlichen die Rede war (und ist), hat(te) man immer den männlichen Jugendlichen im Blickfeld (vgl. Berger/Reuband/Widlitzek 1980, Hucke 1981, Kutsch/Wiswede 1980).

Die Unterschiede in den Lebenswelten der Mädchen und Jungen, die jeweiligen geschlechtsspezifischen Beweggründe und Auslöser für den Drogenmißbrauch werden nach wie vor nicht zur Kenntnis genommen. Eine so konzipierte allgemeine, d.h. männerzentrierte Drogenarbeit und Drogenprophylaxe muß dann aber für Mädchen und Frauen scheitern. Aufgrund der einseitigen Orientierung in der Drogenforschung und Drogenarbeit nimmt es nicht wunder, daß es kaum Material über weibliche Drogenabhängige gibt, sieht man von eher zufälligen Erwähnungen in einzelnen Publikationen ab (vgl. Parow/Hegi/Niemeyer/Strömer 1976). Im folgenden entwickeln wir einen ersten Ansatz, Drogenabhängigkeit bei Frauen auf dem Hintergrund spezifisch weiblicher Lebensrealität zu begreifen.

Zwar wird hier keine ‚Theorie' weiblicher Drogenabhängigkeit vorgestellt, doch können die entwickelten Fragestellungen, Thesen und ersten Interpretationen die Grundlage bilden für eine neue theoretische Perspektive in der Suchtforschung und für eine dringend notwendige Umorientierung in der praktischen Arbeit mit drogenabhängigen Mädchen und Frauen.

Aufgrund unserer Forschungs- und Praxisarbeit mit dieser Zielgruppe[3] lassen sich bestimmte weibliche Sozialisations- und Erfahrungsmuster, bestimmte Selbstbilder und spezifische Grundstrukturen in Jugendgruppen angeben, die den erstmaligen Drogenkonsum bei Mädchen und Frauen nahelegen. Und es lassen sich bestimmte Bedingungen rekonstruieren, die Ursache dafür sind, daß Drogenkonsum fortgesetzt wird. Denn Drogenprobiererinnen werden nicht gleich zu abhängigen Konsumentinnen.

Experimente mit Drogen – in erster Linie mit Zigaretten, Alkohol, Marihuana, Haschisch, aber auch mit LSD, Kokain und manchmal Heroin – gehören immer noch zu wichtigen jugendspezifischen Selbst- und Gruppenerfahrungen. Sie stellen Versuche der experimentellen Grenzüberschreitung dar, verbergen in sich die Suche nach Sinn, nach Identität und Leben. Den – exzessiven – Drogenmißbrauch, der zu einer physischen und psychischen Suchtmittelabhängigkeit führt, begreifen wir dagegen als selbstzerstörerische Konflikt(vermeidungs)strategie. Der Drogenmißbrauch hat die Funktion, negative Erfahrungen, ein negatives Selbstbild unwirklich werden zu lassen und scheinbar unerfüllbare Bedürfnisse und Sehnsüchte so zu kanalisieren, daß keine Anstrengungen mehr unternommen werden müssen, um innerpsychische Problematiken und/oder äußere konfliktverursachende Lebensbedingungen zu verändern.

1. *Zur Methode von Frauenforschung anhand eines praxisorientierten Forschungsprojektes mit drogenabhängigen Mädchen*

Unsere Ausgangsüberlegung ist, daß die in der herrschenden patriarchalischen Gesellschaftsstruktur für alle Frauen geltenden Unterdrückungsmechanismen, geschlechtsspezifischen Identitätsformen und Erfahrungsmuster auch in den Biographien weiblicher Heroinabhängiger wiederzufinden sein müssen. Darüber hinaus muß es spezifisch andere Erfahrungen oder eine andere Qualität dieser Erfahrungen geben. Worin diese bestehen, bzw. worin die Spezifika der Erfahrungen, Konflikte und Verarbeitungsmuster weiblicher Drogenabhängiger liegen, die ein Leben mit „harten" Drogen zur einzigen Überlebensstrategie werden lassen, kann u.E. nur im Rahmen eines Frauenforschungsansatzes erarbeitet werden (zum Frauenforschungsansatz vgl. Mies, 1978). Frauenforschung heißt für uns, den Versuch wagen, sich so in die Lebenswelt und Erfahrungsbereiche der „Forschungsobjekte" hineinzubegeben, daß die Wahrnehmungs-, Verhaltens-, und Interpretationsweisen der betroffenen Frauen von „innen" heraus verstehbar werden. Das schließt gleichzeitig eine quantitativ ausgerichtete, mit standardisierten Fragebögen arbeitende Forschung aus.

Der Zugang zu den „zu erforschenden" Frauen kann über gemeinsame Arbeit, ein geplantes gemeinsames Projekt, kontinuierliche Begegnung, Konfliktaufarbeitung u.ä. versucht werden.

Frauenforschung impliziert, ein hierarchisches und distanziertes Verhältnis zwischen Forscherin und „Betroffener" auf der Grundlage eines gemeinsamen Austausches über die gelebten Erfahrungen als Frau aufzuheben. Das heißt für die Forscherin, auch ihre Erfahrungen, ihre Wahrnehmungen und Interessen der „betroffenen" Frau kontinuierlich zu vermitteln, wie es ihrerseits die „betroffene Frau" im Forschungsprozeß versucht.

Auf der Basis eines so hergestellten Vertrauensverhältnisses können die Deutungen und Interpretationen der „betroffenen Frau“ und der Forscherin in ihrer Übereinstimmung und in ihrer Differenz deutlich werden; tendenziell wäre eine Rollenumkehrung möglich, in der sich die „betroffene“ Frau als Expertin ihrer Situation erweist und die Forscherin zur Lernenden wird.

Frauenforschung zielt auf Veränderung, auf Aufhebung von Unterdrückung und Diskriminierung. Die im Forschungsprozeß gewonnenen Erkenntnisse werden, soweit sie über den gemeinsamen Prozeß zwischen Forscherin und betroffenen Frauen hinaus, sozusagen „privat“ ermittelt werden, an die „Erforschten“ zurückvermittelt. Mit Hilfe dieser kollektiv gewonnenen Erkenntnise sollen für die Betroffenen und Forscherinnen Handlungsperspektiven eröffnet, problemadäquate Innovationen und Informations- und Öffentlichkeitsarbeit in die Wege geleitet werden (vgl. als Beispiel von Frauenforschung die Dokumentation des Frauenhauses Köln 1980).

Die Methodologie und Methode von Frauenforschung läßt noch eine Reihe von Problemen offen, vor allem hinsichtlich der „gemeinsamen“ Basis zwischen Forscherin und Betroffener, der objektiv unterschiedlichen Machtverteilung, der möglichen Differenz in der Interpretation von Erfahrungen etc. Diese Fragen können nur langfristig durch kollektive Diskussionen unter Frauenforscherinnen und durch fortlaufend neue Erfahrungen in Frauenprojekten beantwortet werden.

Das oben skizzierte Verständnis von Frauenforschung liegt unserer Arbeit mit drogenabhängigen Mädchen und Frauen zugrunde. Ziel dieser Arbeit war es, mit Hilfe eines Frauenforschungsansatzes herauszuarbeiten, welcher Zusammenhang zwischen der Sozialisation zur Frau und dem Beginn einer Heroinabhängigkeit besteht, welche spezifischen Probleme eine Fixerinnenexistenz impliziert und wie ein Beratungs- und Therapieangebot auszusehen hätte, das die spezifischen Erfahrungen und Problematiken weiblicher Abhängiger produktiver, d. h. hilfreicher und wirkungsvoller aufzugreifen versteht.

Als wir mit unserer praxisorientierten Forschung begannen, war uns bewußt, daß wir nur dann Wesentliches und Wirkliches über weibliche Drogenabhängige erfahren würden, wenn wir die Betroffenen über einen längeren Zeitraum kontinuierlich aufsuchen und mit ihnen zusammenarbeiten würden.

Drogenabhängige Frauen sind an verschiedenen Stellen erreichbar: auf der 'Scene', in Drogenberatungsstellen, im Gefängnis und in therapeutischen Einrichtungen. Da sie auf der 'Scene' zu beschäftigt und häufig „vollgedröhnt“ sind, in Beratungsstellen und therapeutischen Einrichtungen der Selbstfindungsprozeß durch uns hätte gestört sein können, arbeiteten wir zwei Jahre im Knast. Auch deswegen, weil hier die Mädchen anzutreffen sind, denen es am schlechtesten geht, die am meisten Unterstützung brauchen.

In diesem Zeitraum haben wir ungefähr 70 Mädchen und Frauen im Alter von 16-24 Jahren erlebt, mit ihnen Gespräche geführt, uns um gemeinsame Aktivitäten bemüht, Einzel- und Gruppeninterviews aufgezeichnet. Lebensgeschichtlich orientierte Interviews, die die Bereiche Familie/Heim/Schule, Pubertät/Sexualität, erste Drogenerfahrungen/Scene/Knast, Therapie und Zukunft umfassen, haben wir von 30 Frauen erfaßt. D. h., wir haben natürlich – nach statistischen Kriterien – keinen repräsentativen Querschnitt der weiblichen Drogenabhängigen als Grundlage für unsere Ausagen.

Gespräche und Austausch mit anderen drogenabhängigen Mädchen und Frauen, mit Drogenberaterinnen und Therapeutinnen haben allerdings gezeigt, daß die von uns herausgearbeiteten und hier dargestellten Entwicklungen, Erfahrungen und Bewältigungsmuster auch für andere, drogenabhängig gewordene Frauen nicht untypisch sind.

Die Frauen, die bisher das Glück hatten, nicht registriert zu werden, die von der traumatischen Gefängniserfahrung verschont worden sind, mögen andere ökonomische Grundlagen ihrer Existenz haben, wohlhabende Eltern, Freunde, gehobene Formen der Prostitution u. ä. Es bedeutet allerdings nicht, daß der Entstehungszusammenhang ihrer Sucht und die spezifischen Erfahrungen auf der Scene, in der Beratung und Therapie andere als die hier dargestellten sind.

II Die Lebenswelt drogenabhängiger Mädchen und Frauen

1. Statistische Angaben

Statistischen Angaben zufolge, kann man von etwa 60.000 – 80.000 Drogenabhängigen in der Bundesrepublik und West-Berlin ausgehen (Kreutzer 1981), von denen schätzungsweise ein Drittel Frauen sind. Verschiedene Indikatoren – z. B. die jährlichen Angaben über die Geschlechteranteile der polizeilich erstmals registrierten Drogenabhängigen oder der Anteil der Frauen bei den Drogentoten – weisen allerdings darauf hin, daß der Anteil weiblicher Drogenabhängiger in den letzten Jahren proportional stärker ansteigt als der der männlichen Fixer.

Die Frauen, die anfangen, 'harte' Drogen zu nehmen, sind in der Regel jünger als männliche Drogenkonsumenten. So zeigen z. B. Daten des Landeskriminalamtes Nordrhein-Westfalen, daß bei den 1977 erstmals erfaßten Konsumenten harter Drogen, Frauen bei den 14 – 17jährigen einen Anteil von über 50 % ausmachten (vgl. Kreutzer 1981).

In den Beratungsstellen und vor allem in den Therapieeinrichtungen für Drogenabhängige sind Frauen deutlich unterrepräsentiert. So betrug laut statistischer Auswertung der Jahresberichte verschiedener Modelleinrichtungen im Drogenbereich, 1977 der Anteil von Frauen bei den Neuzugängen zu stationären Einrichtungen der Drogentherapie lediglich 19 % (Kreutzer 1981).

Eine 1979 in Berlin durchgeführte epidemiologische Studie zur Heroinscene in Berlin kommt zu ähnlichen Ergebnissen.[4]

So waren von den etwa 6.000 ermittelten Drogenabhängigen in Berlin 34,4 % weiblich, wobei der Anteil der Frauen bei den Neuzugängen zur 'Scene' von Jahr zu Jahr 'beschleunigt' zunimmt (Skarabis/Patzak 1981). Das Einstiegsalter der Frauen liegt im Durchschnitt etwa 15 Monate niedriger als bei männlichen Abhängigen, bei etwa 18 Jahren. Die Studie weist bezüglich der sozialen Herkunft der Drogenabhängigen nach, daß diese überwiegend (zu 80 %) aus den sog. „unteren" sozialen Schichten kommen. Allerdings wird hier das umstrittene 4-Schichtenmodell zugrunde gelegt, daß sich in seiner Einteilung an der Einkommensverteilung und beruflichen Position des Haupternährers orientiert.

Die Aussagen zur sozialen Herkunft der Drogenabhängigen werden ebensowenig geschlechtsspezifisch differenziert wie die Angaben zur Schul- und Berufsausbildung.

Es wurde lediglich ermittelt, daß 74 % der Drogenabhängigen keine höhere Schulbildung erreicht haben als den Hauptschulabschluß und daß nahezu 90 % der Drogenabhängigen ohne Berufsausbildung sind, bzw. die Lehre abgebrochen haben.

Bezüglich der Therapieversuche weist die Studie nach, daß von je 100 Drogenabhängigen 'im Mittel' 20 Therapieversuche von männlichen und 23 von weiblichen Abhängigen gemacht worden sind. Das bedeutet, daß sich drogenabhängige Frauen öfter als Männer um eine Therapie bemühen, wobei offen bleibt, ob sie diese auch häufiger als Männer erfolgreich beenden.

2. Sozialisationsverläufe drogenabhängiger Mädchen

Außer den erwähnten statistischen Daten, die wenig Aussagekraft haben, ist über drogenabhängige Mädchen und junge Frauen bisher kaum etwas bekannt.

Die Fachliteratur, selbst neuere Untersuchungen (Reuband/Berger u. a., 1980) zum Problem der Drogenabhängigkeit, haben fast ausschließlich den männlichen Fixer zum Thema, so, als gäbe es das Problem für Frauen nicht. Einzige Ausnahme ist das populärwissenschaftliche und weitreichend bekannte Buch 'Christiane F.', ein Buch, das für Schulklassen eine Art alternativer Reiseführer durch Berlin geworden ist und zu Unrecht viel Aufsehen erregt hat. Es ist zwar ein Blick hinter die Kulissen der schillernden Welt der Drogen getan worden, er hat allerdings mit der Realität der Abhängigen wenig gemein. Weder ist diese Welt besonders exotisch, aufregend, voller Geheimnisse, noch ist die Lösung von der Droge mit dem Weggang aus der Stadt zur Tante auf's Dorf geschafft. Das Buch reizt eher zur Nachahmung, als daß es die erhoffte abschreckende Wirkung hat (Christiane F. 1979).

Unsere biographisch orientierten Gespräche mit drogenabhängigen Frauen zeigen zwar Übereinstimmungen, aber auch deutliche Unterschiede zur Geschichte der Christiane F.

Im folgenden wollen wir darstellen, was die eher typischen Erfahrungen drogenabhängiger Mädchen und Frauen im Elternhaus, im Heim, in der Schule, in den Cliquen und vor allem auf der 'Scene', in Beratungsstellen und Therapieeinrichtungen und im Gefängnis gewesen sind.

2.1 Erfahrungen im Elternhaus

2.2.1 Gewalt des Vaters

Die überwiegende Anzahl der von uns interviewten drogenabhängigen Frauen wuchs im Elternhaus auf, in der Herkunftsfamilie; einige Frauen verbrachten einen Teil ihrer Kindheit und Jugendzeit in Heimen, einige wenige lebten allein mit der Mutter und/oder der Großmutter.

Die prägenden familialen Erfahrungen, von denen die Frauen berichten, lassen sich als 'partriarchalische' Gewalterfahrung kennzeichnen. Die Frauen erlebten in einem besonderen Ausmaß physische, psychische, oft sexuelle Gewalt, die ihren ohnehin existierenden Abhängigkeits- und Ohnmachtsstatus – als Tochter der Familie – negativ verstärkten.

Interessanterweise ist in der –männlich bestimmten – Literatur zu Biographien Drogenabhängiger u. W. an keiner Stelle von partriarchalischen Gewaltstrukturen und spezifischen Gewalterfahrungen die Rede. Faktoren, die in der gängigen Literatur zur Erklärung von Suchtgenese herangezogen werden, sind zum einen das als 'broken-home' klassifizierte Sozialisationsmilieu (Eltern leben getrennt, in Scheidung u. ä.), zum anderen die 'laissez-faire' Erziehungshaltung oder das überfürsorgliche Erziehungsverhalten der Mutter (starke Mutterbindung, Abschirmung von Belastungen etc.).

Im Gegensatz zu diesen – oft wiederholten – Erklärungsmustern scheinen uns die hier thematisierten Gewalterfahrungen mit ihren spezifischen psychischen, physischen und sozialen Auswirkungen weit eher für die Suchtgenese von Frauen kennzeichnend zu sein. D.h. nicht, daß alle drogenabhängigen Frauen aus'Gewalt- und Mißhandlungsbeziehungen kommen, und es bedeutet ebensowenig, daß erlebte Gewalt immer durch eine Suchtentwicklung 'bewältigt' wird, allerdings vermuten wir hier einen 'dark continent', einen unerforschten, auch taburisierten Bereich.

Die Gewalt, der Mädchen ausgesetzt sind, ist fast immer die Gewalt des Vaters. Sie strukturiert im Mädchen frühzeitig das Bild der ohnmächtigen, mißbrauchten und wertlosen Frau.

In den vollständigen Familien, in denen die Eltern noch zusammenleben, bzw. in familienähnlichen Verbindungen werden die Mütter und Kinder häufig von Vätern geprügelt und mißhandelt, wobei Alkohol eine wichtige Rolle spielt.

Kennzeichnend für viele dieser familialen Situationen stehen folgende Interviewausschnitte:

Katrin: „Meine Kindheit? Was mir einfällt? Ne ganze Menge, weißt du. Nen besoffenen Vater, ne Mutter, die immer heult, nen Vater, der immer zuschlägt und ich, die dazwischengeht."

Margret: „. . . der (der Vater, d. A.) hat immer gesagt, die Wohnung hier, das Saubermachen geht vor, als die Schule, nur rumbefehlt, also echt, ich hab mich total unwohl gefühlt. Ja, wenn du irgendeine blöde Bermerkung gemacht hast, dann hat er, also bei mir hat der immer zugeschlagen. Einmal da hat der eine Zigarettenschachtel bei mir gefunden, da hat der auf mich eingeprügelt, ich denk, ich werd nicht mehr . . ."

Die Töchter werden in diesen Familien zusätzlich offen abgelehnt, entwertet und auch sexuell bedroht. Etliche Mädchen sind von ihren Vätern, Stiefvätern oder 'Freunden' der Familie vergewaltigt worden.

Gabriele: „Ja, ja der (der Vater, d. A.) hätte mich am liebsten auf der Müllschaufel gesehen, das hat er mir ewig vorgeworfen, daß ich ein Mädchen bin, ich sollte ein Junge werden, das war unheimlich finster, er wollte einen Jungen und kein Mädchen – und schon wieder ein Mädchen."

Beate: „Als ich acht oder neun war, ist mal eine ziemlich finstere Geschichte passiert. Er (der Vater, d. A.) hatte mich schon öfter mal zu sich geholt, gesagt, mal sehen, ob schon was wächst und so, hat mich auch oft angefaßt, ich hab Angst gehabt, habe mich nicht dagegen gewehrt. Dann ist passiert, daß er mal wieder besoffen war und mich zu sich geholt hat, an mir rumgegrabbelt hat, da ist meine Mutter nach Hause gekommen, da hat es einen furchtbaren Streit gegeben."

Gabriele: „Ja, das ist so'n richtiger Berber gewesen, bei dem gab es immer nur Maurerkellen. Also, acht, neun Jahre war ich gewesen, da hat der immer die Faust geballt und mir voll einen mitgegeben, dann bin ich natürlich immer weit geflogen, und da hat der sich darüber gefreut, daß er so'n großer Hirsch ist, daß er mir eine knallt und ich fliege weit."

Eva: „Ich hatte immer Angst, wenn meine Mutter einkaufen gehen mußte, dann wußte ich, jetzt passiert es wieder, jetzt holt mich mein Vater ins Bett oder auf die Couch. Und ich durfte nichts sagen. Ich habe meine Mutter immer gefragt, ob ich nicht mitgehen kann, einkaufen." (vgl. auch Frauenselbstverlag, Frauen gegen Männergewalt 1978)

Das erlebte Ausmaß an Erfahrungen von Gewalt, Einschränkungen und sexuellem Mißbrauch verdichtet sich bei den Mädchen zu einem Gefühl wertlos, hilflos, überflüssig zu sein, ohne Recht auf eigene Bedürfnisse und Empfindungen.

Die Mädchen müssen versuchen, sich den Eltern, vor allem dem Vater gegenüber normengerecht zu verhalten: d.h. seinen Wünschen zu entsprechen um nicht fortwährend neue Gewalt auf sich zu ziehen, eigene Bedürfnisse können nicht eingeklagt, Konflikte nicht gewagt werden.

Meist haben die Mädchen keine Möglichkeit, die häufig beliebig ausgeübte Gewalt abzuwehren, oder über sie zu sprechen. Wem können sie ihre Wut, Trauer und Angst auch mitteilen?

Vor allem die Erfahrung des sexuellen Mißbrauchs muß verschwiegen werden, weil die Väter und Stiefväter mit zusätzlicher Gewalt drohen und die Mütter nicht als Ansprechpartnerinnen gewählt werden können. Die Töchter trauen sich oft nicht, mit der Mutter über ihre Erlebnisse zu reden. Sie befürchten, daß ihnen nicht geglaubt wird, daß sie schuldig sind und die Familie zerstören, oder aber sie haben die Mutter als nicht solidarisch erlebt und schweigen deshalb.

Auf diese Weise muß frühzeitig das Verdrängen von Gefühlen und Empfindungen, das passive Erleiden, die Konfliktscheu eingeübt werden – ein Vorgang, der dem Umgehen mit den Gefühlen in der Sucht entspricht, auch dort geht es um Abspaltung, um Selbsttäuschung über das eigene Empfinden.

Auch die – wenigen – Mädchen, die von offener männlicher Gewalt verschont geblieben sind, haben keine positiven Erfahrungen mit ihren Vätern, Stiefvätern etc. gemacht. Wenn der Vater nicht als gewalttätig erlebt wurde, so herrschte zumindest Desinteresse, Abweisung und Verachtung vor; Formen väterlicher Aufmerksamkeit dienten hier allein der Kontrolle des Mädchens. In keiner der von uns erhobenen Lebensgeschichten war von einer liebevollen oder nur neutralen Vater-Tochter-Beziehung die Rede.

Die Mädchen können sich vielfach dem bestimmenden Einfluß des Vaters, Stiefvaters etc. auch deshalb nicht entziehen, weil sie – anders als Jungen – frühzeitig Hausarbeit und Geschwisterversorgung übernehmen müssen.

Selbst dann, wenn die Väter überwiegend außer Haus sind – und nicht wie es häufig vorkommt, als Alkoholkranke im Haus die Familie tyrannisieren – sind die Mädchen weiterhin dem Gewalt – und Machtmonopol ausgesetzt.

Geli: „Ich mußte den ganzen Haushalt machen und dann mußte ich auf meine Brüder aufpassen und eine halbe oder ganze Stunde mit denen runtergehen, mußte aber immer daneben stehen, die durften sich nicht dreckig machen, dann hat er mich halb totgeschlagen, wenn sie z. B. Sand in den Schuhen hatten. Um halb fünf kaum er von der Arbeit, da mußten wir vor der Türe stehen. Und wehe, es war fünf nach halb fünf. Das ist so ein richtiges Nazischwein und noch schlimmer."

2.1.2 Die 'hilflosen' Mütter

Das Verhalten der Mütter in diesen Gewaltzusammenhängen, ihre eigenen Abhängigkeiten und Ängste werden exemplarisch an folgenden Interviewausschnitten deutlich:

Interviewerin: „Und deine Mutter hat sich da nicht eingeschaltet? *Geli:* „Nee, der hat gesagt, so auf die Art, wenn du dich einmischt, und mir nicht freie Hand läßt, dann gehe ich wieder. Irgendwie hatte sie auch Angst, aber das habe ich damals nicht verstanden."

Die Mütter sichern zwar in der Regel noch einen Rest an Emotionalität, können aber den Mädchen aufgrund ihrer eigenen Stellung in der Familienhierarchie, ihrer eigenen Erfahrungen von Abhängigkeit und Ohnmacht, kaum Ansatzpunkte für die Entwicklung einer positiven weiblichen Identität bieten. Da sie in ehelichen Streitigkeiten, Konflikten verstrickt sind, häufig massiver Gewalt durch ihre Männer unterliegen – worüber erst durch die Frauenhausarbeit eine Öffentlichkeit hergestellt worden ist – und sich aus Abhängigkeiten durch die Gebundenheit an ihre Kinder schwer lösen können, wenden sie häufig die daraus entstehenden Aggressionen gegen sich selbst (vgl. Benard/Schlaffer 1978).

In den Lebensgeschichten der Mädchen ist häufig von Tabletten- und Alkoholkunsum der Mütter die Rede. Die Mädchen lernen von den Müttern, daß Gefühle nicht gezeigt werden dürfen, Ängste und Probleme verdrängt werden müssen – durch Flucht in die Droge – und daß diese Flucht gesellschaftlich und sozial akzeptiert ist, solange dieses Verhalten unauffällig bleibt. Die Mädchen lernen nicht, daß Frauenleben auch Selbstvertrauen, Aktivität und Gegenwehr beinhalten kann. Die Mütter versuchen auch häufig, die Töchter über die reale Situation in der Familie, über Divergenzen, Konflikte zwischen den Partnern, über Trennungsabsichten, über Geldsorgen etc. zu täuschen. Sie arbeiten daran – nach 'außen' und nach 'innen' –, den Schein einer 'heilen', funktionierenden Familie aufrechtzuerhalten, weil nach ihren – und den gesellschaftlichen – Rollenbildern, ihre Aufgabe als Frau und Mutter darin besteht, für den Zusammenhalt zu sorgen, auch unter Aufgabe eigener Bedürfnisse und Interessen. Diese Täuschungs- und Konfliktvermeidungsstrategien haben für die Tochter die

Auswirkung, daß sie ihren eigenen und fremden Gefühlen und Wahrnehmungen zu mißtrauen lernt und ebenfalls Konfliktvermeidungsverhalten einübt.

2.1.3 'Broken-home-Familien' und alleinerziehende Mütter

Die Anzahl der Mädchen aus „broken-home"-Familien ist in unserer Untersuchung geringer, als sich aufgrund von offiziellen Daten vermuten ließe (vgl. Kutsch/Wiswede 1980). Zwar sind eine größere Anzahl von Eltern geschieden, bzw. getrennt; dabei leben aber die jeweiligen Elternteile mit neuen Partner/innen zusammen. Die familialen Grundstrukturen unterscheiden sich nicht wesentlich von den im vorangegangenen Kapitel dargestellten.

In den Erzählungen der Frauen, die allein oder mit Geschwistern bei der Mutter aufgewachsen sind, haben wir zwei Grundmuster von mütterlichem Verhalten wahrgenommen:

Ein Teil der Mütter wird als besonders streng und disziplinierend erlebt. Sie wachen darüber, daß die Tochter alle Haushaltspflichten und Arbeitsaufträge sorgfältig ausführt. Diese Mütter wollen die Töchter „gut" auf die Realitäten des Lebens vorbereiten. Die Mädchen beklagen sich über mangelnde emotionale Zuwendung und Geborgenheitsgefühle. Die anderen Mütter verhalten sich eher fürsorglich, sind aber übereifrig in der Betreuung, wobei sie sich ängstlich an die Tochter klammern. Sie fühlen sich häufig überfordert durch (Beruf und) Familie und entwickeln Versagungsängste in Bezug auf die Erziehung der Kinder und gleichzeitig Angst vor dem Verlust ihrer „Liebesobjekte". Beide 'Typen' von Müttern verhindern eine Selbstentfaltung und ein Unabhängigwerden der Töchter, die eine durch ihr Dominanzverhalten, die andere durch eine fortwährende Zuschiebung von Verantwortung.

Es hat sich gezeigt, daß die Mütter mit der Drogenabhängigkeit ihrer Töchter nicht adäquat umgehen können, beide verhindern eine aktive Auseinandersetzung mit der Sucht. Die Mütter, die sich eher streng und disziplinierend verhalten haben, lehnen die Töchter ab, weil diese in der Lebensbewältigung ‚versagt' haben, die fürsorglichen Mütter versuchen, der Tochter durch noch engere Bindung an sich zu helfen, statt ihr Freiräume für eine Abgenzung und Selbstentwicklung zu geben.

Sie geben häufig wissentlich/unwissentlich Geld für Heroin, um die Tochter nicht leiden zu sehen, und befinden sich in einer permanenten Verständigungsbereitschaft aufgrund eigener Schuldgefühle.

Großmütter

Die einzigen stabilen Bezugspersonen in der Kindheit sind für viele Mädchen die Großmütter gewesen, die bei Erwerbstätigkeit der Mütter Erziehungsaufgaben übernommen haben. Sie hatten Zeit, haben den Mädchen Zuwendung gegeben, sie verwöhnt, bei ihnen konnte die Enkelin ein fehlendes Stück Geborgenheit finden. Mit deren Tod fallen die Mädchen oft in ein 'emotionales Loch', sind einsam und desorientiert.

Gerda: „Wenn meine Eltern arbeiten waren, ist meistens meine Oma gekommen, hat auf uns aufgepaßt, hat uns das Essen gemacht. Meine Oma, die war so liebevoll, auch als ich Schulferien hatte, bin ich immer zu ihr hingefahren oder über's Wochenende, zu der hatte ich einen guten Draht. Die hat mich auch immer in Schutz genommen gegenüber meinen Eltern. Wenn meine Oma da war, haben wir so Spiele gemacht und so, was meine Eltern eigentlich nie mit uns gemacht haben. Sich also mal gekümmert oder was mit uns gemacht haben, was Spaß macht. Wenn meine Eltern dann so kamen, es ging immer alles so gerade, war ein bißchen streng.

. . . Meine Oma ist dann gestorben, während des ersten halben Jahres, als wir in dem neuen Haus gewohnt haben, das war ein ganz schöner Schlag für mich. Die erste Zeit hat sie noch im Krankenhaus gelegen, da bin ich sie dann besuchen gegangen, dann ist sie gestorben. Dann habe ich mich alleine gefühlt, daß ich gar keinen mehr habe."

2.2 Heimerfahrungen

Durch das Erleben der Einschränkungen, der sozialen Kontrolle, der Gewalt und des Alleinseins entwickeln sich bei vielen Mädchen heftige Ausbruchsphantasien, Widerstände, Bedürfnisse „abzuhauen", sich der Verantwortung für Haus- und Beziehungsarbeit zu verweigern. Darauf reagieren die Eltern aus Unverständnis und Hilflosigkeit mit erneuten Sanktionen und Einschränkungen. Die Mädchen werden geschlagen, es wird ihnen mit dem Jugendamt gedroht, sie hauen ab, kommen wieder, schließlich geben die Eltern ihre „Bemühungen" auf oder die Mädchen wollen selber nicht wieder nach Hause zurück. Sie gehen gezwungenermaßen, aber einige auch freiwillig ins Heim.

Viele der später drogenabhängigen Mädchen berichteten uns, daß sie sich im Heim, vor allem wenn dort junge Erzieher/innen gearbeitet haben, zu denen sie befriedigende Kontakte knüpfen konnten, zunächst wesentlich wohler gefühlt haben als im Elternhaus. Sie hatten mehr Freiräume, und es gab Gleichaltrige, die in einer ähnlichen Situation waren. Häufig sind in dieser Zeit vor allem intensive Freundschaften zu Mädchen entstanden.

Maria: „. . . und dann haben meine Eltern weiter nichts dagegen gehabt und haben gesagt, naja, wenn du ins Heim willst, dann mußt du halt gehen. Und dann hab ich vom Jugendamt ein Heim zugewiesen gekriegt, ein ganz tolles, da waren auch so Leute wie du, die Mitarbeiter. Ich habe mich da wahnsinnig wohlgefühlt, die haben auch nich so auf jeden Fussel geguckt, fand ich irre".

Allerdings fällt in die Heimzeit oft auch der erste Kontakt zu Drogen – Alkohol, Tabletten und Haschisch[3].

Die Mädchen wollen Erfahrungen verdrängen, Neues erleben, Ängste bewältigen, Drogen bieten sich als Verdrängungs- und Kommunikationsmittel an.

Gerda: „Ich wollte ins Heim, ich fand's da auch ganz gut. Na, und im Heim habe ich dann angefangen zu kiffen und so. Die Erzieherinnen fand ich auch nett, zu einer sind wir auch ab und zu mal nach Hause gefahren, alleine oder mit noch einem Mädchen. Dann sind wir auch immer mit denen weggegangen, wir hatten ja auch Ausgang, haben auch mal bei denen übernachtet, aber die sind auch so mal mit uns weggegangen".

Maria: „Da habe ich dann auch meinen ersten richtigen Freund gehabt, und ne Freundin ... und dann haben wir mal alle eine ganz Nacht so zusammengesessen und da sagt der eine: rauchen wir was? Ich habe gedacht, der meint Zigaretten, aber der meint, nee, Pfeife, weißt du, was da drin ist? Haschisch ist da drin.

Na ja, sage ich, merkt man da was? Jedenfalls, ich rauche und rauche und merke überhaupt nichts und die anderen haben geraucht und haben gegackert und haben da rumgemacht. Nächste Nacht sagte er: willst du wieder mitrauchen? Die haben auch gesagt, daß man bei den ersten Malen nichts merkt, da habe ich gedacht, okay, rauchste nochmal mit. Ich habe mir da auch so von versprochen, daß du so ein bißchen high wirst und dich mehr traust. Naja, und dann habe ich auch mitgeraucht und hab auch was gemerkt, ich hab mich unheimlich frei gefühlt ... Von da an haben wir das fast jede Nacht gemacht."

Der gemeinsame Drogenkonsum schafft verbindende Gruppenerlebnisse, gibt den einzelnen beteiligten Mädchen das Gefühl, etwas Besonderes zu sein, Nicht-Alltägliches zu erleben.

Zwar enthält der Konsum 'weicher' Drogen immer auch ein Moment von 'Rebellion' gegen alltägliche Anforderungen der Heimsituation, verweist er auf den Versuch des 'Gegenlebens' – der Konsum geschieht ja heimlich – doch sichert er den Mädchen in erster Linie einen Identitätszuwachs, Selbstvertrauen, Aufmerksamkeit.

Meistens endet für die Mädchen die Zeit im Heim wegen des fortgesetzten Drogenkonsums: Die Institution sieht die anderen Mädchen und Jungen zunehmend gefährdet. Drogenverbote werden ausgesprochen, die umgangen werden, das nötige Vertrauen ist nicht mehr gegeben, die Mädchen müssen gehen.

Die Vermutung liegt nahe, daß die Mädchen zu diesem Zeitpunkt schon zu tief das Gefühl von Wertlosigkeit, von eigenem Versagen verinnerlicht haben, als daß sich mit einfachen pädagogischen „Hilfestellungen" Orientierungslosigkeit und Ausgrenzungserlebnisse wieder aufheben ließen. Es würde vermutlich eines besonderen Einfühlungsvermögens und Vertrauensverhältnisses zu einer Person im Heim bedürfen, besonderer Zuwendung und Anerkennung, um den spezifischen Erfahrungen der Mädchen mit Gewalt und Zurückweisung im Elternhaus etwas entgegensetzen zu können. In Institutionen, wie Heime sie darstellen, kann dies kaum gelingen.

Einige Mädchen wurden nach der ersten Heimzeit von ihren Eltern in geschlossenen Heimen untergebracht, z.B. in dem damals berüchtigten, mittlerweile aufgegebenen Mädchenheim ‚Birkenhof' bei Hannover, in denen sie hinter haushohem Stacheldraht Anpassung, Gehorsam und Pflicherfüllung lernen sollten.[5] Ausbruchsversuche aus diesen gefängnisähnlichen Heimen wurden mit schweren Strafen geahndet. Trotzdem versuchten es einige, allerdings ohne Erfolg. Sie verbrachten dort einige Jahre mit wachsendem Haß und Selbsthaß (vgl. Kieper 1980, Gipser/Stein-Hilbers 1980). Andere von uns interviewte Frauen haben eine Zeitlang in sogenannten ‚progressiven' Einrichtungen gelebt, z.B. im Georg-von Rauch-Haus oder im Tommy-Weißbecker-Haus (in Berlin). ‚Progressiv' hieß: fortschrittlicher Pädagogik verpflichtet, gemischt-geschlechtlich und selbstverwaltet. Die Erzählungen der Mädchen lassen den Schluß zu, daß in diesen Institutionen die Interessen und Bedürfnisse der männlichen Jugendlichen eindeutig Vorrang besaßen. Die Mädchen konnten sich Sicherheit und Anerkennung häufig nur über eine männliche Bezugsperson verschaffen. Sexuelle Angriffe und Übergriffe bis hin zu einigen Vergewaltigungen waren in diesen ‚progressiven' Heimen nicht selten.[6]

2.3 Schule und Ausbildung

Die geschlechtsspezifische Ausrichtung und Benachteiligung von Mädchen im Bildunssystem, in den Schulen und in späteren Berufswegen ist hinlänglich bekannt (vgl. Schulz 1980). Die von uns interviewten Mädchen haben diese Benachteiligung z.T. deutlich zu spüren bekommen. Zum einen fühlten sie sich in der Schule eher ignoriert, zuwenig gefordert, den Jungen gegenüber benachteiligt, zum anderen ist ihnen nicht selten vermittelt worden, daß frühes Geldverdienen oder eine Versorgungsehe wichtiger sind, als eine qualifizierte Schul- oder Berufsausbildung.

Schon vor Schulbeginn hat die Entwertung der Mädchen ihre Spuren hinterlassen:

Anja: „Mein erstes Erlebnis in der Schule war, daß die Lehrerin mich was fragte, und ich aufgestanden bin und gesagt habe: Ich bin doof, ich weiß das nicht. Das hat mein Vater mir immer erzählt."

Dennoch gehen fast alle Mädchen zunächst gern zur Schule, da der Schulgang auch einen Freiraum von elterlicher Kontrolle und väterlicher Gewalt beinhaltet.

Erst in dem Maße, wie sie spüren, daß ihre Neigungen und Interessen nicht die notwendige Unterstützung und Anerkennung finden und die Kontrolle der Eltern sich bis zur Schule hin erstreckt – Anrufe bei den Lehrern, Prügel bei schlechten Noten etc. – setzen Schul- und Lernunlust ein.

Verstärkt wird diese Verweigerung dadurch, daß die Mädchen durch die anhaltenden Gewalterfahrungen und Konflikte im Elternhaus, in der Schule überfordert sind. Sie können sich nicht auf schulinterne Vorgänge konzentrieren, wenn zuhause der prügelnde, betrunkene Vater und die Erledigung von Hausarbeit auf sie warten.

Renate: „In der Schule eigentlich ja, wa, am Ende der 7. Klasse hat es angefangen, daß ich immer Schule geschwänzt habe, weil ich von zuhause abgehauen bin, deswegen. Na ja, zur Schule bin ich schon gegangen, aber dann nach der zweiten Stunde abgehauen.

I.: Hat dir auch keinen Spaß mehr gemacht?

Renate: Doch, bis kurz vor Ende der 7. Klasse hat's mir eigentlich Spaß gemacht, aber dann konnte ich mich auch nicht mehr konzentrieren, – nee. Aber im Heim, da war ich dann wieder regelmäßig in der Schule."

Das „Abhauen" von zuhause, die Trebezeiten führen schließlich dazu, daß sie den Anschluß an den Unterricht verlieren und immer weniger Motivation haben, regelmäßig zur Schule zu gehen.

Die Tatsache, daß fast keines der drogenabhängigen Mädchen, die wir kennen, eine abgeschlossene (Haupt)-Schulausbildung und erst recht keine berufliche Qualifikation hat, deutet darauf hin, daß gerade in diesem Bereich unterstützende Maßnahmen versäumt wurden bzw. versäumt werden.

Die notwendige Unterstützung fehlt häufig auch bei der Berufswahl und während der Ausbildungszeit. Die wenigen Mädchen, die ihre Schulausbildung erfolgreich absolviert haben, erleben nicht selten, daß sie ihre Interessen und Bedürfnisse nicht durchsetzen können.

Lena: „Als erstes wollte ich Modezeichnerin werden. Da hat meine Mutter einen Lehrvertrag nicht unterschrieben, weil sie sagte, der Beruf hat keine Zukunft. Dann wollte ich Kfz.-Mechanikerin werden und sowas machen Mädchen nicht, hat sie auch nicht unterschrieben und dann bin ich im Endeffekt nachher im Lettehaus gelandet, hab Hauswirtschaft gemacht".

Das unzureichende Ausbildungsangebot für Mädchen, die wenigen frauenspezifischen, unterbezahlten Berufe, die ihnen als Zukunftsperspektive angeboten werden, verringern die Lernmotivation noch mehr.

„Was soll ich denn lernen?" „Ich bekomme doch sowieso keine Lehrstelle!" Das sind die häufigsten geäußerten Sätze drogenabhängiger Mädchen, wenn es um Fragen der späteren Erwerbsmöglichkeiten geht.

In den Schulen wurden in den vergangenen Jahren verstärkt Drogen, vor allem ‚weiche' Drogen, wie Haschisch, Mariuhana, aber auch Tabletten und Alkohol untereinander angeboten und konsumiert.

Der ‚Pausen-Joint" oder das gemeinsame Trinken am Kiosk an der Ecke scheinen sowohl dem kommunikativen Miteinander, der Produktion neuer gemeinsamer Erlebnisinhalte, als auch den Bewältigen ungeliebter Schulsituationen, des Schulstresses und der Schulangst zu dienen. ‚Bekifft' oder auf ‚Pille' den Unterricht an sich vorbeiziehen zu lassen, empfanden einige Mädchen weitaus lustvoller als den alltäglichen Schulunterricht mitzugestalten. Andere Mädchen griffen gerade vor Klassenarbeiten oder bei schwierigen Schulsituationen (mangelnde Beachtung durch Lehrer/innen, drohender Rausschmiß, gefährdete Versetzung . . .) zu Tabletten, um sich entsprechend der schulischen Ansprüche entweder zu beruhigen oder für den Unterricht zu stimulieren.

2.4 Pubertät und Identitätssuche

Die heranwachsenden Mädchen erleben frühzeitig, daß Sexualität in einem engen Verhältnis zur Gewalt steht. Die Entwicklung eines selbstbewußten und angstfreien Körpergefühls ist deshalb eingeschränkt, bzw. unmöglich. Sexualität und weiblicher Körper dienen männlicher Bedürfnisbefriedigung, so lautet die Botschaft.

Die Mädchen sollen ‚nicht mit einem Kind nach Hause' kommen, sie sollen aufpassen, sich ‚aufbewahren'. Andererseits erfahren sie, daß ihr Körper Objekt ist, über den sie sich Aufmerksamkeit verschaffen können, daß es wichtig ist, attraktiv für Männer zu sein, und das ihr Äußeres und ihr Umgang mit diesem ihre sozialen Chancen bestimmen. In die Zeit der (beginnenden) Pubertät fallen verstärkt sexuelle Annäherungen und Vergewaltigungen durch Väter und männliche Verwandte.

Im Erleben der Töchter verhalten sich die Mütter eher als Konkurrentinnen: sie sind nicht solidarisch und unterstützend, sie schweigen aus eigenen Ohnmachtsgefühlen und schützen die Tochter nicht (vgl. Sebbar 1980). Die Mädchen schweigen auch, hauen ab, gehen auf Trebe, häufig schon mit 11, 12 Jahren. Sie fühlen sich betrogen, haben „die Schnauze" voll, und sie wissen inzwischen, daß sich schlechte Erfahrungen durch Alkohol und Tabletten verdrängen lassen.

Ihr soziales Umfeld hat sich als instabil erwiesen, Erwachsene/Eltern werden nicht als Gesprächspartner/innen für auftretende Probleme, Fragen und Konflikte gesehen.

Ulla: „Ja und dann, dann war es soweit – genau – ich durfte also nirgendwohin, ich habe laufend irgendwie Sanktionen gekriegt. Weil ich Nägel gekaut habe, habe ich Stubenarrest gekriegt, wa, im Hochsommer, in den Ferien, echt, bis zum letzten Tag. Und denn wollte ich mal nach der Schule zu ner Freundin mit nach Hause und dann hieß es wieder: nee, du kommst erst nach Hause. Und da hats bei mir irgendwie ausgehakt. Da habe ich dann in nem Keller gepennt. Von ner Schulfreundin, ihr Freund, der hatte so nen richtigen, eiskalt und so. Da war ich so zwölf. Und am nächsten Tag bin ich zum Jugendamt gegangen und hab gesagt, läuft nichts mehr, ich gehe nicht nach Hause zurück. Und dann haben die mit meinem Vater geredet, da war der natürlich ganz nett und hat gesagt: wieso, die hat doch alles! Dann mußte ich wieder mit nach Hause zurück, und dann ging alles wieder von vorne los. Bin ich wieder abgehauen. Habe dann immer in so ner Ruine rumgehangen, versucht, Leute kennenzulernen".

Die Mädchen fühlen sich in diesen wichtigen Phasen des Experimentierens und in der Suche nach neuen Erfahrungen und Erlebnissen sowohl eingeschränkt und behindert, als auch auf sich selbst zurückgeworfen und alleingelassen. Gebote und Verbote prägen ihren Alltag.

Was die Eltern im Kindesalter der Mädchen vielleicht noch an Grenzüberschreitungen tolerieren konnten, wird jetzt als Normverletzung, als Abweichung von der vorgeschriebenen Weiblichkeitsrolle geahndet: ‚Wildes' Verhalten, Abenteuerlust, ‚Jungen'-Kleidung, Unternehmungen, Verweigerung von Hausarbeit, enge Mädchenbeziehungen usw. Die für die sexuelle Entwicklung wichtigen Freundschaften zu Mädchen werden lächerlich gemacht und als unbedeutend erklärt.

Selbst die Zuordnung zu einer ‚subkulturellen' Gruppe ist für die meisten Mädchen schwieriger als für Jungen. Den männlichen Jugendlichen bleibt ein größeres Entscheidungsspektrum, welcher „Scene" sie sich zugehörig fühlen wollen, wenn es um Abgrenzung, um Widerstand, um Orientierung und Entfaltungsmöglichkeiten geht: Rocker, Punks, Teds, Musik- oder Sportgruppen (vgl. Clarke u.a. 1979, Brake 1981).

Die Mädchen sind dort Anhängsel, und Mädchengruppen bilden immer noch eher eine belächelte und angefeindete „Extraabteilung" in einer gemischten Clique.

Von Erziehungsinstanzen, seien es Eltern, Schule, Heim, Sozialarbeiter oder Jugendforscher werden männliche Jugendliche immer noch priviligiert behandelt: Ihr ‚Ausstieg', ihre Zuordnung zu einer bestimmten gleichgesinnten Gruppe wird als notwendiges pubertäres Stadium betrachtet. Ihre Aggressionen gegen gesellschaftliche Anforderungen erschrecken zwar, aber sie fallen eher unter die Rubrik des „Sich-Austoben-Müssens", bevor es an den „Ernst des Lebens" geht.

Die Toleranzgrenze gegenüber Mädchen ist viel enger gesteckt, abgesehen davon, daß Mädchen ihr Leid und ihre Unzufriedenheit ohnehin seltener in Aggressionen umsetzen und nach außen richten.[7] Auf ‚Trebe' gehen, Abhauen von zu Hause oder aus dem Heim, bedeutet für sie einen radikaleren Bruch, ist häufig endgültiger, das Zurückkommen schwieriger. Wenn Jungen noch ‚über die Stränge schlagen', gelten Mädchen bereits als „verwahrlost" (vgl. Kieper 1980, Jordan/Trauernicht 1981).

Wir vermuten, daß weniger Mädchen zu Drogen, später zu Heroin greifen würden, wenn es für sie größere Freiräume gäbe, sich auszuprobieren, eigene Grenzen auszuloten und das zweifellos in ihnen steckende Aggressions- und Widerstandspotential auszuleben, das durch die früh erfahrene Gewalt und Einschränkung entstanden ist. Was vor allem mit Beginn der Pubertät an gesellschaftlichen Handlungsmustern angeboten wird für die Bewältigung ihrer Probleme, ihrer negativen Erfahrungen, ihrer Identitätssuche – sind Depressionen, Verdrängungen, soziale Unsichtbarkeit, Zurückhaltung, Weiblichkeit. Diese spezifischen weiblichen Verhaltenszumutungen sind dann u.U. nur mit Drogenkonsum entweder auszuhalten oder zu umgehen. Der sogenannte ‚Protestschrei' der Jugend ist ein Protestschrei der Jungen – die Mädchen werden meistens nicht gehört, bzw. ihr Schweigen wird nicht als Protestform wahrgenommen.

Brechen Mädchen aus genormten Bahnen aus – wie hier beschrieben –, leiden sie häufig unter Schuld- und Versagungsgefühlen, neigen zu selbstzerstörerischen, selbstbestrafenden Reaktionen. Gefühle der inneren Zerrissenheit entstehen bei ihnen: Einerseits spüren sie, daß etwas nicht stimmt mit der geschlechtsspezifischen Zurichtung, mit dem vorgeschriebenen Weg, den sie als Frau gehen sollen, andererseits sehen sie wenig Alternativen, Orientierungs- und Identifikationsmöglichkeiten. Der stabile Aufbau einer positiven weiblichen Identität kann folglich nicht gelingen. Ein Gefühl von Lebensangst und Leere verbleibt, verbunden mit dem Wunsch, sich aus familialen Abhängigkeiten zu lösen und eine andere Orientierung zu finden. Wünsche und Phantasien nach „feeling, action, Abenteuer" entstehen: Raus aus den Betonklötzen, der Kälte und Gewalt, weg von der empfundenen Spießbürgerlichkeit, der Enge und Langeweile. Sie wollen andere Perspektiven als Fabrikarbeit und Versorgungsehe.

2.5 Erster Drogenkonsum

2.5.1 Orientierung auf Jungen – auf die Clique

In die Zeit der Pubertät, der ersten Lösung vom Elternhaus, fällt bei den meisten Mädchen die „Umorientierung" auf das andere Geschlecht. Die Aufnahme heterosexueller Beziehungen ist die Norm und wird als solche vorgelebt. Sie wird von den Mädchen voreilig, nicht aus eigenem Antrieb heraus als „geeignete" und häufig einzige Möglichkeit gesehen, sich wenigstens ein Stück Zuwendung und Anerkennung zu verschaffen.

Die Mädchen verlassen deshalb zum Teil das schützende und sichere Terrain gleichgeschlechtlicher Freundschaften/Beziehungen und übernehmen gleichzeitig die gesellschaftliche Verachtung für diese Beziehungsstrukturen.

Hilde: „Weißt du, ich hatte eine gute Freundin, aber weil meine anderen Freundinnen schon mit jemand gepennt haben, da dachte ich, ich muß ewig Jungfrau bleiben, mit 13 Jahren, weißte! Ich hab mich so richtig unter Druck gefühlt, sonst hätte ich das bestimmt nicht gemacht".

Möglichkeiten der Kontaktaufnahme bieten Jugendfreizeitheime, Trebetreffpunkte, Discos. Die Mädchen versuchen, Anschluß an eine Jugend- oder Jungenclique zu finden. Mädchengruppen in Jugendfreizeitheimen gibt es noch zu wenig.

Wenn es gelingt, in den Jugendgruppen als Mädchen aufgenommen zu werden und eine Zeitlang „hoch im Kurs" zu stehen, erleben die Mädchen dieses Akzeptiertwerden als Beweis ihrer eigenen Bedeutung. Dieser Beweis erfolgt häufig über die Herstellung einer Beziehung zu einem Jungen. Genau betrachtet funktioniert diese Anerkennung jedoch wiederum nur auf Grundlage erlernter Anpassung. Anerkennung und Zuneigung erleben sie in den jungendominierten Gruppen meist nur dann, wenn sie aktuellen Weiblichkeitsbildern entsprechen. Das setzt außer „Attraktivität" voraus, daß sie aufgrund ihrer angeeigneten Reproduktionsfähigkeiten auf die Bedürfnisse und Wünsche anderer eingehen und sie erfüllen können. Das Zurücknehmen eigener Bedürfnisse und Interessen, die Sensibilität für andere Menschen und für Situationen wird eher honoriert als durchsetzungsstarkes Mädchenverhalten.

Die psychische und soziale Situation, die für Mädchen durch diese Form der Selbstaufgabe entsteht, schafft mit die Voraussetzung für ihre Beteiligung am Drogenkonsum. Die Aufnahme in eine dieser Jugendcliquen ist fast immer verbunden mit einer Konfrontation mit Suchtmitteln, Zigaretten, Alkohol, Tabletten, Pattex und Haschisch. Die Chance, als vollwertiges Mitglied der Gruppe anerkannt zu sein, realisiert sich auch über die Zustimmung zum Drogenkonsum. Eine Verweigerung des Mädchens hätte langfristig ihren Ausschluß aus der Gruppe zur Folge. Fast jede Clique oder Jugendgruppe hat ihren spezifischen Suchtmittelkonsum und bestimmte Konsumrituale, allerdings sind das gemeinsame Bier-Trinken oder der gemeinsame Joint nicht immer zentraler Bezugspunkt der Gruppenaktivitäten.

Gruppen, die in erster Linie über Drogen den Zusammenhalt herstellen, verbinden mit dem Drogenkonsum meist etwas anderes: sie definieren sich z.B. als frei von inneren und äußeren Zwängen. Sie begreifen Drogen als Medium der Kontakt- und Beziehungsaufnahme (und nutzen sie gleichzeitig zur Vermeidung von zuviel Nähe in zwischenmenschlichen Beziehungen). Kontakte und Beziehungen sind vom gemeinsamen Rauscherlebnis geprägt, wobei es unbedeutend zu sein scheint, welchen spezifischen Hintergrund, welche Erfahrungen sie/er in die Gruppe einbringt. Es gibt keine Ausschlußkriterien, wichtig ist nur der gemeinsame Drogenkonsum.

Diese Gruppe bietet Zuflucht für die Mädchen, die aufgrund ihrer sozialen Herkunft, ihrer spezifischen Erfahrungen, ihrer Zerrissenheit und Orientierungslosigkeit sich von anderen Gruppen ausgeschlossen fühlen.

Der Anschluß an eine drogenorientierte Gruppe scheint auf dem Hintergrund der dargestellten psycho-sozialen Situation auch nicht mehr beliebig zu sein oder aus Neugier zu geschehen.

Die bis zur Pubertät erfahrenen Kränkungen, das ‚Nichtverstanden-werden' die mangelnde Berücksichtigung ihrer Erfahrungen, ihrer Wünsche und Interessen setzen sich bis in die Jugendgruppen fort, so daß die psychischen und sozialen Voraussetzungen dafür geschaffen werden, daß Drogen längerfristig – über den experimentellen Erst- und Zweitkonsum hinaus – als Verdrängungs- und Kommunikationsmittel genommen werden.

‚Ich wollte mich nur noch zuknallen' ist eine der gängigen Interpretationen der Mädchen zu ihrem Einstieg in den Drogenkonsum. Andere betonen das Prickeln, die neuen Erlebnisse, beim gemeinsamen Drogenkonsum, das qualitativ andere Gruppengefühl, das ihnen zunächst eine gleichberechtigte Teilnahme am Gruppengeschehen ermöglicht, die unabhängig ist von sexueller Attraktivität oder dem Eingehen einer heterosexuellen Beziehung. Die Drogen, die genommen werden, sind in erster Linie, Haschisch, Mariuhana, Tabletten und LSD. Nicht notwendigerweise erfolgt aus diesem Konsum die Fortsetzung mit „harten Drogen", Heroin etc.; viele Mädchen lehnten den Konsum „harter" Drogen zunächst stark ab.

Daß dennoch die Mädchen zum Heroinkonsum übergegangen sind, hatte jeweils zusätzliche, ganz unterschiedliche Motivationsgrundlagen und spezifische Anlässe.

Genannt wurde vor allem das Bedürfnis,

- Gefühle wie Haß, Ekel – vor allem durch die Annäherungen des Vaters verursacht – zu bewältigen,
- Gefühle der Einsamkeit und des Alleinseins zu verdrängen,
- Überforderungen, wie das gleichzeitige Bewältigen von Hausarbeit, Geschwisterversorgung und Schule oder Lehre durchzustehen,
- den Freund, der angefangen hat ‚zu drücken', nicht zu verlieren,
- und schließlich das Gruppenleben in den drogenorientierten Gruppen fortzusetzen.

2.5.2 *Erster Heroinkonsum*

Der konkrete Beginn des Heroinkonsums verläuft häufig darüber, daß die Mädchen Fixer/innen kennenlernen, die ihnen aufgrund ihrer ‚coolness' und scheinbaren Unabhängigkeit imponieren, oder sie verlieben sich in einen Fixer, versuchen ihm zu helfen, scheitern daran naturgemäß, probieren dann selbst Heroin, um noch einen Rest an Gemeinsamkeit und Kommunikation herzustellen.

Die Mädchen wissen zwar meist wenig über die Gefahren des Heroins, über die fortschreitende Abhängigkeit, über die Entzugsschmerzen, über die Schwierigkeiten der Bewältigung einer Sucht, dafür hören sie um so mehr von den „phantastischen" Wirkungen der Droge, wodurch mehr und mehr die eigene Hemmschwelle heruntergesetzt wird. Der erste Heroinkonsum fand bei den meisten uns bekannten Mädchen im Alter zwischen 13 und 16 Jahren statt. Zuerst wird meist ‚gesnieft', d.h. Heroin wird durch die Nase eingeatmet, kurze Zeit später, wenn die nächste Hemmschwelle abgebaut ist und der ‚Snief' zu kostspielig wird, injiziert. Alle betroffenen drogenabhängigen Frauen haben den ersten Schritt, den ersten Konsum als nicht wieder rückgängig zu machen beschrieben. D.h. der Heroinkonsum wird in kurzer Zeit zum Heroinmißbrauch, die injizierte Menge steigt von Woche zu Woche. Nicht sofort, sondern erst nach Wochen oder Monaten, einem halben Jahr meist, wird den Mädchen bewußt, daß sie physisch und psychisch abhängig geworden sind. Bis zur Inanspruchnahme von Hilfe, dem Kontakt zu Beratungsstellen und Therapieeinrichtungen dauert es dann dennoch oft sehr, sehr lange.

3. *Heroin- und andere Suchtmittelabhängigkeit*

Wie bereits oben formuliert, begreifen wir exzessiven Drogenmißbrauch als einen Versuch, soziale und psychische Konflikte zu „lösen", indem durch den Heroinkonsum kurzfristig Glücksgefühle erzeugt und negative Erfahrungen und Empfindungen ausgelöscht, bzw. bedeutungslos werden. Es brauchen keine Anstrengungen mehr unternommen werden, innerpsychische Problematiken und/oder äußere konfliktverursachende Lebensbedingungen zu verändern.

Heroin- oder Opiatabhängigkeit nimmt unter den verschiedenen Suchtformen eine besondere Stellung ein, sie erscheint uns in sich widersprüchlicher.

Zunächst beinhaltet sie, wie alle anderen Suchtmittelabhängigkeiten (Tabletten, Alkohol, etc.) eine Anpassungsleistung, indem Konflikte verdrängt, nicht gewagt werden und keine alternativen Handlungsstrategien im Hinblick auf unbefriedigende Lebensformen entworfen werden.

Andererseits vollzieht sich mit dem Mißbrauch ‚harter' Drogen (Heroin) und dem sukzessiven oder sofortigen Einstieg in die kriminalisierte Drogenscene ein weitaus gravierenderer Bruch mit der ‚normalen' gesellschaftlichen Lebensform, vor allem für Mädchen und Frauen. Denn die ihnen angebotenen gesellschaftlichen und individuellen Handlungsmuster sehen eigentlich ja keine ‚Ausbrüche', keine Kriminalität und Gewalt vor.

Frauen, die ‚weiche' Drogen konsumieren, vor allem Tabletten und Alkohol, begreifen sich – anders als Drogenabhängige – viel eher als krank, leidend und isoliert. Bei ihnen spielen Institutionen wie Krankenhäuser, Psychatrie und Ärzte eine große Rolle, dienen somatische Beschwerden als Legitimation für den Tablettenmißbrauch, und sie konsumieren die Drogen fast immer zu Hause, privat, noch innerhalb des familialen Zusammenhangs. Bei ihnen steht das Bedürfnis nach Empfindungslosigkeit im Vordergrund, nach Überstehen des Alltags, nach Schutz.

Die Mädchen hingegen, die anfangen, Heroin zu spritzen, wollen nicht nur negative Erlebnisse und Erfahrungen verdrängen, sondern sich auch ein neues, aufregendes Lebensgefühl verschaffen, eine Orientierung finden, ein anderes Lebenskonzept entwerfen. Über den Rausch und das ‚neue' Leben auf der ‚Scene' gelingt dies zunächst. Diese Phase ist allerdings relativ kurz. Meist schon nach einem halben Jahr zeigt die Droge erste zerstörerische Wirkungen. Entzugserscheinungen treten auf, wenn nicht für die rechtzeitige Zufuhr der Droge gesorgt ist. D.h. aber, daß die Beschaffung und der Konsum der Droge sehr bald zum alles bestimmenden Lebensinhalt wird. Die Abhängigkeit bei tabletten- und alkoholkonsumierenden Frauen entwickelt sich dagegen weit langsamer und unauffälliger. Ihre Sucht wird nicht bestraft, eher positiv sanktioniert. Familienangehörige, Freunde/innen und später staatliche Instanzen greifen erst ein, wenn die betreffende Frau nicht mehr „funktioniert", d.h. ihre „Pflichten" in Haushalt und Familie vernachlässigt und ‚auffällig' wird.

Die Heroinabhängigkeit ist im Gegensatz zu anderen Suchtmittelabhängigkeiten immer an Formen von Kriminalität gekoppelt. Zum einen sind die Drogen nur illegal zu beschaffen, der Konsum, Handel etc. wird strafrechtlich verfolgt, zum anderen können die notwendigen hohen Geldsummen für diesen Stoff kaum auf legalem Wege erarbeitet werden.

Bei tabletten- und alkoholabhängigen Frauen und Männern reicht in der Regel der normale Verdienst für die Beschaffung der Suchtmittel aus. Drogenabhängige Frauen müssen sich dagegen fast immer prostituieren, drogenabhängige Männer ‚dealen', begehen Einbrüche und Diebstähle oder lassen sich von Frauen aushalten.

Aufgrund der Illegalität der ‚harten' Drogen entsteht ein spezifischer Treff-, Kommunikations- und Verkaufsort, die ‚Scene'. An diesem Ort werden Kontakte geknüpft, ‚deals' vorbereitet, Informationen ausgetauscht, gewartet und herumgestanden. Die ‚Scene' ist für viele drogenabhängige Frauen und Männer oft der einzige soziale Bezugspunkt, denn mit der Länge der Drogenabhängigkeit gehen die Kontakte zu nicht-drogenabhängigen Menschen verloren.

Im Gegensatz zu anderen Suchtmittelabhängigen sind Heroinabhängige in ihrer Sucht objektiv isoliert, aus der ‚normalen' Gesellschaft ausgeschlossen, von anderen mitmenschlichen Kontakten weitgehend abgeschnitten.

4. *Fixerinnenidentität*

4.1 Neue Realitäten

Gemeinsam ist jugendlichen Heroinabhängigen, daß sie diese Gesellschaft ablehnen, die ihnen spießig, bürgerlich, korrupt und düster erscheint. Sie wollen mit dem kaputten Leben ihrer Eltern, dem langweiligen, stumpfsinnigen Alltag nichts zu tun haben. Das Vorbild der Eltern-Generation lehnen sie soweit ab, daß sie sich sogar in der Wahl der Drogen abgrenzen. Heroin statt Alkohol. Sie drücken sich ihren Traum von Unabhängigkeit, spontaner Lusterfüllung, Lebensgenuß, Liebe in ihre Venen, tauschen letztlich genau diese Wünsche gegen die Droge ein. Sie wollen alles und geben gleichzeitig alles auf. Sie erleben mehr denn je Abhängigkeit, Gewalt und Stigmatisierung.

Wie in den vorangegangenen Kapiteln versucht wurde darzustellen, entwickeln sich psychische Suchtstrukturen, Suchtverhalten und damit eine ‚neue' Lebensrealität bei heroinabhängigen Mädchen entlang einer Erfahrungskette von Zurückweisungen, Kränkungen, Abhängigkeiten. Die Abhängigkeit von der Droge, die neben der körperlichen auch immer die psychische einschließt, ersetzt erlebte Abhängigkeit, wenngleich der Heroinkonsum zeitweilig als Erweiterung der Handlungsmöglichkeiten, sowie als körperlich-psychische Lust erlebt wird. Es läßt sich nicht daran zweifeln, daß zunächst das Gefühl, das durch den „Stoff" entsteht, schon phantastisch sein muß. Kein Mädchen, das nicht davon schwärmt. Die Mädchen fühlen sich unter Heroineinfluß „erleichtert", „ruhig", „angstfrei" und ohne Probleme. Die schlechten Erfahrungen, die Ängste und Zweifel sind vergessen, verdrängt, die Fragen nach dem Sinn des Lebens und der eigenen Zukunft stellen sich nicht mehr.

Silke: „Wenn ich vollgedröhnt bin, brauche ich nichts und niemand mehr und habe keine Angst."

Heroinkonsum schafft neue psychische Realitäten, ermöglicht endlich die ersehnte „coolness", die Ausschaltung aller negativen Empfindungen und den scheinbaren Aufbau von Stärke und Unabhängigkeit.

Eva: „Zu Anfang, also, da hab ich mich ganz komisch gefühlt, als ich meinen ersten Druck gemacht habe, so, so frei irgendwie. Ich fand alles gut, ich weiß auch nicht, ich war so richtig glücklich."

Silke: „Ich dachte, wenn ich Drogen nehme, bin ich frei. Da kannst du dich dann irgendwo hinknallen und vor dich hinträumen. Das ist also ungefähr die Freiheit, die ich mitgekriegt habe, daß da keiner kommen kann, eh, du mußt heute zur Schule, du mußt jetzt arbeiten gehen, oder du mußt dies oder das machen".

Zunächst scheint der Heroinkonsum ein sinnstiftendes Orientierungs- und Handlungsfeld zu eröffnen und gleichzeitig die Möglichkeit zu schaffen, zu einer Identität zu finden: Ich bin wer, ich bin Fixerin. Daß diese Identität eine stark abhängige ist, wird geleugnet. Selbst nach dem vierten und fünften Entzugsversuch behaupten die Mädchen noch, jederzeit wieder aufhören zu können.

Im Gegensatz zu anderen ‚suchenden', orientierungslosen Mädchen haben sie eine zunächst spannende ‚actionsreiche' Aufgabe gefunden, ihr Alltag ist vollständig ausgefüllt.

Sie sind ständig damit beschäftigt, neue Ideen zur Beschaffung der Droge zu entwickeln und umzusetzen. Eine Alternative zum ‚Herumsitzen' und ‚Warten', zu fehlenden Lehrstellen und unbefriedigenden Sozialkontakten scheint gefunden zu sein.

Eva: „Wenn ich clean bin, weiß ich garnicht, was ich machen soll, dann hänge ich doch nur rum. Wenn ich drauf bin, habe ich doch wenigstens was zu tun. Ich kriege doch sowieso keine Arbeit, das stinkt mich so an. Früher, wenn ich arbeiten wollte, hieß es immer nur – in der Fabrik arbeiten. Dann wollte ich 'ne Lehre machen, bin rumgerannt wie ‚ne Bekloppte, und dann hieß es immer nur: Na, wir werden Ihnen Bescheid geben, und dann kam nichts mehr".

4.2 Selbstbild und Fremdbilder

Die Abgrenzungen zu anderen Drogenkonsumenten/innen beginnen. Jugendliche Haschischraucher, ‚Kiffer', werden zunehmend belächelt, ‚Fixen' dagegen als Prestigegewinn erlebt. Fixer/innen stehen in der sozialen Hierarchie der Drogenkonsumenten/innen am höchsten, da sie scheinbar kompromißlos, mutig und radikal einen Bruch mit ihrer ‚alten Lebenswelt' vollziehen (vgl. Berger/Reuband/Widlitz 1980). Die drogenabhängigen Frauen nehmen in dieser Hierarchie allerdings wiederum nur die ‚unteren Ränge' ein; auf der Scene und im Drogengeschäft haben bis auf wenige weibliche ‚Einzelkämpferinnen' die Männer das ‚Sagen'.

Mit dem regelmäßigen Heroinkonsum werden andere Realitäten geschaffen, Wertvorstellungen und Normen verändern sich. Ob jemand „link" ist, oder eine gute Freundin, ein guter Freund, ob die Mädchen sich gut fühlen oder schlecht, hat nur noch mit Heroin und der Beschaffung zu tun. „Gut" heißt, einen Schuß gesetzt zu haben, der genügend „getörnt" hat; „schlecht" bedeutet, Entzugserscheinungen zu haben, „turkey" zu schieben, „link" ist jemand, die/der schlechten Stoff für zuviel Geld verkauft usw.

„Beziehungen" sind in erster Linie „Drogen-Interessen-Gemeinschaften", Geschäftsverbindungen. Es gibt nur noch die Welt der Junkies und die der Spießer. Die Bilder, die von der Umwelt entworfen werden, sind grau, düster und langweilig.

Auch der Tod erscheint mehr und mehr in den Alltag integriert – es gibt kein Mädchen, aus deren Bekanntenkreis nicht schon jemand an einer Überdosis gestorben ist. Die Möglichkeit des eigenen Sterbens liegt näher, als sich zum Leben zu entschließen.

Das Gefühl, das zum Anfang der Drogenzeit vorherrschend ist, eine Identität als Fixerin gefunden zu haben, verbunden mit Selbstbestimmung, Freiheit und euphorischen Gefühlen, erweist sich mit der Länge der Abhängigkeit immer mehr als lebensbedrohender Trugschluß. Die Abhängigkeit von der Droge ist total, und häufig schließt sie noch persönliche Abhängigkeiten ein.

Die von Drogen abhängigen Mädchen begreifen sich mehr und mehr als ‚drop-outs', als Außenseiterinnen dieser Gesellschaft, als ‚Fixerbräute', als das, wogegen sie sich vor oder bis zum Einstieg in die Fixerscene gewehrt haben. Ihre Vorerfahrungen holen sie ein; abgelehnte Fremdbilder – Bilder der mißbrauchten, wertlosen Frau – werden nun doch, sukzessive zu Selbstbildern. Der ‚gelebte' Protest gegen patriarchalische Strukturen, Normen und Zumutungen verkehrt sich gegen sie – die ihnen zugeschriebene Frauenrolle als Sexualobjekt und betreuende, sich selbst zurücknehmende Frau erfüllen sie auf dem Strich und in der Abhängigkeit von Männern – Freiern, Dealern, drogenabhängigen Freunden – perfekt. Der Ausbruchsversuch endet in einer Sackgasse.

5. Das Leben auf der „Scene"[8]

Das Leben auf der „Scene" ist hart und in seinen einzelnen Handlungsaspekten klar definiert: Drogenbeschaffung (durch Prostitution, Dealen, ‚Abschleppen', Diebstähle), Drogenkonsum, Ausweichen vor Polizei und Justiz, Organisation von Übernachtungsmöglichkeiten, Kämpfen mit Entzugserscheinungen. Der Alltag erweist sich nach kurzem als Dauerkrise, die rechtzeitige Beschaffung der Droge bestimmt alles Denken und Handeln.

Eine Frau, die allein lebt, erzählt aus ihrem Alltag auf der Scene:

„Ich ging morgens immer so ungefähr gegen halb zehn auf die Potse (Strich auf der Potsdamer Straße in Berlin). Der Treff aller Abhängigen. Wir hatten ja schon unseren eigenen Imbiß. Außer der Bedienung waren sie dort alle süchtig. Ob nun auf Tabletten – meistens Schlafmittel wie z.B. Medinox, Mandrax – oder eben auf Heroin. Meistens nahmen wir beides zu uns. Wir sagten uns, daß das besser törnen würde. Wir wissen ja, daß das Heroin so gestreckt ist – mit Kaffee, Kakao, Milchpulver und Strychnin. Ach, ich könnt soviel aufzählen, womit mein Körper wirklich vergiftet wird.

Aber jetzt weiter zu unserer Drogenwelt. Wenn ich dann in unserem Imbiß stand, hieß es gleich: Brauchst du Dope? Ich habe echt geilen Stoff da. Besseren kannst du nicht bekommen.

Aber nur mit Dope allein kann ich nichts anfangen. Ich brauch doch erstmal meine Pillen. Aber leider ist keiner da, der welche hat. Und unsere Pillenconnection ist auch noch nicht da. Also was muß ich da mal wieder machen – warten, warten, wie immer. Dabei gerate ich schon in Schweiß, schon wieder dieses Dreck-Turkey (Entzugserscheinungen). Ein Glück da kommt ja dieser Typ mit seinen Pillen. Ich kaufe ihm Pillen ab und Dope. Dann gehe ich erstmal einen guten Schuß machen. Danach sehe ich weiter.

Das war ja echt gutes Dope. Jetzt kann ich noch was trinken und Zigaretten kaufen. Habe ja gestern zwei Freier gemacht und 100 Mark verdient.

Stehe schon wieder im Imbiß. Schnell einen Kaffee trinken und was rauchen. Denn es ist ja auch wieder Zeit ,ne Mark für neues Dope zu machen. Hab keinen Bock, nachher auf Turkey 'ne Mark zu machen. Gehe also zu Bülow – Ecke Frobenstraße, unseren Fixerstrich. Unterhalte mich noch mit zwei anderen Mädchen, frage sie, wie es so läuft. Sie sagen, es geht. Aber die meisten Männer wollen für nur 30-40 DM bumsen. Und dann noch ohne Gummi. Wenn ich nur daran denke, wird mir schlecht. Aber wir machen es öfters ohne Gummi. Nur vertrauen wir uns das nicht an. Denn das würde ja Stunk geben. Also halte auch ich meine Schnauze.

Ich warte ein bißchen abseits von den Mädchen auf meinen ersten Freier. Nach zehn Minuten hält auch schon ein Auto. Ich frage, was er möchte. Er sagt, Pension. Ich antworte ihm, Pension 50 DM für mich und 10 DM für das Zimmer. Er sagt, ob ich mich auch ganz ausziehe. Ich sage, na klar. Er meint, okay. Ich steige ins Auto und wir fahren los. Ich denke, Mann, habe ich ein Glück. Mein erster Freier und gleich einen halben Blauen.

Wir sind da, gehen ins Haus und schellen. Er zahlt 10 DM und wir gehen aufs Zimmer. Ich ziehe mich aus, er auch. Wir machen eine Katzenwäsche, und er gibt mir 100 DM. Er sagt, wenn ich erst ein bißchen Französisch mache und dann mit ihm schlafen würde, ob das klar ginge. Ich sage, ja. Und denke mir, daß ich Glück habe, gleich einen Hunderter zu machen. Denn dann kann ich erstmal ein paar Stunden das Anschaffen lassen. Habe meinen Druck ja heute Mittag leicht verdient.

Nach zwanzig Minuten sind wir fertig. Wir waschen uns. Ich pfeife mir zwei Medinox ein, ziehe mich an. Ich sage dem Typ, er soll mich bitte zur Potse fahren. Er fragt mich, warum ich drücke. Ich will ihm zuerst keine Antwort geben, dann sage ich ihm, daß ich verrückt bin. Er will sich damit aber nicht zufrieden geben. Ich sage ihm, daß ich keinen Bock habe, mich darüber zu unterhalten. Dann hält er endlich seinen Mund.

Wir fahren zur Potse. Unterwegs fragt er mich, ob wir uns nochmal sehen können. Ich sage ihm, ich stehe immer auf der Frobenstraße, oder ich bin auf der Potsdammer. Dann steige ich aus. Und vergesse diesen Freier wieder. Wie die anderen hundert auch.

Manche kommen ja echt wieder zu einem.

Auf der Potse schleichen mal wieder einige Zivis rum. Es stinkt richtig nach diesen Bullen. Ich gehe in den Imbiß. Es ist aber fast nichts los. Höre sie nur sagen, haben mal wieder eine kleine Razzia gemacht. Bin froh, daß ich nicht dabeigewesen bin. Habe ja keinen festen Wohnsitz. Einen Grund für die Scheiß-Bullen, einen mit zur Gothaer Straße zu nehmen.

Gehe raus aus dem Imbiß, rüber zum Bierbrunnen. Hier ist eine ganze Menge los. Sitzen ,ne Menge Araber hier, die ich kenne. Sage erstmal, guten Tag allerseits. Gehe dann zur Theke: Einen halben Liter Bier. Schaue mich ein bißchen um. Immer dieselben Leute hier. Nie kommen mal neue Junkies hinzu, außer den doofen Westdeutschen. Die sowieso immer gelinkt werden, weil sie ja keinen kennen. Und eben zu schnell vertrauen. Aber das ist nicht mein Problem. Warte jetzt auf einen Araber, der sehr geiles Dope haben soll. Hoffentlich!

Nach einer Stunde kommt er. Ich überlege mir, ob ich mir jetzt Dope kaufen soll. Oder später. Lieber jetzt, denke ich, weiß ja nicht, ob später das gleiche Dope da ist. Wir gehen nach hinten. Ich hole mir ein Stück Silberpapier aus meiner Zigarettenschachtel und gebe ihm das. Er sagt, wieviel brauchst du. Ich sage, für 70 DM. Er holt sein Dope hervor. Gebunkert hinterm Spielautomaten. Er schüttet mir eine mittelgroße Menge auf das Papier. Kann nicht klagen über die Menge. Bin aber auch ein guter Kunde von ihm. Ich gebe ihm das Geld, und er gibt mir das Dope.

Ich weiß nicht, wo ich mir jetzt einen Druck machen könnte. Habe ja keine eigene Wohnung. Also beschließe ich, mit dem 19er Bus zum Mehringdamm zu fahren, denn da wohnt ein Freier von mir, den ich noch aus der Zeit des Kudamms kenne. Als ich endlich angekommen bin, gehe ich in den ersten Stock und schelle bei ihm. Aber leider ist er nicht zuhause. Ich denke, was soll ich denn jetzt machen.

Ich beschließe, mir auf dem Flurklo einen Druck zu machen. Gehe also fünf Treppen höher. Habe Glück, daß dieses Klo immer offen ist. Koche meinen Schuß schnell auf. Meine Gedanken dabei sind, daß ich hoffentlich meine Vene treffe. Habe ja nicht mehr die besten. So, fertig mit dem Aufkochen. Nehme aus den Turnschuhen einen Schnürsenkel heraus und binde damit meinen Arm ab. Ich probiere zu treffen, was aber mißlingt. Steche also wieder sinnlos in meinem Arm herum. Nach zehn Minuten habe ich dann endlich eine Vene getroffen. Wurde aber auch Zeit, sonst hätte ich den guten Schuß wegschmeißen müssen. Ich mache schnell meine Pumpe sauber und stecke sie mit meinem Löffel wieder weg. Gehe dann zum 19er Bus und fahre zur Potsdamerstraße zurück. Suche ein paar Bekannte auf, um mit ihnen zu reden. Habe noch keine Lust, 'ne Mark zu machen. Also beschließe ich, noch ein paar Pillen zu kaufen und ein bißchen rumzuquatschen. Überlege schon die ganze Zeit, wo ich schlafen könnte. Mal wieder in einer Pension schlafen, hieße, ich müßte 45 DM bezahlen. Also muß ich noch eine Menge anschaffen. Ich denke, dieses Scheiß-Fixerleben kotzt mich echt an. Da habe ich es bei Mutter doch besser gehabt. Aber jetzt nach Haus gehen? Ich weiß nicht. Turkey schieben, nicht schlafen? Noch denke ich, ich bevorzuge doch die Frobenstraße und bin auch schon wieder auf dem Weg dorthin.

Stehe erst einmal eine ganze Zeit rum. Nach einer Stunde Stehen und Arbeiten habe ich endlich mein Geld gemacht, das ich brauche. Habe aber auch die Schnauze voll.

Gehe zurück zur Potse. Treffe dort meine Freundin. Wir gehen beide in den Bierbrunnen. Sie fragt mich, wo ich heute schlafe. Ich sage ihr, in einer Pension. Sie meint, sie würde mit einem Araber mitgehen für einen guten Druck. Ich gebe ihr zur Antwort, dafür mußt du aber auch die ganze Nacht für ihn dasein.

Da bevorzuge ich doch, lieber einen Freier zu machen, in einer Pension zu schlafen und meine Ruhe zu haben. Nach diesem Gespräch trinken wir noch etwas. Um 23 Uhr gehe ich dann in einer Pension schlafen. Mache mir dort aber vorher noch einen guten Druck" (vgl. Courage, 1982, Heft 4).

5.1 Beziehungen – ‚Liebe' und ‚Geschäft'

Sozialisationserfahrungen wiederholen sich auf der ‚Scene': Gewalt von Männern (Freiern, Dealern, abhängigen Freunden) erleben die Mädchen weiterhin, Abhängigkeits- und Ausbeutungsverhältnisse setzen sich fort. Ihre Reproduktionsfunktion holt sie auch hier ein: für den Freund mit anschaffen, das letzte Dope mit ihm teilen, ihn umsorgen müssen, im Tausch dafür beschützt und gleichzeitig wieder abhängig zu sein.

Welche Variante süchtige Mädchen in Beziehungen auch leben, fast immer sind sie nicht nur vom Heroin abhängig, sondern begleitend und zusätzlich in Beziehungen zu Männern (in einzelnen Fällen auch zu Frauen) verstrickt, bzw. werden darin festgehalten. Der Versuch, einen Standort im Verhältnis zu Männerbeziehungen zu finden, ist für heroinabhängige Frauen im Gegensatz zu „nichtdrückenden" Frauen noch schwieriger, da die Beziehungsgeschichte in ihren einzelnen Aspekten völlig mit der Suchtgeschichte verschmolzen ist.

Fixerinnen verwechseln häufig ihre Drogenbeziehungen zu Männern mit Liebesbeziehungen. Oft glauben sie an ‚Liebe' als Basis ihrer Beziehung, ohne wahrzunehmen, daß die Abhängigkeit vom ‚Stoff' sie zusammen hält.

Viele Frauen gehen davon aus, daß genau der – ebenfalls abhängige – Mann, mit dem sie jeweils zusammen sind, ihnen den letzten Halt vor dem ‚endgültigen Abstieg' gibt, ohne wahrnehmen zu können, daß vielleicht gerade dieser Mann darauf angewiesen ist, daß sie süchtig bleiben, damit er seine Finanzierungsquelle nicht verliert.

Andere drogenabhängige Frauen haben das Gefühl, daß sie bei ihren Freunden bleiben müssen, aus einem Verantwortungsgefühl heraus, weil er sonst ‚völlig vor die Hunde gehen würde'.

Neben diesen doppelten Abhängigkeitsbeziehungen gibt es verschiedene Varianten von ‚Geschäftsbeziehungen', die Frauen eingehen. Z.B. nehmen sie Kontakt zu Männern auf, über die sie schneller und leichter an Drogen herankommen. Im Gegensatz zu den mystifizierten Liebes-Drogenbeziehungen sind diese Verbindungen allerdings von vornherein in ihrem geschäftsmäßigen Charakter offenkundig und den Frauen fällt es auch nicht schwer, sich aus diesen Verbindungen zu lösen, wenn die „Geschäftsgrundlage" entfällt.

Schwieriger ist dies für die, oft sehr jungen, drogenabhängigen Mädchen, die von ‚älteren' bzw. alten ‚Freunden' in Abhängigkeitsbeziehungen gehalten werden. In diesen Beziehungsformen beuten die väterlichen ‚Freunde' die Mädchen rücksichtslos aus, zwingen sie zum Beischlaf und versorgen sie direkt mit Tabletten und Heroin, so daß das Leben dieser Mädchen Formen von Leibeigenschaft annimmt.

5.2 Prostitution, Geld und Gewalt

Zur Prostitution für die Droge sind die Mädchen nur unter großen psychischen und physischen Einbußen in der Lage. Der empfundene Ekel muß weggedrückt werden. Zwischen dem „Anschaffen" und der „Dopeeinnahme" entsteht mit Beginn der Sucht ein Bedingungsverhältnis. Die Mädchen müssen sich prostituieren, um das Heroin bezahlen zu können, und sie müssen Heroin spritzen, um die Prostitution ertragen zu können.

Es gibt viele gutsituierte, nicht-drogenabhängige Freier, die ein Interesse daran haben, daß „ihre" Mädchen abhängig bleiben, da diese sich unter Drogeneinfluß und Entzugserscheinungen seltener sexuellen Zumutungen verweigern. Weiterhin stellen die drogenabhängigen Mädchen für viele Zuhälter eine gute Einnahmequelle dar und werden in dem Moment, wo sie versuchen, aus dieser Situation auszubrechen, mit Heroin und Brutalität zurückgeholt.

Prostitution und Gewalt sind gerade im Bereich der Drogenscene nicht zu trennen. Manchmal konnten wir in Gesprächen mit den Mädchen nur erahnen, was sich hinter ihren Aussagen an erfahrenem Leid, Frauenverachtung und Grausamkeit verbirgt.

Deutsche, arabische, türkische Männer treten als Käufer der Mädchen auf: „Du heiratest mich, kriegst dafür eine Menge Geld für Heroin, dafür wiederum habe ich das Recht, dich als mein Eigentum zu betrachten, zu schlagen, zu vergewaltigen und einzusperren". Männer als Dealer, Zuhälter, Beschützer: „Ich passe auf, daß dir nichts passiert, dafür schläft du mit mir". „Ich schicke dich auf den Strich, wenn du genug Kohle bringst, kriegst du deine Spritze, sonst schlage ich dich grün und blau". Männer als väterliche Gönner: „Du kommst aus dem Knast? Keine Wohnung, kein Geld, keine Arbeit? Komm zurück zu mir, da weißt du wenigstens, was du hast, bist nicht allein".

Die Abhängigkeit, Existenznot, aber vor allem auch die Wünsche der Mädchen nach Wärme, Geborgenheit und Zärtlichkeit werden von Männern skrupellos ausgebeutet (vgl. Giesen/Schumann 1980).

Die Mädchen wehren sich zwar, versuchen Freier „abzulinken", ihnen das Geld abzunehmen, für sich Vorteile aus dem Verkauf ihres Körpers zu schlagen, aus Eheverträgen mit Ausländern wieder auszusteigen, aufgrund der Machtverhältnisse sind sie jedoch letztlich immer die Geschädigten.

Die Dunkelziffer von Vergewaltigungen drogenabhängiger Frauen kann nicht hoch genug angenommen werden – fast alle uns bekannten Mädchen haben mindestens von einer Vergewaltigung erzählt, meistens von mehreren. Die Männer wissen, daß Fixerinnen keine Anzeige machen können, wenn sie sich nicht der Gefahr aussetzen wollen, wegen Verstoß gegen das Betäubungsmittelgesetz selbst verhaftet zu werden. Falls sie es doch tun, wird ihnen als Prostituierten in der Regel nicht geglaubt, bzw. werden sie als mitschuldig angesehen.

Ebenso erschreckend wie die Gewalt und Brutalität von Männern ist die Tatsache, daß Mädchen häufig selbst das Gefühl haben, es nicht besser zu verdienen, die Vergewaltigung als Teil ihres Drogenlebens begreifen oder sogar Schuldgefühle entwickeln. Auch das ist in der Grundstruktur genauso bei nicht drogenabhängigen Frauen zu finden, wenn sie eine Vergewaltigung erleben: Auf einen weiblichen Regelverstoß folgt die Strafe, die Frau ist selber schuld.

Eva: „Ich hätte ja nicht mitzugehen brauchen . . .".

Die Anzahl der Fixerinnen, die grausam körperlich mißhandelt werden, mit Verbrennungen, Verätzungen, Messerstichen ins Krankenhaus eingeliefert werden, steigt. Eine Aussage unter Druck bei der Kripo, eine überflüssige Bemerkung haben manchmal ausgereicht, ihr Leben zu gefährden.

Für die drogenabhängigen Mädchen selbst beginnt sich der Teufelskreis zu schließen: Die Suche nach einer selbstbestimmten Identität hat sich als Selbstbetrug erwiesen, die Gewalt- und Abhängigkeitsverhältnisse, aus denen sie ausbrechen wollten, haben sie auf fatale Weise wieder eingeholt. Die Kraft und die Widerstände, die eigentlich in ihnen stecken, werden durch das Heroin weggedrückt. Ihre Hoffnungen und Träume sind weiter als je zuvor von der Realisierung entfernt, ihre immer wieder als Schwächen ausgebeuteten Wünsche und Selbstbilder können sie als Drogenabhängige erst recht nicht mehr als Stärken begreifen und erleben.

5.3 Streetwork

„Streetwork" ist zum Zauberwort gerade in der Arbeit mit Drogenabhängigen geworden. Weibliche und männliche Drogenberater, die sich regelmäßig an einschlägigen Treffpunkten auf der „Scene" aufhalten, sich als Gesprächspartner/innen anbieten, versuchen, Fixer/innen anzusprechen oder mit denen Kontakt aufzunehmen, die sie bereits durch die Drogenberatungsstelle oder Besuche im Knast kennen.

Die Situation auf der „Scene" ist für Drogenberater/innen nicht einfach: Entweder sind die Leute mit der Organisation von Drogen beschäftigt, haben keine Zeit und keine Lust zu reden, oder sie haben „gedrückt" und sind von daher schwer ansprechbar, weil wenig von dem Gesagten bis zu ihnen dringt.

Inwieweit Drogenabhängige durch „streetwork" motiviert werden können, eine Drogenberatungsstelle aufzusuchen, ist nicht bekannt. Vorstellbar ist sicher, daß durch das Kennenlernen eines/r Drogenberaters/in und durch die Herstellung von Vertrauen der Schritt einfacher und kleiner ist, sich zu einem Beratungsgespräch zu entschließen. In diesem Zusammenhang müßten generell mehr Überlegungen angestellt werden im Hinblick auf flexible Angebote für Drogenabhängige, wie ‚Cleanbusse', ‚Sleep-ins', Orte, die in die Scene verlagert werden, wo Ansprechpartner/innen zu finden sind, die bei Bedarf weiterhelfen können. In Holland wird z.B. viel mehr mit ambulanten Hilfsmaßnahmen gearbeitet als in der Bundesrepublik und West-Berlin, allerdings ist bisher noch zu wenig über die Wirkung dieser Arbeit bekannt (vgl. Deiters 1982).

Die ‚streetwork'-Arbeit weist für weibliche Drogenabhängige das zusätzliche Problem auf, daß die ‚aufsuchenden' Sozialarbeiter/innen die Heroinsucht nicht geschlechtsspezifisch differenzieren. D.h., die Drogenabhängigkeit mit ihren typischen Folgeproblemen (Verfolgung durch Polizei und Justiz, Krankheiten, Unterkunftsmöglichkeiten, Entzugsorte) steht im Vordergrund der Beratung und nicht die spezifischen Bedingungen, mit denen weibliche Drogenabhängige in ihrem Lebenszusammenhang und gerade auf der Scene konfrontiert sind: Prostitution, Gewalt, Abhängigkeiten, vor allem auch von Männer. Drogenberaterinnen, die sich dieser Problematik bewußt sind und die sich mit den Entstehungsbedingungen und den Folgeerscheinungen von Heroinsucht bei Frauen auseinandergesetzt haben, können die Frauen u.E. eher ansprechen und einfühlsamer beraten.

Denkbar wäre auch, einen Treffpunkt, z.B. ein Café in der Scene für Fixerinnen einzurichten, wohin sie sich zeitweise zurückziehen könnten, vor dem Zugriff von Männern verschont blieben und andere Frauen als Ansprechpartnerinnen hätten. Ein ähnliches Modell gibt es in Berlin für Prostituierte, das Café Hydra.[9]

III. Gesetzgeberische Maßnahmen und Entwicklungstendenzen im repressiven Bereich

1. *Das neue Betäubungsmittelgesetz*

Nach wie vor werden Drogenabhängige, sofern ihnen der Besitz und Konsum „harter“ wie „weicher“ Drogen (Heroin, Kokain, Haschisch, Marihuana etc.) nachgewiesen wird, strafrechtlich verfolgt und gegebenenfalls zu Gefängnisstrafen verurteilt. Auch mit der Verabschiedung des neuen, seit dem 1.1.1982 geltenden Gesetzes zur Neuordnung des Betäubungsmittelrechts (BTMG) wollte die Bundesregierung nicht auf einen Strafanspruch des Staates gegenüber den Süchtigen verzichten, um die Rechtstreue der Bevölkerung nicht zu erschüttern.

Die Debatten, die anläßlich dieser Gesetzesrealisierung geführt worden sind, sollen hier nicht im einzelnen aufgegriffen werden (vgl. Slotty 1981; Ausschuß für Jugend, Familie und Gesundheit 9/27, 1980).

Vielmehr werden einige Teilaspekte der gesetzlichen Bestimmungen problematisiert für die schon jetzt erkennbar wird, wie sie sich in der praktischen Arbeit mit Drogenabhängigen auswirken.

1.1 Polizeilicher Zugriff

§ 29 Abs. 1 des Betäubungsmittelgesetzes (BTMG) stellt fest, daß bestraft wird, wer

> „Betäubungsmittel ohne Erlaubnis nach § 3 Abs. I Nr. 1 anbaut, herstellt, mit ihnen Handel treibt, sie ohne Handel zu treiben einführt, ausführt, veräußert, abgibt, sonst in den Verkehr bringt, erwirbt oder sich in sonstiger Weise verschafft . . . “ (Bundesminister der Justiz 1981).

Dies ist die gesetzliche Grundlage für die Eröffnung eines Strafverfahrens gegen Drogenabhängige, die mit den inkriminierten Drogen angetroffen werden. Da der Gesetzgeber nicht zwischen sog. „harten“ und „weichen“ Drogen unterscheidet, können theoretisch schon diejenigen mit Strafverfahren rechnen, die mit einer Haschischzigarette in eine Polizeikontrolle geraten. Käme es hier tatsächlich zu Untersuchungshaft und Verurteilung, gar Gefängnisaufenthalt, wäre der Schaden nicht absehbar: Isolierung, Stigmatisierung, womöglich Beginn einer kriminellen Karriere durch ein Vergehen, das im Bewußtsein dieser und tausend anderer Jugendlicher gar keins ist.

Zu dem ist es evident, daß das gesetzliche Verbot einer Droge Süchtige nicht daran hindert, sich weiterhin ihren Stoff zu besorgen. Durch repressive Maßnahmen wird dies erschwert, aber Süchtige begegnen dem durch verfeinerte illegale Techniken oder evtl. durch Umsteigen auf noch legale oder leichter erhältliche Ersatzdrogen (Heckmann 1981). Die Rolle der Pharmaindustrie in Zusammenarbeit mit Ärzten ist hier nicht zu unterschätzen. Gerade Frauen werden in erheblichem Maße Tabletten und Medikamente angeboten und verschrieben, häufig unabhängig von dem körperlichen Befund.

Die gesetzlichen (Straf-)Bestimmungen haben eher die Auswirkung, daß die drogenabhängigen Mädchen und Frauen in ständiger Angst vor einer Razzia, einem Strafverfahren, einem Gefängnisaufenthalt leben. Allerdings wird diese Angst mit dem Gedanken verdrängt, ‚warum gerade ihnen etwas passieren sollte'. Tatsächlich können sie mit ihrer Sucht, durch verschiedene Formen der Prostitution, lange unentdeckt leben. Erst mit zunehmender Verelendung, mit dem Verlust der Wohnung, und des Bekannten- und Freundeskreises, verbringen sie mehr und mehr Zeit auf der ‚Scene' und laufen damit Gefahr, von der Polizei aufgegriffen zu werden.

1.2 ‚Totale' Institutionen

Bis Mitte der siebziger Jahre versuchte man, Drogenabhängige in psychatrischen Kliniken zu behandeln – häufig mit Ersatzmedikamenten. Als dieser Versuch der Psychatrisierung des Drogenproblems mißlang (vgl. Soltau 1982) wurden immer mehr Süchtige in den Bereich der Strafanstalten „abgeschoben".[10]

Doch auch der Versuch, das Drogenproblem durch eine Verlagerung in den repressiven Bereich in den Griff zu bekommen, mußte und muß auch in Zukunft scheitern. Der Strafvollzug verhindert durch seine Funktion und durch seine inneren Bedingungen genau das, weshalb die Süchtigen mit dem Gesetz in Konflikt geraten sind: die Aufhebung von Abhängigkeit.

Gefängnisse als „totale Institutionen" reproduzieren und verdichten Abhängigkeitsstrukturen, vor allem durch:

- den hierarchisch gegliederten Anstaltsbetrieb
- die Abhängigkeit von übergeordneten anonymen Verwaltungsebenen
- die Straf- und Ausschlußfunktion
- das Sicherheits- und Kontrollsystem
- die totale Versorgung
- die Verwahrung
- die von diesen Bedingungen abhängigen Umgangsformen und Problemlösungsmethoden (Soltau 1982).

Die nicht aufhebbaren gefängnisimmanenten Strukturen verhindern die Auseinandersetzung der Drogenabhängigen mit ihrer Sucht, sie verstärken die

Passivität und Ohnmachtsgefühle und nehmen jede Chance auf einen positiven Veränderungsprozeß.

In der Bundesrepublik und Berlin sind z.Z schätzungsweise 5000 Drogenabhängige, davon 1000 drogenabhängige Mädchen und Frauen unter diesen Bedingungen inhaftiert[11] (vgl. Soltau 1982).

In der Frauenvollzugsanstalt Berlin gelten 80% der Inhaftierten als heroinsüchtig, das sind etwa hundert Frauen. In den bundesdeutschen Gefängnissen finden sich ähnliche Relationen. Die Haftstrafen der Frauen liegen in der Regel zwischen 6 Monaten und zwei Jahren; viele sind zum zweiten oder dritten Mal inhaftiert. Der Knast wird ihnen langsam bekannter, nicht vertrauter. Die Angst vor der eigenen Zerstörung durch die Haft bleibt.

1.2.1 Innenansichten aus dem Knast

Die Strafvollzugsanstalten sind für ihr „neues Klientel" weder personell noch materiell angemessen ausgestattet. Der Frauenvollzug ist gegenüber dem Männervollzug noch zusätzlich benachteiligt (vgl. Einsele/Rothe 1982).

In der Berliner Frauenhaftanstalt beispielsweise müssen sich jeweils zwei Frauen eine 7 qm kleine Zelle teilen.

Ute: „Normalerweise sind das Einzelzellen, aber, weißt ja, Überbelegung. Also die Einzelzellen sind immer für zwei Leute, zwei Betten sind drin, dann kommt das Waschbecken und die Toilette. Und wenn du Glück hast, dann paßt noch'n Schrank rein".

Der Gefängnisalltag ist vollständig reglementiert, Weckzeiten, Essenzeiten, Arbeit und Beschäftigungstherapie, Aufschluß und Einschluß, alles genau nach Plan. Die Essensportionen sind abgezählt, die Bekleidungsstückzahlen sind vorgeschrieben.

Ute: „Du kannst fünf Unterbekleidungen haben und fünf Oberbekleidungen, Blusen und T-Shirts und fünf Röcke oder Hosen, Wenn du ein Kleid hast, ist das Ober- und Unterkleidung, dann kriegst du eine Hose oder ein T-Shirt weniger. Und dann bekommst du Schuhe und zwei Jacken – von dir selber. Also, du mußt die mitbringen lassen von deinem Besuch. Und dann Unterwäsche".

Besonders zu Beginn ist die Haftsituation für die drogenabhängigen Frauen und Mädchen kaum zu ertragen: Tagelanger Verschluß in einer Einzelzelle, ohne Kontakt zu Mitgefangenen, allein in der Überwindung der Entzugsschmerzen.

Gerda: Die ersten zwei Monate hängst du ganz schön durch. Weil du das noch von draußen gewöhnt bist: die ganze action mit Rumlaufen und so. Und dann mit einmal hängst du den ganzen Tag auf deinem Arsch und die Tür geht alle drei Jahre mal auf".

Die Inhaftierung drogenabhängiger Mädchen und Frauen entbehrt jedes – vom Gesetzgeber scheinbar angestrebten – erzieherischen Sinns (vgl. Ausschuß für Jugend; Familie und Gesundheit 1980).[12]

Repressive Maßnahmen erzeugen Widerstand, Trotz- und Abwehrreaktionen und wirken entmotivierend. Nach einer kurzen Phase der sog. „clean-Euphorie", in der die Frauen zum ersten Mal nach langer Zeit spüren, was es heißt, mit einem guten Körpergefühl aufzuwachen, ohne an den nächsten „Schuß“ zu denken, gewinnt die Sucht überhand, wird der Wunsch nach dem „Stoff“ überdimensional. Das um so mehr, als mit der Länge der Haftstrafe, dem Leben in völliger verwalteter Abhängigkeit, der Versuch, andere Perspektiven zu entwickeln absurd erscheint und das „Weiterdrücken“ zur einzig lustvollen Orientierung wird. Die Bewußtseinsstruktur: „Jetzt erst recht, jetzt fixe ich auf jeden Fall weiter“, fanden wir fast bei jeder inhaftierten drogenabhängigen Frau, mit der wir sprachen. Diese Orientierung kann auch kaum durch die Arbeits- und Gruppenangebote auf den Stationen verändert werden.

Gerda: „Hier gibt es nur so'ne bessere Beschäftigungstherapie, da bekommst du dann 3,12 DM am Tag. Und da machst du dann entweder Strumpfblumen oder du knüpfst Teppiche. Ich sag nicht, daß das schlecht ist. Ist ganz witzig, weil du dann ein bißchen unterwegs bist, also immer von einer Tür zur anderen. Nee, ist ein bißchen Abwechslung, da bist du nicht den ganzen Vormittag eingeknackt, sondern du kannst was machen. Na ja, und das ist eben keine Ausbildung, da draußen drehst du keine Blumen oder so. Wir haben hier auch eine Schule. Da lernt man eigentlich nicht so viel. Wir quatschen eigentlich mehr mit den Lehrern, oder so. Bisher haben wir zweimal Mathe gehabt, naja, ist auch kein Abschluß hinterher“.

Die Arbeitsplätze, die in der Regel zur Verfügung stehen, – im Küchenbereich, in der Beschäftigungstherapie und in der Schule – bieten keine Ausbildungsmöglichkeiten. Bei den Drogenabhängigen – lohne es sich nicht wegen der Kürze der Haftstrafen und wegen der Interessenlosigkeit der Inhaftierten – ist häufig der Tenor der Anstaltsleitungen. Hier wird das eigentliche Problem verdeckt: In den Anstalten überwiegt das Sicherheits- und Ordnungs-Denken. Bemühungen von einzelnen engagierten Sozialarbeiter/innen, Psychologen/innen und Beamten/innen um eine sozialtherapeutische Ausrichtung der Arbeit, um anstaltsinterne Veränderungen im Interesse der Drogenabhängigen werden häufig erschwert.[13]

In der Haftsituation entstehen zwischen den inhaftierten Frauen Verhaltens- und Kommunikationsweisen, wie sie ihnen von der Scene her bekannt sind. Nur, daß sie jetzt selbst statt der Männer Machtpositionen einnehmen können. Es besteht ein relativ klares hierarchisches System, die „dominanten“ Frauen legen den Verhaltenskurs fest, bestimmen die Gruppenmeinung, leiten aber auch Solidarisierungen, meist gegenüber der Gefängnisleitung ein.

Abweichende Meinungen sind nur schwer, und wenn, dann nur von „starken“ Frauen, zu vertreten. Aggressionen und Haß, die durch das Eingeschlossensein, durch Überbelegung, durch mangelnde Arbeitsmöglichkeiten sowie durch unzureichende sozialpädagogische Betreuung entstehen, werden an den Mitgefangenen ausgelassen oder eskalieren in Auseinandersetzungen mit dem Personal.

Ausländische drogenabhängige Frauen haben es im „Knast“ aufgrund von mangelnden Sprachkenntnissen und ihnen fremden Kommunikations- und Verhaltensformen besonders schwer; häufig sind Depressionen und Selbstmordversuche die Folge.

Das Einfinden in die Subkultur des Gefängnisses ist überlebensnotwendig, es sichert, je nach erreichter Position, Macht, Einfluß und Drogen. Eine „Sündenbockposition“ erweist sich als Dauerbedrohung.

Der Anpassungsdruck und die Positionsbehauptungen führen jedoch gleichzeitig zur endgültigen Aufgabe möglicherweise kurzfristig vorhandener Veränderungs- und Therapiewünsche, die durch den Schock der Inhaftierung ausgelöst wurden. Denn die länger inhaftierten Frauen, die das jeweilige „Klima“ in den Gruppen bestimmen, haben notwendigerweise Anti-Therapiepositionen, auch als Widerstandsform gegen den „Knast“ und gegen jede Form von „Verwaltet-Werden“ entwickelt. Diese Therapieabwehr kann auch nicht gefängnisintern verändert werden, da die Haftsituation insgesamt entmotivierend wirkt.

Die inhaftierten Frauen entwickeln zwar Zukunftsvorstellungen für ein Leben ohne Drogen – einen Schulabschluß nachholen, Kontakte zu alten Freunden wieder aufnehmen – gleichzeitig schätzen sie jedoch sich und ihre Lebensbedingungen realistisch genug ein, um zu wissen, daß nach einer Haftstrafe ein Neubeginn noch schwieriger geworden ist. Die drogenabhängigen Frauen kehren in den alten Lebenszusammenhang zurück, ohne daß sich ihr Handlungsspektrum erweitert hätte. Sie haben meist durch ihre Drogenabhängigkeit ihre Wohnung, ihre Arbeit und ihre Freunde/innen verloren. Sie stehen da ohne Geld, aber mit einem Berg von Kreditschulden und dem zusätzlichen Stigma: vorbestraft. Kein Wunder, wenn nach der Entlassung der erste Weg zur ‚Scene‘ führt.

1.2.2 „Drogenknäste“

Versuche, drogenabhängige Frauen gefängnisintern therapieren zu wollen, müssen zwangsläufig scheitern. Insassinnen begreifen derartige Angebote immer als aufoktroyiert und fremden Interessen folgend. Tatsächlich werden hierbei auch zwei wesentliche therapeutische Prinzipien außer Kraft gesetzt: die Freiwilligkeit der Therapieaufnahme und die individuelle Entscheidungsfreiheit zum Therapieabbruch – Prinzipien, die außerhalb „totaler Institutionen“ conditio sine qua non für einen therapeutischen Prozeß sind, der Bewußtseins- und Verhaltensänderungen einschließt.

Die „Erfolge“ gefängnisinterner Zwangstherapien liegen dann auch nicht in einer realen Verhaltensänderung der Klienten/innen, gar in einer Aufarbeitung der je spezifischen Suchtgeschichte, sondern in einer Anpassungsleistung an gefordertes Denken und Handeln, da hieraus Privilegien, wie z.B. vorzeitige Entlassung erwachsen.

Hinter Gittern verfestigen sich die auf der ‚Scene‘ erlernten Verhaltensweisen wie „Berechnung“, „Verlogenheit“, „Kosten-Nutzen-Beziehungen“ etc. (Saalbach 1982).

Infolgedessen sind die sog. „Drogenknäste“ wie sie in Parsberg (Bayern) und Brauel (Niedersachsen) errichtet wurden und in Plötzensee (Berlin) im Bau sind, eine drogenpolitische Fehlentscheidung, deren negative Auswirkungen noch gar nicht abzusehen sind.

1.2.3 Drogenberater/innen im Gefängnis

Eine wichtige Funktion in der Betreuungsarbeit für Inhaftierte haben nach wie vor die von „außen" kommenden Drogenberater/innen aus Drogenberatungsstellen. Da sie einen anderen Status haben als Gefängnismitarbeiter/innen, gelingt es ihnen eher, Vertrauen zu den Drogenabhängigen herzustellen und ihnen Möglichkeiten aufzuweisen, wie sie – gegebenenfalls mit fremder Hilfe – ihre Drogenabhängigkeit überwinden können. Voraussetzung für diese wichtigen Beratungsprozesse sind allerdings Regelungen, die es den Drogenberater/innen ermöglichen, sich innerhalb des Gefängnisses auf den einzelnen Stationen im Rahmen der üblichen Sicherheitsvorkehrungen frei und zeitlich unbegrenzt zu bewegen. Die selbstverständliche Präsenz der Berater/innen auf den Stationen erleichtert es den inhaftierten Frauen, die Hemmschwelle zu überwinden und sich Beratungswünsche einzugestehen. Dieser „aufsuchenden streetwork" im Gefängnis stehen allerdings in jüngster Zeit Tendenzen von Anstaltsleitungen gegenüber, Kontrollmaßnahmen zu verschärfen – z.B. die Beratungsprozesse von Justizbeamtinnen überwachen zu lassen – und sogar einzelnen den Zugang zur Anstalt wegen mißliebiger Einstellungen zu verwehren (z.B. in Berlin).[14]

Die Beratungsarbeit müßte allerdings u.E. geschlechtsspezifisch reflektiert werden. Das heißt, Beratungsstellenmitarbeiter/innen sollten in ihre Überlegungen miteinbeziehen, inwieweit es sinnvoll ist, daß männliche Drogenberater im Frauenvollzug beraten. Die drogenabhängigen Mädchen und Frauen waren vor und während ihrer Drogenabhängigkeit männlicher Gewalt ausgeliefert, so daß nicht anzunehmen ist, daß eine produktive Vertrauensbasis und Offenheit gegenüber männlichen Beratern entwickelt werden kann.

1.2.4 Therapiegedanken im „Knast"

Üblicherweise ist die Therapieperspektive ein Gedankengang der mit dem Drogenproblem befaßten Sozialarbeiter/innen und Psychologen/innen etc. und nicht der Drogenabhängigen selbst.

Die Vorstellung, eine Therapie zu machen, um von der Sucht loszukommen, liegt ihnen ziemlich fern. Ihre (Unterschichts-)Lebensweise beinhaltet selten, therapeutische Hilfe zur Bewältigung von Problemen in Anspruch zu nehmen. Im Gefängnis ist zwar die Fortsetzung des „Drückens" oder der Versuch aufzuhören, ein allgegenwärtiges Gesprächsthema, allerdings wird fast nie eine therapeutische Hilfe zur Überwindung der Abhängigkeit angestrebt.[15]

Wie soll auch nach monatelanger Verwahrung im Knast eine Therapiemotivation entwickelt werden? Die Fauen nehmen Therapie als Fortsetzung der Gefängniszeit wahr. Leben nach festen Regeln, ohne Außenkontakte zunächst und immer den Gruppenbedingungen unterworfen, monatelang.

Die Gleichsetzung von Therapie und Gefängnis ist auch deshalb naheliegend, weil externe Therapien häufig zur Therapieauflage gemacht werden, bzw. Verurteilten freigestellt wird, statt ins Gefängnis in eine Therapie zu gehen.

1.3 Therapie statt Strafe

§ 35 I regelt diese durch das Betäubungsmittelgesetz neu geschaffene Möglichkeit, statt der Haftstrafe eine Therapie zu beginnen. D.h. die Vollstreckung einer verhängten Freiheitsstrafe, die zwei Jahre nicht übersteigt, kann zurückgestellt werden, wenn sich die/der Drogenabhängige in einer ihrer/seiner Rehabilitation dienenden Behandlung befindet oder zusagt, sich einer solchen zu unterziehen. Als Behandlung gilt der Aufenthalt in einer staatlich anerkannten Einrichtung, in der die freie Gestaltung der Lebensführung erheblichen Beschränkungen unterliegt (vgl. § 35 I BTMG 1981).

Der reformerische Anspruch bei diesem Gesetzespassus ist jedoch auf halbem Wege steckengeblieben. Zwar stellt die Verankerung des Therapiegedankens eine Weiterentwicklung der gesetzlichen Bestimmungen dar, doch bleibt mit der engen Koppelung von Haftstrafe und Therapieaufenthalt eine Fülle von Problemen bestehen.

Von therapeutischer Seite ist immer wieder – und zu Recht – die Notwendigkeit der freiwilligen Entscheidung der Drogenabhängigen für eine Therapie betont worden. Erst der starke individuelle Wunsch nach Veränderung, die persönlich getroffene Entscheidung für eine Beendigung des Drogenlebens schafft die Voraussetzung für die Chance des Gelingens; Therapie bedeutet Anstrengung, bedeutet langfristige, oft entmutigende Arbeit an der eigenen Entwicklung.

Nur diejenigen, die ernste Therapiemotivation mitbringen, die sich in Frage stellen und verändern wollen, werden auch die Bereitschaft und die Fähigkeit entwickeln, sich zu öffnen und in der therapeutischen Gruppe die Suchtproblematik bearbeiten. Die Drogenabhängigen, die eine Therapie als das kleinere Übel gewählt haben, werden sich nur vordergründig und zum Schein auf therapeutische Prozesse einlassen, um nicht „rauszufliegen". Damit beeinflussen sie aber gleichzeitig den gesamttherapeutischen Prozeß negativ. Im schlimmsten Fall schauspielern sie zwei Jahre lang um die Wette, um nicht (wieder) im Knast zu landen.

1.4 Eigenversuche und Fremdversuche

Wenn Drogenabhängige versuchen „clean" zu werden, beanspruchen sie keine professionelle Hilfe. Sie entziehen bei den Eltern, bei Freunden oder allein, leben dann in der Regel ein paar Tage, manchmal auch ein paar Wochen ohne

Drogen, werden dann aber in der Regel rückfällig, da sich weder die objektiven Lebensbedingungen (familiale Gewaltverhältnisse, Arbeitslosigkeit, sozialer Bezugskreis etc.), noch die subjektiven Handlungspotenzen (fehlendes Durchsetzungsvermögen, Frustationstoleranz, Selbstbewußtsein etc.) verändert haben. Kehren sie beispielsweise zu ihren Eltern zurück, werden sie häufig Durchsetzungsvermögen, Frustationstoleranz, Selbstbewußtsein etc.) verändert haben. Kehren sie beispielsweise zu ihren Eltern zurück, werden sie häufig mit den „alten" Ansprüchen konfrontiert, mit denen sie nicht leben wollen, die sie ablehnen: die Rolle der „lieben Tochter", die „normal" funktioniert und Reproduktionsarbeit übernimmt, die zuhause bleibt, heiratet etc.

Evident ist, daß mit der Länge der Drogenabhängigkeit die Schwierigkeiten wachsen, aus dem Drogenkreislauf auszubrechen. Der Entscheidungsprozeß für die Annahme professioneller Hilfe (zunächst Beratungsstellen) dauert unterschiedlich lange, manchmal wird erst nach Jahren der ausweglosen und entwürdigenden Drogenkarriere ein Therapieversuch gewagt. Druck von außen, den Eltern, Freunden oder repressiven Stellen mag diesen Prozeß beschleunigen, allerdings werden drogenabhängige Frauen ohne Eigenmotivation immer rückfällig werden.

Wenn Drogenabhängige vor Gericht vor die Alternative gestellt werden, die Gefängnisstrafe „abzusitzen" oder eine Therapie zu beginnen, besteht die Gefahr, daß auf der Seite der Richter und auf der Seite der Abhängigen der Unterschied zwischen Haft und Therapie nicht mehr erkannt wird. Die Gleichsetzung wird noch dadurch verstärkt, daß laut § 36 I des Betäubungsmittelgesetzes die nachgewiesene Zeit in einer staatlich anerkannten Therapieeinrichtung auf die Strafe angerechnet werden kann. Das führt zu dem paradoxen, vom Gesetzgeber sicherlich nicht intendierten Schluß vieler Abhängiger, „lieber den Knast abzumachen" und danach unbehelligt von der Justiz zu leben, als in eine Einrichtung zu gehen, Angst zu haben, es nicht zu schaffen, dann abzubrechen und damit erneut den Strafverfolgungsbehörden ausgesetzt zu sein. Hier wird der Therapiegedanke in der engen Koppelung an eine Haftstrafe ad absurdum geführt.

Ein weiteres Problem liegt in der gesetzlichen Bestimmung, daß der Therapieaufenthalt in einer staatlich anerkannten Einrichtung nur dann möglich ist, wenn diese gewährleistet, daß die freie Gestaltung der Lebensführung der Klienten erheblich eingeschränkt ist, womit sich der Gedanke der Angleichung von Therapieeinrichtung und Gefängnis aufdrängt. Zusätzlich müssen die therapeutischen Einrichtungen etwaige Abbrüche ihrer Klienten den Justizbehörden umgehend melden.

Diese Bestimmungen gefährden auf der einen Seite die schwierige Arbeit in den therapeutischen Einrichtungen, da hierdurch ein strukturelles Mißtrauen zwischen den Drogenabhängigen und den Therapeuten/innen angelegt ist. Wenn beispielsweise Abhängige die Einrichtung für ein paar Stunden verlassen, wird unmittelbar nach der Meldung an die Justizbehörden ein Haftbefehl ausgestellt. Es gibt keinen Spielraum für die Abhängigen zurückzukommen und die Ursachen für den Rückfall aufzuarbeiten, was normalerweise zu einer Suchtgeschichte gehört. Die Einübung in soziale Situationen, die „draußen" vorherrschen, die Bewältigung rückfallverursachender Krisensituationen bleiben ausgeschlossen. Die in der Therapie begonnene Nachsozialisation endet abrupt mit Meldung, Haftbefehl und erneutem Gefängnisaufenthalt.

Das schwierige Vertrauensverhältnis zwischen den Drogenabhängigen und den Therapeuten steht also permanent auf dem Spiel, wenn sich in Krisensituationen die Therapeuten als Vertreter fremder Interessen zeigen (müssen).

Auf der anderen Seite besteht durch den Gesetzespassus die Gefahr, daß die Justiz die therapeutische Arbeit nicht nur einengt, sondern auch definiert und in sie eingreift. Sicher ist jetzt schon, daß der Spielraum für offenere Therapieformen durch das Gesetz genommen ist. Das schließt auch ambulante Therapieformen ein. D.h. das Gesetz favorisiert auf lange Zeit geschlossene Therapien und verschließt sich der Möglichkeit, mit in anderen Ländern gemachten Erfahrungen zu experimentieren und neue Entwicklungen zuzulassen (vgl. Deiters 1982).

Damit läuft die gesetzliche Veränderung auch an den Bedürfnissen und Interessen der Betroffenen vorbei, die in der Regel ambulante Programme vorziehen.

1.5 Kein Schutz für drogenabhängige Mädchen und Frauen

Eine andere Neuregelung im Betäubungsmittelgesetz stellt das sog. Kronzeugenprinzip dar, das die Möglichkeit einschließt, von einer Strafe abzusehen oder Strafmilderung zuzugestehen, wenn „Drogentäter" einen Aufklärungsbeitrag in Fällen von Drogenkriminalität leisten. Die Arbeit der Strafverfolgungsbehörden mag sich hierdurch im Einzelfall erleichtern und effektivieren, für drogenabhängige Frauen stellt diese Regelung eine große Gefährdung dar. In der labilen Situation des „Giftentzuges", beispielsweise nach einer Verhaftung, werden von den Behörden – indem Strafmilderung versprochen wird – Aussagen und Details erfragt, welche die Frauen normalerweise für sich behalten würden. Dies geschieht nicht aus einem subkulturellen Ehrenkodex heraus, sondern weil sie Gefahr laufen, von Mittätern, Zuhältern und Dealern übel zugerichtet zu werden. Es gibt genügend Beispiele, daß Frauen, die ausgesagt haben, von Männern mit unvorstellbarer Brutalität mißhandelt, verbrannt und verstümmelt worden sind. Nicht nur das „Ausplaudern" wird bestraft, sondern auch das eigenmächtige Handeln der Frauen. Diesen Gewaltsituationen können die Frauen auch nicht durch Anzeigen wegen Körperverletzung etc. entgehen. Auf der einen Seite zöge das unweigerlich die Gewaltschraube an, auf der anderen Seite würden sie den Behörden als Drogenabhängige bekannt oder erneut bekannt werden und Gefahr laufen, Strafverfahren wegen Verstoßes gegen das Betäubungsmittelgesetz auf sich zu ziehen.

Zu vergleichbarer Handlungsunfähigkeit sind die Frauen verurteilt, wenn ihnen – was nach unseren Gesprächen mit drogenabhängigen Frauen vorkommt – von Polizisten und Rauschgiftfahndern erpresserisch der Vorschlag unterbreitet wird, die Aufdeckung eines BTMG-Verstoßes zurückzustellen, sofern sie „beischlafwillig" sind.

Der Gesetzgeber hat zugunsten der Informationsbeschaffung im Bereich der Drogendelikte die Gefährdung von Frauen in Kauf genommen – Überlegungen zum Schutz der Frauen hat er in seinen Beratungen vernachlässigt. Das Ausmaß männlicher Gewalt gegenüber drogenabhängigen Frauen war bisher, aufgrund der männlich zentrierten Sichtweise des „Drogenproblems" auch nicht bekannt, bzw. wurde verharmlost oder ignoriert. Hier müßten Anstrengungen unternommen werden, die langfristig das weibliche Leid von doppelter Abhängigkeit verringern helfen.

IV. Möglichkeiten und Grenzen der Rehabilitation drogenabhängiger Mädchen und Frauen

1. *Drogenberatungsstellen*

Der Gedanke, institutionelle Hilfen in Anspruch zu nehmen, liegt in den ersten Jahren der Heroinabhängigkeit fast allen Frauen fern. Sie sehen in diesen Anlaufstellen zunächst nichts anderes als ein neues Teil im Räderwerk der Ämtermaschinerie – Institutionen, die in ihren Familien und in ihrem Leben herumdiktiert, gefordert, bewilligt und bestraft haben.

Das Gefühl, jederzeit mit den Drogen aufhören zu können, überwiegt noch:

Silke: „Aber wenn ich morgen mit dem Drücken aufhöre, kann ich mir ruhig heute noch mal einen Schuß setzen".

Bei fast allen drogenabhängigen Frauen und Männern verbindet sich mit Drogenberatungsstellen sofort die Angst, sich für eine Langzeittherapie entscheiden zu müssen:

Karla: „In Drogenkliniken kommen wir und wer weiß, wo alles hin. Aber nach unserem wirklichen Wollen und Möchten und Handeln fragt gar keiner. Verstehste, die scheren Junkies alle über einen Kamm, finde ich so zum Kotzen, das gibt es überhaupt nicht. Verstehste, dann sollste x-mal den Leuten erklären, warum du gegen ‚ne Langzeittherapie bist, was du dir von ambulanter Therapie versprichst, was weiß ich alles. Nachher weißt du überhaupt nicht mehr, wo vorne und hinten ist. Echt schlimm".

Die Fauen können sich meist nicht vorstellen, daß der Kontakt zu einer Beratungsstelle, eine Möglichkeit zur Information und zum persönlichen Austausch sein kann. Die Angst, offen oder latent für eine Langzeittherapie motiviert zu werden, überwiegt.

Die Beratungsstellen haben alle gemischt-geschlechtliche Teams; Beratungsgespräche werden meist von einer Frau und einem Mann zusammen übernommen, allerdings verändert sich diese Beratungsform in jüngster Zeit zunehmend in Richtung Einzelberatung, da viele Beratungsstellen Personaleinsparungen hinnehmen müssen.

Die Beratungsarbeit wird mehr und mehr von ‚professionellen' Sozialarbeitern und Sozialpädagogen geleistet, der Anteil von beratenden ‚Ex-Usern' und ‚Ex-Userinnen' sinkt deutlich.

Die Beratungsarbeit – die Beratungsformen und die Beratungsinhalte – wird unseres Wissens nicht genügend geschlechtsspezifisch problematisiert: Daß ein Mann eine drogenabhängige Frau berät und eine weibliche Beraterin einen männlichen Abhängigen, scheint selbstverständliche Beratungspraxis zu sein. In diesen Beratungssituationen bleiben – sofern nicht eine Frau eine Frau berät, oder umgekehrt ein Mann einen Mann – viele Schwierigkeiten, Ängste und Probleme ungesagt – was sich nachteilig auf den Klärungsprozeß und Entscheidungsprozeß der Betroffenen auswirken kann.

Wir gehen davon aus, daß männliche Berater drogenabhängige Frauen in vielen Fragen und Problembereichen nicht adäquat beraten können. Sie haben mit den Frauen keine gemeinsame (Erfahrungs)-Basis, die sich bei den Beraterinnen immer noch über die Erfahrung als Frau herstellen kann (z.B. Lebensentwürfe, Sexualität, Abhängigkeiten, Kommunikationsschwierigkeiten). Gerade die Schwierigkeiten, die weibliche Drogenabhängige von den Männern aus den Therapieeinrichtungen auf sich zukommen sehen, werden sie in einem Beratungsprozeß mit einem männlichen Berater nicht aufarbeiten können. Darüber hinaus setzen die Erfahrungen, die drogenabhängige Frauen mit Männergewalt und Erniedrigungen von Männern gemacht haben, einer intensiveren Beratung von vornherein Grenzen.

2. *Therapieeinrichtungen*

Bei den drogenabhängigen Frauen und Männern entsteht eine Therapiemotivation fast immer erst im Laufe der Therapie selbst oder eben auch nicht. Therapie wird zunächst häufig als Fortsetzung der Inhaftierung erlebt, mit dem Knast gleichgesetzt: Leben nach festen Regeln – monatelang. Zur Zeit gibt es für etwa 60.000 – 80.000 Heroinabhängigen in der BRD und West-Berlin etwa 1 500 Therapieplätze, davon in West-Berlin ca. 350.

Viele der drogenabhängigen Frauen und Männer, die eine Therapie beginnen, gehen gleich wieder am ersten Tag. Von denen, die zunächst bleiben, halten etwa 30% bis zum Schluß durch, d.h. sie leben etwa einundeinhalb bis zwei Jahre in einer dieser Einrichtungen. Man unterscheidet therapeutische Lebensgemeinschaften, therapeutische Großeinrichtungen (mit über 30 Plätzen), sozialpädagogische oder sozialtherapeutisch betreute Wohngemeinschaften, Selbsthilfegruppen und ambulante Therapieformen. Von staatlicher Seite und den konservativen (Sucht)Verbänden werden die therapeutischen Großeinrichtungen und therapeutischen Lebensgemeinschaften in der Regel favorisiert, während die meist kleineren, nicht nach Effektivitätsmaßstäben arbeitenden Wohngemeinschaften (sie nehmen weniger Betroffene auf), Selbsthilfegruppen und ambulante Einrichtungen immer auf's Neue um Gelder und Unterstützung nachsuchen müssen.

Die Folge davon ist ein harter ökonomischer Konkurrenzkampf zwischen den Therapieeinrichtungen, der seine Fortsetzung in dem Kampf um den

‚richtigen' Weg der Behandlung und Betreuung von Drogenabhängigen findet. Die Einrichtungen und die mit ihnen zusammenarbeitenden Drogenberatungsstellen werfen sich gegenseitig vor, auf dem ‚Rücken der Abhängigen' die eigene drogenpolitische Linie durchsetzen zu wollen. Diese Grabenkämpfe – die vor allem die Berliner Situation kennzeichnen – waren einen Moment vergessen, als wir 1980/81 die Notwendigkeit einer Frauentherapieeinrichtung deutlich machten: daß eine solche Therapieform unnötig sei, darin waren sich rechte, linke, liberale und unpolitische Drogenberater und Therapeuten einig.

Die Therapieeinrichtungen und Therapiegruppen arbeiten mittlerweile nach ähnlichen Grundprinzipien und Grundregeln: meist tägliches gemeinsames Arbeiten in therapieeigenen Werkstätten, in verschiedenen Arbeitsprojekten des Hauses (z.B. Küche, Büro, Wäscherei, Garten) oder außerhalb des Hauses im Rahmen von bestimmten Dienstleistungen (z.B. Renovierungsarbeiten), geplante gemeinsame Freizeit mit spezifischen Fernseh- und Musikregeln und feste therapeutische Gruppensitzungen. Die Grundregeln heißen übereinstimmend: absolutes Drogenverbot (einschl. Tabletten, Alkohol, Lösungsstoffe etc.), Verbot von Gewalthandlungen und der Androhung von Gewalt. Jede Therapieeinrichtung hat darüber hinaus noch einen spezifischen Regelkatalog für das Zusammenleben der Gruppe.

In den vergangenen Jahren haben sich die oft sehr rigiden Arbeitsformen in den Therapieeinrichtungen wieder gelockert – vor allem die Aufnahmeverfahren für neue Drogenabhängige und die starren hierarchischen Gruppenstrukturen sind verändert worden. Auch die strengen ‚Sanktionssysteme', die der Einhaltung der Regeln dienen sollten, wurden abgeschafft bzw. durch ‚humanere' Belohnungs- und Strafsysteme ersetzt. So muß kein Klo mehr mit der Zahnbürste geschrubbt oder im Garten ein Loch gebuddelt werden, um den inneren ‚Fixer/innen-Schweinehund' zu begraben.

Die meisten Therapieeinrichtungen arbeiten nach Verhaltenstherapiemodellen. ‚Gutes', z.B. aktives und offenes Verhalten wird belohnt, negatives Verhalten, z.B. Verstoß gegen eine Regel, Passivität werden moniert oder bestraft. Wichtiges Regulativ ist dabei immer die Gruppe selbst. In der Gruppe werden Regelverstöße, Konflikte, Probleme zwischen den Gruppenmitgliedern angesprochen, Gefühlsausbrüche provoziert, Entwicklungsschritte honoriert. Dabei geht es oft sehr heftig zu. Die in den Gruppenprozessen entstehenden Einsichten in Realitäten psychisch auszuhalten, ist schwierig. Situationen, in denen der Gedanke an Therapieabbruch auftaucht, gibt es viele: emotionale Überforderungen, zu große Einschränkungen, Sanktionen, Nicht-Klarkommen mit der Gruppe. Das gilt für beide Geschlechter. Für drogenabhängige Mädchen und Frauen stellen sich darüber hinaus noch ganz andere Probleme, die auf die – oft unbegriffenen – geschlechtsspezifischen Strukturen in den Therapieeinrichtungen zurückzuführen sind.

3. Therapiemotivationen und -abwehr bei drogenabhängigen Mädchen und Frauen

Irgendwann ‚kotzt' viele der drogenabhängigen Mädchen und Frauen ihr ‚Heroinleben' an. Das kann nach einem halben Jahr, nach drei Jahren oder nach zehn Jahren sein. Es gibt kein Schema. Manchmal ist es nur der Wunsch, wegzukommen aus dem Elend, aus den verdreckten Pensionen, von den Freiern, den Spritzen. Oft gehen diese Wünsche Hand in Hand mit äußerem Druck: ein Haftbefehl liegt vor, die Eltern, Freunde und Freundinnen haben sie endgültig vor die Tür gesetzt, Heroin wird knapp oder sie können nach Jahren auf dem Strich dort kein Geld mehr verdienen. Die ersten Versuche, ernsthaft zu entziehen, beginnen. Aber jedes Hindernis, der kleinste ‚Frust' reichen schon aus, um wieder rückfällig zu werden: eine ‚Anmache' bei den Behörden, eine Begegnung mit einem Junkie, die Absage bei einem Job. Fähigkeiten, Widerstandskräfte, um den normalen Alltag zu bewältigen, sind verloren gegangen.

Der Gedanke an eine Therapie wird stärker, aber auch die durchaus berechtigten Ängste und Befürchtungen vor diesem Schritt.

Bei den meisten Mädchen und Frauen herrscht Unkenntnis darüber, was Therapien eigentlich beinhalten:

Susi: „Was heißt'n ‚feed-back'?"
Walli: „Na, soviel, wie dauernd auf einem rumhacken!"

Der Therapieabwehr liegt als weitere Ursache meistens die Angst vor der Auseinandersetzung mit sich, den eigenen Problemen und vielmehr noch die Angst vor Auseinandersetzungen in den Therapie-Gruppen zugrunde. Die den Mädchen als typisch weiblich anerzogene Konfliktvermeidung erschwert gerade ihnen die Bereitschaft zum konfliktreichen Sich-Auseinandersetzen im therapeutischen Gruppenprozeß. Vielleicht mischt sich hierein auch die Angst vor der ‚Trauerarbeit', vor dem Wiedererleben der Kränkungen, der Demütigungen und des eigenen Versagens. Die Therapieabwehr schließt auch die Angst vor dem Selbständig-Werden, vor der Veränderung, vor der ungewissen Zukunft ein. Den Mädchen und Frauen fällt es schwer, Veränderungswillen aufzubringen, sie sehen für sich keine sinnvolle Lebensperspektive für die Zeit nach der Therapie. Sie befürchten, von der Therapiegruppe abhängig zu werden und nach Abschluß der Therapiezeit, erneut allein, beziehungslos, ohne Geld und ohne Berufsperspektive dazustehen.

Den Frauen fehlt das Selbstvertrauen, sich überhaupt noch eine autonome Lebensplanung vorzustellen, sie glauben nicht an die stabilisierenden Kräfte eines therapeutischen Prozesses und an die Unterstützung durch Therapeuten und Therapeutinnen. Schon einmal haben die Erziehungsinstanzen, die Eltern, Heimerzieher/innen und Sozialarbeiter/innen ihrem Gefühl nach versagt, indem sie von ihnen in ihrem weiblichen Identitätsfindungsprozeß und in der Entwicklung eines eigenständigen Lebenskonzeptes nicht genügend unterstützt worden sind. Darüber hinaus gibt es eine Reihe von Gründen, die gerade Frauen davon abhalten, in eine gemischt-geschlechtliche Therapieeinrichtung zu gehen, bzw. die dazu führen, daß drogenabhängige Frauen die Therapieeinrichtung vorzeitig verlassen, wieder rückfällig werden.

3.1 Therapieerfahrungen von drogenabhängigen Frauen in gemischt-geschlechtlichen Einrichtungen

Die therapeutischen Einrichtungen für Drogenabhängige in der Bundesrepublik und West-Berlin sind ohne Ausnahme gemischt-geschlechtlich organisiert; drogenabhängige Frauen sind in diesen Gruppen allerdings zahlenmäßig immer in der Minderheit, unabhängig davon, ob es sich um eine Selbsthilfegruppe, eine sozialpädagogisch betreute Therapiegruppe oder um eine durchorganisierte Großeinrichtung handelt. Im günstigsten Fall ist das Zahlenverhältnis in den Einrichtungen zwei Drittel Männer und ein Drittel Frauen; häufig aber machen die Frauen nur zehn Prozent der Betroffenen aus.

Zwar klagen die therapeutischen Einrichtungen zunehmend über den ‚Frauen-Mangel', doch ignorieren sie nur zu gern, daß das Desinteresse der Frauen und ihre Abwehr auch mit den Formen und inneren Strukturen der Therapieeinrichtung zu tun haben könnte. Die therapeutischen Einrichtungen sind immer auch Spiegelbild gesellschaftlicher Verhältnisse, d.h. für Frauen, daß sie auch dort mit patriarchalischen Strukturen, mit männlicher Macht und Dominanz, mit offenen und subtilen Unterdrückungsformen, mit sexistischen Sprüchen und Handlungsweisen, mit Frauenverachtung und klassischen Frauenbildern zu kämpfen haben.[16]

So herrscht in den gemischt therapeutischen Gruppen oft eine stark von Männern bestimmte Atmosphäre, in der Frauen weniger gehört werden, sich in der Regel auch weniger durchsetzen können, es sei denn, sie entwickeln das an Männern orientierte, latent aggressive ‚power'-Verhalten.

Die Therapeuten/innen orientieren sich nach unseren Erfahrungen und Einschätzungen auch überwiegend an den Erfahrungen, Konfliktmustern und Kommunikationsformen der männlichen Heroinabhängigen. So zielen beispielsweise die ‚therapeutische Härte', das Aggressionsverhalten als therapeutisches Prinzip, zunächst auf das ‚Vermeidungsverhalten', auf das gefühlmäßige ‚Dichtmachen' (die Unterdrückung der Gefühle) der männlichen Drogenabhängigen ab.

Gefühle zu äußern, Schwächen zu zeigen ist nicht das Hauptproblem von (drogenabhängigen) Frauen, für sie geht es vielmehr darum, mit Ängsten, Selbstzweifeln und Minderwertigkeitsgefühlen umzugehen.

In den gemischt-geschlechtlichen Einrichtungen ist es für drogenabhängige Frauen äußerst schwierig, wenn nicht unmöglich, ihre Erfahrungen mit Männer-Gewalt aufzuarbeiten. Sie können dort nicht angstfrei über ihre Erfahrungen in Männerbeziehungen, über ihre Arbeit als Prostituierte, über ihre oft schrecklichen Erlebnisse mit ‚Freiern' sprechen. Wesentliches bleibt ungesagt und damit unbewältigt. In den drogenabhängigen Männern der Therapiegruppe erkennen die Frauen allzuoft ihre alten ‚Freunde' und Freier wieder, denn die Kommunikationsformen und Verhaltensweisen der therapierten Männer unterscheiden sich in ihrer latenten Frauenfeindlichkeit nicht wesentlich von den erlebten. Hier mal ein Urteil über Beine und Po der neu angekommenen Frauen, dort mal ein Angebot unter der Dusche, die sexuellen Anspielungen sind vielfältig. Wehren sich die Frauen, kommt es vor, daß sie plötzlich als ‚Hure' und ‚Nutte' beschimpft werden.

Abhängigkeiten zu lösen, selbständig zu werden, ist ein zentrales Problem von vielen (drogenabhängigen) Frauen. Die Möglichkeit dieses zu lernen und nachzuholen, ist u.E. in einer gemischt-geschlechtlichen Gruppe begrenzt. Die Frauen müssen sich gleich wieder mit den Normen heterosexueller Umgangsweisen und Beziehungen auseinandersetzen, ohne den Raum zu haben, eigene Wünsche, Bedürfnisse und Ansprüche herauszufinden.

Männer bieten sich den Frauen in der Therapieeinrichtung erfahrungsgemäß ‚mannhaft' als Halt und Orientierung in der Rolle des Freundes und Geliebten an, wohlwissend, daß die potentielle Freundin emotionalen Trost und Zuwendung geben wird. Denn auch in den Therapiegruppen Drogenabhängiger – wie in allen gemischten Gruppen – sind die Frauen tendenziell diejenigen, die sich eher in den Hintergrund stellen, indem sie sich zu sehr um die Bedürfnisse und Gefühle der männlichen Abhängigen kümmern (nach therapeutischen Sitzungen ließ sich das sehr häufig beobachten).

Die Frauen ihrerseits gehen oft heterosexuelle Beziehungen zu Männern ein, um in der Obhut eines einzelnen Mannes, vor Anspielungen und sexuellen Angeboten der Männergruppe geschützt zu sein. Frauen bleibt in den Therapieeinrichtungen häufig keine andere Wahl, als sich erneut zu ‚prostituieren', eine heterosexuelle Beziehung einzugehen oder als andere Möglichkeit, mütterliche Funktionen zu übernehmen. Das klassische Frauenverhalten wird so wieder perfekt reproduziert.

Die Entwicklung eines positiven Verhältnisses der Frauen untereinander bleibt bei den ungleichen Machtverhältnissen zwischen Männern und Frauen in der Therapiegruppe erneut auf der Strecke. Die Frauen konkurrieren eher, als daß sie sich gegenseitig bei der Bewältigung der Beschädigungen unterstützen. In den männlich dominierten Gruppen lernen die Frauen nicht, sich und andere Frauen als eigenständige Persönlichkeiten wahr- und wichtig zu nehmen.

Besonders schwierig haben es drogenabhängige, lesbische Frauen, ihre Suchtproblematik in einer gemischten Therapiegruppe zu bearbeiten (vgl. Courage 4, 1982). Homosexualität wird entweder nicht ernst genommen und nur als Fluchtverhalten vor den ‚eigentlichen' Problemen gedeutet oder für therapierbar erklärt. Von daher wird verständlich, warum gerade lesbische Frauen die Therapieeinrichtungen meiden, obwohl ihr Anteil bei den drogenabhängigen Frauen erstaunlich hoch ist.

Auf dem Hintergrund der genannten Probleme von drogenabhängigen Mädchen und Frauen in ‚gemischten' therapeutischen Gruppen, gewinnt unsere Vorstellung von einer therapeutischen Frauenwohngemeinschaft besondere Bedeutung.

4. Therapeutische Mädchen- und Frauenwohngemeinschaften

Trotz aller Bedenken und Einwände, die drogenabhängige Frauen Therapien – auch Frauentherapien – formulieren, gehen wir davon aus, daß eine ‚normale' Frauenwohngemeinschaft nicht ausreichen würde, um eine Lebensperspektive ohne Drogen zu entwickeln. Zwar unterscheiden sich die Wünsche und Ansprüche der abhängigen Frauen, die clean werden wollen, kaum von denen anderer Frauen – intakte Beziehungen und Freundschaften, befriedigende Arbeiten, Urlaub und Abenteuer, Geld und Genuß –, doch finden die Frauen allein keine Wege und Formen, sich diese Bedürfnisse zu erfüllen. In den Jahren der Drogenabhängigkeit sind notwendige Alltagskompetenzen – wie Selbstdisziplin, Frustrationstoleranz, Verantwortungsbewußtsein, geplantes und überlegtes Handeln – verlorengegangen.

Eine Frauentherapieeinrichtung kann ein Ort sein, an dem drogenabhängige Frauen sich diese Fähigkeiten wieder aneignen können, ein Ort, an dem sie ungestört von Männern und männlichen Ansprüchen, ihr eigenes Frauen-Leben entwerfen und realisieren können.

Eine Frauentherapieeinrichtung ist allerdings immer nur ein Element in einer Kette frauenorientierter Drogenarbeit, d.h. außer Frauentherapieeinrichtungen müssen frauenbezogene streetwork-Formen, feministisch orientierte Beratungsstellen und spezifische Nachsorge-Wohngemeinschaften für Frauen entwickelt und eingerichtet werden, um die Situation drogenabhängiger Frauen insgesamt zu verändern und zu verbessern.

Ein Anfang ist im Therapiebereich gemacht: Nach eineinhalb Jahren Kämpfen und Vorbereitungen konnten wir im Juli 1983 mit – allerdings geringer – finanzieller Unterstützung des Berliner Senats das Projekt ‚Violetta Clean', eine therapeutische Wohngemeinschaft für drogenabhängige Mädchen und Frauen eröffnen – für uns ein erster Ansatz, frauenspezifische Arbeit auch im Drogenbereich zu verwirklichen.[17]

Bei ‚Violetta Clean' können acht bis zehn heroinabhängige Frauen leben, zunächst für ein Jahr, nach Wunsch auch länger. Die Frauen organisieren ihren Alltag weitgehend allein, werden allerdings von Pädagoginnen, die von außen kommen, unterstützt. Das Konzept orientiert sich an Erfahrungen, die in den vergangenen Jahren in der Frauenhausarbeit und in Frauenselbsthilfegruppen sowie spezifischen Frauentherapiegruppen gesammelt worden sind. Es greift auch diejenigen Regeln und Arbeitsformen der gemischt-geschlechtlichen Therapiegemeinschaften auf, die sich praktisch bewährt haben.

Das Ziel dieser, wie jeder anderen Therapie für Drogenabhängige, ist, die heroinabhängigen Frauen wieder zu einem drogenfreien Leben zu motivieren. Im alltäglichen Zusammensein sollen realitätsadäquate Handlungskompetenzen aufgebaut bzw. wieder angeeignet, Konfliktlösungsverhalten gelernt und die spezifisch weiblichen Gefühle von Minderwertigkeit und Selbstverachtung aufgearbeitet werden.

Die Frauen werden in ihrer Lebensplanung unterstützt, aber auch in dem Wiederanknüpfen an verschüttete Bedürfnisse und Wünsche und in dem Wiederentdecken verlorengegangener ‚Stärken', ihrer Emphatie, ihrer Phantasie und ihren Widerstandskräften.

Im Rahmen der therapeutischen Frauengemeinschaft gibt es viele gemeinsame Aktivitäten – Selbstverteidigungs-, Lern-, Theater-, Videogruppen und Reisen. Ein Austausch mit Frauenprojekten, Alternativprojekten und Arbeitsmarktexperten/innen ist geplant, um den Frauen adäquate Arbeits- und Berufsmöglichkeiten zu erschließen. In diesem Problembereich werden allerdings besondere Anstrengungen notwendig werden, betrachtet man die geringen Ausbildungsmöglichkeiten für Mädchen und Frauen und die konservativen Tendenzen, Frauen wieder im familiären Bereich ‚anzubinden'.

Um langfristig, die Zunahme der Anzahl weiblicher Drogenabhängiger zu verringern, und um die Rehabilitationschancen von drogenabhängigen Frauen zu verbessern, bedarf es einer Vielzahl von frauenspezifischen Projekten und umfangreicher Veränderungen im Forschungsbereich, in der Suchtprophylaxe und in der Rehabilitation.

Diese notwendigen Innovationen sind im folgenden zusammengestellt:

V. Forderungen und Konsequenzen für die Arbeit mit drogenabhängigen Mädchen und Frauen

Forschungsbereich

- Ausweitung von Frauenforschungsansätzen als Gegengewicht zur männerzentrierten Sichtweise des Drogenproblems
- Kritische Analyse der sozialwissenschaftlichen Literatur zur Drogenproblematik hinsichtlich der Erfahrungen von weiblichen Drogenabhängigen
- Förderung von Forschungsvorhaben, die die spezifischen Probleme von drogenabhängigen Frauen erfassen und Lösungsmodelle entwickeln, unter anderem zu den Themen:
  - typische Formen der weiblichen Suchtgenese
  - Sexualität, Körperbewußtsein bei drogenabhängigen Frauen
  - Schwangerschaft und Sucht
  - Gewalt und Prostitution auf der ‚Scene'
  - Erfahrungen von drogenabhängigen Frauen in therapeutischen Einrichtungen
  - Möglichkeiten und Grenzen ambulanter Beratungs- und Therapieformen für drogenabhängige Mädchen und Frauen
  - Therapiemodelle für drogenabhängige Frauen mit Kindern
  - Maßnahmen zur schulischen und beruflichen Wiedereingliederung von ehemals drogenabhängigen Mädchen und Frauen

Prophylaktischer Bereich

- Aufklärungsarbeit bezüglich männlicher Gewalt gegen Mädchen und Frauen, insbesondere im ‚Privatbereich' der Familie, und Entwicklung von Hilfsmodellen für körperlich und psychisch mißhandelte Mädchen
- Aufbau und materielle Absicherung mädchenspezifischer Arbeit in Schule und Freizeitbereich
- Schaffung ausreichender, qualifizierter und perspektivreicher Ausbildungsplätze für Mädchen
- Einrichtung von Fortbildungsveranstaltungen, die mädchen- und frauenspezifische Erfahrungswelten an Eltern, Erzieher/innen etc. vermitteln

Im Bereich der ‚Scene'

- Schaffung von Notrufstellen für mißhandelte, drogenabhängige Frauen
- Organisation von mobilen ‚Clean-Bussen'
- Schaffung von Treffpunkten und Cafés für Frauen auf der ‚Scene'

Repressiver Bereich

Legislative
- Novellierung des Betäubungsmittelgesetzes von Januar 1982 mit folgender Zielsetzung:
  - Aufhebung der Kopplung von Haft und Therapie
  - Aufhebung der Rückmeldepflicht für alle Drogenberatungsstellen und Therapieeinrichtungen
  - Gleichstellung von ambulanten Therapieformen mit klassischen Langzeittherapien
  - Aufhebung der Definition der Therapiearbeit durch das Gesetz (z.B. Einschränkung der freien Lebensführung)
  - Schaffung eines Zeugnisverweigerungsrechts für Drogenberater/innen und Therapeuten/innen
  - Kontrollen im Bereich von Scheinehen, Erleichterung bei Ehescheidungen, die offensichtlich während einer Drogenabhängigkeit eingegangen worden sind
  - Konzentration der Rauschgiftdezernatsarbeit auf Händler/Großdealer

Strafvollzug

kurzfristige und mittelfristige Ziele auf der Grundlage der gegenwärtigen Rechtslage
- Verbesserung der Haftsituation drogenabhängiger Frauen durch Vervielfältigung des Beratungsangebotes
- Schaffung von Schul- und Ausbildungsmöglichkeiten im Gefängnis
- Erleichterung der Zugangs- und Arbeitsbedingungen der Drogenberater/innen und freiwilligen Mitarbeiter/innen
- Verbesserung der Fortbildungsmöglichkeiten der im Strafvollzug tätigen Sozialarbeiterinnen und Beamtinnen; Frauenbezogene Fortbildungsseminare

langfristiges Ziel
- Aufhebung der Strafverfolgung und Inhaftierung von Drogenabhängigen
- Aufhebung der ‚Therapiestationen' für Drogenabhängige im Strafvollzug
- Schließung der sog. ‚Drogenknäste' in Brauel, Parsberg und Plötzensee

Rehabilitationsbereich

- Schaffung von Frauenberatungsstellen für drogenabhängige Frauen
- Enwicklung geschlechtsspezifischer Streetwork-Arbeit
- Schaffung von ambulanten – und Langzeittherapieeinrichtungen für Mädchen und Frauen
- Schaffung von Einrichtungen für drogenabhängige Frauen mit Kindern
- Enwicklung von Nachsorge-Wohngemeinschaften für ehemalige drogenabhängige Frauen
- Entwicklung von Schulangeboten und gezielten Ausbildungskursen mit

sozialpädagogischer Betreuung für ehemalige Drogenabhängige
– Rechtliche und finanzielle Hilfen bei der Schuldentilgung von Drogenabhängigen, die aufgrund der Zollbestimmungen und/oder durch Kreditaufnahmen besonders hoch sind

Anmerkungen

1 Die personelle und finanzielle Aufrüstung des Justizapparates trägt u.E. allerdings nicht zur Lösung des Drogenproblems bei. Die Verwahrung drogenabhängiger Frauen im Gefängnis schafft vielmehr eine Fülle neuer Probleme, die der Rehabilitation nicht dienlich sind.
2 So wurden z.B. erst 1982 auf dem Berliner Drogenkongreß des FDR (Fachverband Drogen und Rauschgift) die Erfahrungen und Probleme drogenabhängiger Frauen zur Sprache gebracht, nach über zehn Jahren Drogenarbeit.
3 Diese Forschungsarbeit wird von uns im Rahmen der von der Freien Universität Berlin und dem Berliner Senat gemeinsam getragenen „Berlin-dienlichen-Forschung" durchgeführt. Geleitet und betreut wird diese Arbeit von Prof. Dr. Brigitte Geißler-Piltz, FHSS Berlin.
4 Diese Regionalstudie ist die erste dieser Art, die verläßliche Daten ermittelt hat. Für die gesamte Bundesrepublik gibt es nur grobe oder geschätzte Daten.
5 1975/76 wurden erstmals die Zustände, die in dem Mädchenheim „Birkenhof", Hannover, herrschten, öffentlich: Prügelstrafe, zwangsweises Beten, Stacheldraht ums Haus und Schäferhunde zur Bewachung.
6 Wir lehnen keine selbstverwalteten Einrichtungen für Jugendliche generell ab. Als ‚pädagogisch-fortschrittlich' kann jedoch nur eine Einrichtung begriffen werden, die die Ergebnisse, Erfahrungen und Erkenntnisse aus der Mädchenarbeit und Frauenforschung in diese Pädagogik integriert, und die den notwendigen Schutz- und Freiraum garantiert.
7 Das trifft für einige Mädchen nur bedingt zu; vor dem Eintritt in die Drogenscene haben sie so heftig ihre Aggressionen ausgelebt, daß einige von ihnen sogar wegen Körperverletzung (an Jungen) verurteilt worden sind.
8 Hier wird von der Berliner ‚Straßen-Scene' ausgegangen.
9 Vgl. „Hydra", in Courage 4, 1982, S. 13.
10 Die Drogenabhängigen entzogen sich in der Regel der psychatrischen Behandlung nach der Stabilisierung des körperlichen Zustands; ihrer Problematik konnte man in den Anstalten mit ihren medizinisch-naturwissenschaftlich orientierten Maßnahmen nicht gerecht werden.
11 Diese Zahlen beruhen auf eigenen Schätzungen. R. Soltau geht für Berlin schon von 1000 inhaftierten Drogenabhängigen aus.
12 Die Debatten, die im Vorfeld und im Rahmen des Gesetzgebungsverfahrens zum BTMG geführt worden sind, deuten auch darauf hin, daß die Vorstellungen von „Ausgrenzung", „Verwahrung", sozial auffällig gewordener Jugendlicher immer noch existieren.
13 Erschwerend kommt häufig hinzu, daß die Justizvollzugsbeamten/innen vielfach keine Kenntnisse über das Problem „Drogenabhängigkeit" für ihre Arbeit mit den Abhängigen mitbringen.
14 So geschehen in Berlin, Jugendvollzugsanstalt Schönstedtstr., Oktober 1981, als Drogenberater/innen der Zugang zur Anstalt verwehrt wurde, mit dem Vorwurf, einen Streik unter den Inhaftierten vorbereitet zu haben.
15 Beispielsweise ist von den etwa 70 drogenabhängigen Frauen, die wir im Rahmen unse-

rer Forschungsarbeit im Knast gesprochen haben, lediglich eine Frau aus dem ,Normalvollzug' in eine therapeutische Einrichtung gegangen und dort geblieben. Einige Frauen haben versucht, ohne Hilfe „clean" zu werden, nur zwei Frauen haben es bisher geschafft.

16 Diese Grundprobleme werden im folgenden anhand von einzelnen therapeutischen Situationen verdeutlicht. Insgesamt bedarf es gerade hier genauer Analysen, um die Existenz patriarchalischer Strukturen in vermeintlich sensibilisierter therapeutischer Arbeit bewußt zu machen. Wie sich patriarchalisches Denken in der wissenschaftlichen Auseinandersetzung niederschlägt, zeigt der Kongreßbericht der Deutschen Hauptstelle gegen die Suchtgefahren zum Thema „Frau und Sucht", 1981.

17 ,Violetta Clean, Bettinastr. 12, 1000 Berlin 33.

Literaturverzeichnis

Arbeitsgruppe Dokumentation des Frauenhauses Köln: Frauenhaus Köln, Nachrichten aus dem Ghetto Liebe, Frankfurt/M. 1980

Ausschuß für Jugend, Familie und Gesundheit: Gesetz zur Neuordnung des Betäubungsmittelrechts, Drucksache 9/27, Bonn 1980

Behr, H.G.: Ein Junkie ist ein verhinderter Spießbürger, in: Psychologie heute (1981) 9

Benard, Cheryl/*Schlaffer,* Edith: Die ganz gewöhnliche Gewalt in der Ehe, Texte zu einer Soziologie von Macht und Liebe, Hamburg 1978

Berger/Reuband/Widlitzek: Wege in die Heroinabhängigkeit; Zur Entwicklung abweichender Karrieren, München 1980

Braake, M.: Soziologie der jugendlichen Subkulturen, Frankfurt/M. 1981

Bundesminister der Justiz (Hrsg.): Bundesgesetzblatt Teil I, Bonn (1981) 30

Clarke, J. u.a.: Jugendkultur als Widerstand, Frankfurt/M. 1979

Deiters, J.: Drogenparadies Amsterdam, in: Tip (1982) 5

Deutsche Hauptstelle gegen die Suchtgefahren: Frau und Sucht, Beobachtungen, Erfahrungen, Therapieansätze, Bd. 23, Hamm 1981

Einsele, Helga/*Rothe,* Gisela: Frauen im Strafvollzug; „Auf der Suche nach etwas, das besser ist als Strafe", Hamburg 1979

Furian, M. (Hrsg.): Ursachenorientierte Prophylaxe süchtigen Verhaltens, Heidelberg 1981

Frauenselbstverlag (Hrsg.): Frauen gegen Männergewalt; Berliner Frauenhaus für mißhandelte Frauen, Erster Erfahrungsbericht, Berlin-West 1978

Giesen, Rosemarie/*Schumann,* Gunda: An der Front des Patriarchats, Weinheim 1980

Gipser, Dietlinde/*Stein-Hilbers,* Marlene (Hrsg.): Wenn Frauen aus der Rolle fallen; Alltägliches Leiden und abweichendes Verhalten von Frauen, Basel 1980

Harding, W.M.: Kontrollierter Heroingenuß – ein Widerspruch aus der Subkultur gegenüber herkömmlichen kulturellem Denken in: Völger, G. (Hrsg.), Rausch und Realität, Köln 1981

Heckmann, W.: Fixer sind nicht durch Zwang zu heilen, in: Päd. extra Sozialarbeit, 5 (1981) 12

Jordan, E./*Trauernicht,* Gitta: Ausreißer und Trebegänger, Grenzsituationen sozialpädagogischen Handelns, München 1981

Huncke, H.: Die Drogenjugend, Berichte, Analysen und Fakten über die Heroinabhängigkeit Jugendlicher, Frankfurt/M. 1980

Kieper, Marianne: Lebenswelten „verwahrloster" Mädchen, Autobiographische Berichte und ihre Interpretationen, München 1980

Kreuzer, A.: Jugend – Rauschdrogen – Kriminalität, Wiesbaden 1978

Kreuzer, A./*Gebhardt,* C./*Maassen,* M./*Steinhilbers,* M.: Drobenabhängigkeit und Kontrolle, Wiesbaden 1981

Kreyssig, Ulrike / *Kurth,* Anne: No future für Mädchen, in: Courage 7 (1982) 3
Kreyssig, Ulrike / *Kurth,* Anne: No future im Knast, in: Courage 7 (1982) 4
Kreyssig, Ulrike / *Kurth,* Anne: ‚Violetta-Clean' – Drogentherapie für Frauen in: Courage 7 (1982) 5
Kutsch, T. / *Wiswede,* G. (Hrsg.): Drogenkonsum, Einstieg, Abhängigkeit, Sucht, Soziale Probleme der Gegenwart, Königstein 1980
Mander, Anica Vesel / *Rush,* Anne Kent: Frauentherapie, Frauenbewegung als heilende Energie, München 1976
Mies, Maria: Methodische Postulate zur Frauenforschung – dargestellt am Beispiel der Gewalt gegen Frauen, in: Sozialwissenschaftliche Forschung und Praxis für Frauen e.V. (Hrsg.): Beiträge zur feministischen Theorie und Praxis, 1 München 1978
Parow / Hegi / Niemeyer / Strömer: Über die Schwierigkeit erwachsen zu werden, Rauschmittel und Adoleszenzkrise, Frankfurt/M. 1976
Reuband, K.H. (Hrsg.) / *Berger,* H. / *Legnaro,* A.: Jugend und Alkohol, Trinkmuster, Suchtentwicklung und Therapie, Stuttgart 1980
Saalbach, P.: Drogenknast – die perfekte Therapie, in: Psychologie heute 9 (1982) 1
Savier, Monika / *Wildt,* Carola: Mädchen zwischen Anpassung und Widerstand, Neue Ansätze zur feministischen Jugendarbeit, München 1978
Schneider, Ulrike (Hrsg.): Was macht Frauen krank? Ansätze zu einer frauenspezifischen Gesundheitsforschung, Frankfurt/M. 1981
Sebbar, Leila: Gewalt an kleinen Mädchen, Naumburg 1980
Skarabis, H. / *Patzak,* Melitta: Die Berliner Heroinscene; Eine epidemiologische Untersuchung, Arbeitsergebnisse aus der Suchtforschung, Weinheim 1981
Soltau, Roswitha: Das Motivierungskonzept im Strafvollzug, München 1982, unveröff. Ms.
Slotty, M.: Das Betäubungsmittelgesetz 1982, Kurzbericht für die Strafrechtspraxis, in: Neue Zeitschrift für Strafrecht, 1 (1981) 9

Neue Wege der Jugendarbeit mit Mädchen

Inhalt

1. Alltag im Jugendfreizeitheim

– Szenerie, Atmosphäre, Strukturen –

Die Zeiten haben sich anscheinend geändert: Noch vor zwei Jahren mußten engagierte Pädagoginnen und Feministinnen die Notwendigkeit von Mädchenarbeit im Freizeitheim in Diskussionen mit Mitarbeitern/innen ausführlich begründen und die Existenz von Mädchengruppen erkämpfen – heute sind sie zumindest in Berlin Bestandteil des für alle Jugendlichen offen ausgehängten Wochenplans vieler Jugendfreizeitheime: Neben Schwimm-, Foto- und Fußball – einmal in der Woche Mädchengruppe.[1]

Auf den ersten Blick sieht es so aus, als würden auch männliche Pädagogen den Mädchenansatz mittlerweile unterstützen, denn sie registrieren wohlwollend, daß durch die Mädchenarbeit das Freizeitheim für Mädchen wieder attraktiver wird, und die Atmosphäre weniger aggressiv: Die Jungen prügeln nicht mehr so viel und auf den Feten wird wieder getanzt.

Selbst der ‚Rockerpfarrer' Krauslach, der seine Pädagogik ausschließlich an Jungen orientiert, baute in seiner Freizeiteinrichtung die Mädchentoiletten um, in der Einsicht, „daß Mädchen oft zu zweit oder dritt in der Toilette (stehen) und (sich) unterhalten ... Im Clubraum ist dafür anscheinend keine Gelegenheit" (Krauslach, 1981, S. 193). Er fragt allerdings nicht, warum dort keine Gelegenheit ist.

In einigen Freizeitheimen gibt es inzwischen z. B. eine Mädchentheatergruppe, eine Mädchenband, ab und zu wird ein Mädchenfest organisiert. Ein Erfolg also für Mädchen und Mädchenarbeiterinnen?

Auf der anderen Seite steigen Frauen, die jahrelang für Mädchengruppen gekämpft haben, aus dem Betrieb aus und kehren dem Freizeitheim den Rücken, mit dem Gefühl, ‚total gefrustet' und abgekämpft zu sein. Sie sind der Meinung, im Freizeitheim zu wenig erreicht zu haben und zu wenig erreichen zu können.

Einige von ihnen wollen lieber in autonomen Frauen- und Mädchenprojekten arbeiten, andere wollen ‚endlich mal wieder was für sich machen'.

Uns beschäftigte in diesem Zusammenhang die Frage, welche Freiräume Mädchen im Freizeitheim zur Verfügung stehen, wie sie sich mit der Jungendominanz dort arrangieren, welche Widerstandsformen sie dagegen entwickeln. Wir fragten außerdem, unter welchen Bedingungen Pädagoginnen im Freizeitheim arbeiten und warum selbst Erfolge in der Mädchenarbeit sie offenbar nicht langfristig und dauerhaft im Kampf gegen männliche Arbeitsprinzipien stärken.

Wir selber haben lange Zeit in Berliner Freizeitheimen mit Mädchengruppen gearbeitet. Jetzt führen wir im Rahmen unseres Frauenforschungsprojektes mit Mädchengruppen verschiedene Projekte durch. Immer wenn diese Projekte im Freizeitheim stattfinden, können wir die Atmosphäre wieder auf uns wirken lassen. Und jedesmal stellen wir fest: Wir sind froh, dort nicht mehr arbeiten zu müssen. Vieles, was wir früher übersehen oder entschuldigen mußten, fällt uns jetzt ins Auge. Gegenüber den ganztags beschäftigten Pädagoginnen sind wir im Vorteil: Wir brauchen den Alltag im Freizeitheim nicht acht Stunden am Tag über uns ergehen zu lassen und müssen die Berechtigung unserer Mädchenarbeit nicht über die ‚Erfolge' der Mädchengruppe beweisen. Wir brauchen uns auch nicht zu rechtfertigen, wenn zur Gruppe ‚mal nur ein paar' kommen oder wenn die Mädchen ‚nicht so gut drauf sind'. Wir können die Arbeit im Freizeitheim prinzipiell infrage stellen, weil sie nicht die Grundlage unserer beruflichen Anerkennung und materiellen Sicherheit ist. Wir berücksichtigen bei unserer Kritik unsere ‚eingeengte' Sichtweise und Privilegien, doch sie sind auch gleichzeitig eine Stärke, denn wir können sowohl ‚die vielen Bäume, als auch den ganzen Wald' sehen. Wir wollen zunächst die Szenen aus dem Freizeitheim betrachten, die wir selbst erlebt haben, und setzen dazu unsere feministische Brille auf . . .

1.1 Szenen aus dem Freizeitheim

– Erstes Bild –

Das Jugendfreizeitheim in der Frobenstraße/Berlin Schöneberg feiert sein 20jähriges Bestehen.

Gegen Abend treten zwei Bands auf, als erste die Mädchenband des Freizeitheims, die sich schon lange auf diesen Auftritt vorbereitet hat.

Das Publikum besteht vorwiegend aus Punks. Mädchen aus der Mädchengruppe, die der Band vor dem Auftritt noch Mut gemacht haben, stehen in der ersten Reihe und klatschen demonstrativ nach jedem Song. Ihnen steht das Daumendrücken ins Gesicht geschrieben. Das übrige Publikum ist mit sich selbst beschäftigt: Einige Jungen haben angefangen, sich gegenseitig anzurempeln und sich Bierflaschen vor die Füße zu werfen. Die unbeteiligten Umstehenden haben genug damit zu tun, sich vor den Flaschen in Sicherheit zu bringen.

Wir fühlen uns wie im Kino, wo zwei Filme gleichzeitig gespielt werden: vorne Band – rechts und links Scherben. Hinter uns gehen die Ersten. Niemand hört der Band zu, nicht mal, um sie am Schluß auszupfeifen. Das letzte Lied verläuft im Sand.

Die Jungen erwarten die zweite Band (eine Jungen-Punk-Band aus dem Freizeitheim). Schon vor dem Auftritt sind sie in zwei Fraktionen gespalten: johlende Zustimmung gegen johlende Ablehnung – in jedem Fall laut.

Die Band stellt die Geduld der Jungen auf eine harte Probe. Ihr Sänger ist verschwunden. Von den Fans angejohlt, besetzt die Band dann doch die Bühne – auch ohne Sänger. Der Gitarrist jagt zur Einstimmung ein paar schrille Akkorde über die Anlage. Während die anderen noch darüber verhandeln, wer von ihnen singen soll, trifft der Vermißte mit einer Bierflasche in der Hand ein – er mußte sich noch ‚Stoff' besorgen. Sofort in seinem Element, stürzt er sich ins Publikum, um sich mit Fußtritten Gehör zu verschaffen. Alle, die nicht auf Fußtritten stehen, ziehen sich in Richtung Ausgang zurück.

– Zweites Bild –

Die Mädchengruppe eines Schöneberger Freizeitheims will eine Mädchenzeitung herausgeben. Eine Zeitung von Mädchen für Mädchen mit Berichten, Informationen, Gedichten, Fotos, Comics usw. (Uns haben sie als ‚Fachfrauen' dazugeholt. Wir diskutieren mit ihnen ihre Artikel, geben Tips für Lay-out und den Druck, helfen bei der Geldbeschaffung).

Während der regulären Öffnungszeiten des Freizeitheims ist es für ein konzentriertes Arbeiten an der Zeitung zu hektisch, außerdem stören die Jungen. Die Gruppe trifft sich also während der Schulferien vormittags im Freizeitheim (eigentlich ist die Einrichtung ja vormittags geschlossen, aber man macht mal eine Ausnahme).

Die Mädchen haben sich darüber geeinigt, wer von ihnen welchen Schwerpunkt bearbeitet, wer welchen Artikel schreibt. Alle sind beschäftigt: schreiben, malen, zwei phantasieren an einem Zukunftsroman. Die Zeit vergeht. Um 14.00 Uhr wird das Freizeitheim geöffnet. Im Flur steigt der Geräuschpegel. Plötzlich wird von außen die Tür aufgerissen. Zwei Jungen stehen im Eingang, einen Moment lang zögernd, weil der Raum schon besetzt ist (Sollen wir sie sofort rausschmeißen? Immerhin sind wir im Freizeitheim nur Gäste. Wir warten ab). Die Mädchen arbeiten weiter und tun, als ob sie nichts merken. Durch soviel Ignoranz offensichtlich irritiert, schlendert der eine der beiden Jungen durch den Raum, bleibt wie zufällig an unserem Tisch stehen und guckt einer der Schreibenden über die Schulter. „Was macht Ihr denn hier? Mädchengruppe?" „Wir machen ‚ne Mädchenzeitung, siehste das nicht?" ist die leicht genervte Antwort. Der andere Junge hat sich inzwischen am Plattenspieler zu schaffen gemacht. Wie Donnergetöse aus heiterem Himmel dröhnt plötzlich Musik in voller Lautstärke. Die Jungen freuen sich. Auf einmal stehen sie im Mittelpunkt. Sie gehen aufeinander los, wobei nicht genau zu erkennen ist, ob sie sich prügeln oder nur tanzen – beides wahrscheinlich. „Macht die Musik leise, Ihr stört!" „Laß sie doch. Ist doch toll!" Uneinigkeit unter den Mädchen. Eine springt auf und macht mit, nimmt einen Billardqueue von der Wand und haut ihn einem der Jungen an den Kopf. Der haut natürlich zurück – Gekreische, Chaos. Die anderen haben auch keine

Lust mehr, weiterzuschreiben. Irgendwann ist der Spuk vorbei, die Jungen toben im Flur weiter – sie haben erreicht, was sie wollten.

1.2 Machtstrukturen im Freizeitheim – Ein Übungsraum für das Welttheater

Mit dem Stichwort ‚Machtstrukturen' verbinden Pädagogen/innen im Freizeitheim im allgemeinen die Zwänge, die ihrer pädagogischen Praxis durch institutionelle Bedingungen, bürokratische Verwaltung, Verhaltensvorschriften und hierarchische Strukturen auferlegt werden. Pädagoginnen sind davon besonders betroffen, denn sie arbeiten überwiegend in untergeordneten Positionen. Die Leiter der Freizeitheime sind in der Regel Männer. Von übergeordneten Entscheidungen über die Verteilung finanzieller Mittel, räumliche Ausstattung und personelle Besetzung sind Frauen also größtenteils ausgeschlossen. Von den praktischen Auswirkungen dieser Entscheidungen profitieren in erster Linie die Jungen, denn an ihrem Verhalten orientiert sich die Pädagogik.

Aber nicht nur das hierarchische Arbeitsprinzip und die in den Händen der Männer liegende Verfügungsmacht über das vorhandene Geld stehen einer erfolgreichen Mädchenarbeit entgegen, denn hier ließe sich – theoretisch gesehen – sogar durch formale Regelungen Abhilfe schaffen. Gravierender sind die patriarchalen Macht- und Abhängigkeitsstrukturen, die sich im Alltag des Freizeitheims reproduzieren und die Mädchen wieder in ihre Schranken weisen.

Freizeitheime sind nach wie vor Domäne der Jungen, daran hat auch jahrelange Mädchenarbeitspraxis nichts geändert. Hier üben sie – relativ frei von Sanktionen (im Gegensatz zur Schule z.B., wo sie viel eher für ‚rüpelhaftes' Benehmen bestraft werden) – ihre Männerrolle ein, hier können sie sich ‚so richtig austoben'.

Daß sich der überwiegende Teil der Angebote an ihren Interessen orientiert und daß sie Funktionen und Aufgaben übernehmen, die immer auch mit einer gewissen Machtposition verbunden sind (wie Discjockey oder Clubvorstand), ist Grundlage für die ‚Hausmacht' von Jungen, ebenso wie die Tatsache, daß ‚öffentliche Räume' wie Straße, Kneipe und Freizeitheim, selbstverständlich von Männern besetzt und dominiert werden, also männliches Territorium sind. Dieser Besitzanspruch wird von den Jungen ständig durch Körpersprache und lautstarkes Auftreten demonstriert und verweist die Mädchen auf den ihnen zugewiesenen Platz als Zuschauerinnen. Am liebsten ist es den Jungen, wenn die Mädchen diese Demonstrationen männlichen Territorialverhaltens gebührend bewundern. Gegenüber Fremden werden die Mädchen als zum Territorium gehörend in diesen Besitzanspruch eingeschlossen und daher ‚beschützt'.

Darüber hinaus sind Mädchen für Jungen vor allem Objekte sexueller Bedürfnisse und Phantasien. Ihr Wert bemißt sich nach ihrer sexuellen Verfügbarkeit.

Sehr aufschlußreich ist in diesem Zusammenhang eine Untersuchung von Julian *Wood* über sexistischen Slang und sexistische Praktiken von Jungen (Wood, 1981). Nach eigenen Beobachtungen und Gesprächen mit Mädchen und Jungen in einem Londoner Freizeitcenter kommt er zu folgenden *Einstellungen* der Jungen:

- Frauen werden von ihnen verachtet und gleichzeitig begehrt.
- Verachtet werden sie, weil sie schwach sind
- und schlimmer noch – weil sie eine lüsterne Natur haben, aber zu dumm sind, es zu merken und danach zu handeln.
- Deshalb müssen sie beschützt werden – vor anderen Männern und vor sich selbst.
- Frauen existieren hauptsächlich in und durch ihren Körper, der einzig und allein dazu bestimmt ist, männliche Sexualität zu befriedigen. Doch: Männer verachten Frauen, und ihr Körper ist für sie deshalb schmutzig und unheimlich. Sie haben Angst vor ‚diesen Kreaturen', die sie lächerlich und schwach machen können (vgl. Wood, 1981, eigene Übersetzung, S. 9).

Wirklich deprimierend. Doch lassen wir uns nicht zu Mitleid mit den Jungen hinreißen, selbst wenn sich hinter diesen Einstellungen, wie Wood vermutet, ihre sexuelle Verklemmung und Unsicherheit verbirgt. Die sexistische Sichtweise der Jungen hat den Zweck, gemeinsame männliche Überlegenheit über Mädchen zu demonstrieren. Jungen üben ihre Macht nicht in erster Linie über körperliche Gewalt aus, auch wenn sie hin und wieder die Aktivitäten der Mädchen gewalttätig stören oder die Androhung körperlicher Gewalt als Druckmittel einsetzen.

„Die Herrschaft der Jungen über die Mädchen wurzelt eher in ihrer potentiellen Fähigkeit, Schranken zwischen Weiblichkeit und Männlichkeit aufrechtzuerhalten, die in gewalttätigen Auseinandersetzungen leicht fallen könnten. Diese Schranken werden gewahrt durch ständige Belästigungen, durch Überwachung der Sexualität (um die Doppelmoral aufrechtzuerhalten) und durch die Diskriminierung untypischen weiblichen Verhaltens, wie Aktivität, Intitiative und Unabhängigkeit" (Nava 1982, S. 192 f).

Die *Geringschätzigkeit* von Mädchen wird besonders deutlich, wenn Jungen ihren Männlichkeitskult in ‚richtigen Männergesprächen' pflegen, die immer dann geführt werden, wenn Jungen in Gruppen unter sich sind.

„An den Frauen entzünden sich die männlichen Rivalitäten, über die Frauen vermittelt sich die männliche Kumpanei mit ihren sexistischen Witzen. Immer dann, wenn Männer in Gruppen auftreten, reduzieren sie ungeschminkt alle Frauen auf potentielle Sexualobjekte" (Brake 1981, S. 155).

Der Zwang zur Demonstration von Männlichkeit macht es Jungen unmöglich, voreinander ihr Bedürfnis nach emotionalen und zärtlichen Beziehungen zu Mächen zu entwickeln, geschweige denn zuzugeben. Denn das Eingeständnis einer emotionalen Abhängigkeit von ‚diesen verachteten Kreaturen' würde sie in den Augen der anderen Jungen abwerten und das Image vom ‚harten Mann' zerstören. Stattdessen werden in Männergesprächen die Imaginationen von Frauenkörpern zerstört: Vergewaltigungspläne inbegriffen – alles ist erlaubt.

Statt gemeinsam Jungendominanz und männliche Gewalt- und Durchsetzungsformen anzugreifen, scheiden sich an diesem Problem auch die Geister der Pädagoginnen. Feministinnen haben nicht nur ihre männlichen Kollegen gegen sich. In mütterlicher Gewohnheit sind auch viele Kolleginnen allzu schnell bereit, den schützenden Arm um ‚ihre' Jungen zu legen. Die Jungen werden entschuldigt, weil Frauen als ‚Gefühlsarbeiterinnen'[2] es gewohnt sind, sie in Einzelgesprächen ‚anders' zu erleben (schwach, hilflos, freundlich, einsichtig ... „Oh, er hat sogar geweint"). Dieses Verhalten zeigen Jungen allerdings nur in ‚Privatgesprächen' unter vier Augen, in denen sie dann dem mütterlichen Verhalten der Pädagogin entsprechend die Rolle des Sohnes übernehmen.

Für Mädchen reproduzieren sich also im Freizeitheim ihre alltäglichen Erfahrungen von Diskriminierung. Viele ziehen daraus die Konsequenz: Sie gehen nicht – oder nicht mehr – ins Freizeitheim. Für die, die bleiben und auf ihre eigene Kraft vertrauen, gibt es die Mädchengruppe – immerhin ein kleiner Freiraum. Oder ist es nur der Alibitropfen, der auf dem heißen Stein verdampft, statt ihn auszuhöhlen?

Dort, wo sich Mädchengruppen schon seit längerer Zeit treffen, im Freizeitheim bekannt und akzeptiert sind und an die Öffentlichkeit treten, haben sich die Jungen mit ihrer Existenz arrangiert. Sie kämpfen nicht mehr offensiv. Die Zeiten, in denen Jungen während der Mädchengruppentreffen vor der Tür standen und randalierten, sind in einigen Berliner Freizeitheimen vorbei.

Jetzt sonnen sie sich lieber in dem Bewußtsein ihrer eigenen Großzügigkeit: Sie wissen, die Mädchen brauchen ihre Gruppe, um zu lernen, sich besser durchzusetzen. Einzelne schicken sogar ihre Freundin in die Mädchengruppe, weil ‚die's mal nötig hat' und ein bißchen ‚Pep' braucht.

Sobald Mädchen aber in Bereiche eindringen, die traditionell die Domäne von Jungen sind (z.B. Mädchenband) oder eigenständige Kulturformen entwickeln (z.B. Mädchenzeitung), werden sie ignoriert oder mitleidig belächelt. Ihre Autonomie wird von Jungen nicht als Stärke bewertet. Wir können uns nicht darüber freuen, daß Jungen tendenziell weniger offen aggressiv auf Mädchengruppen reagieren, wenn an Stelle der offenen Aggression subtilere Formen der Unterdrückung, wie Ignoranz und Mißachtung, treten.

Frauen, die im Freizeitheim mit Mädchen arbeiten, wissen: Die Jungen müssen sich ändern.

Immer, wenn sich Mädchenarbeit im Freizeitheim etabliert, fordern einige Jungen – als Reaktion auf die ungewohnte Aufmerksamkeit und Zuwendung, die die Mädchen plötzlich erfahren – eine Jungengruppe, in der sie auch mal über ihre ‚Probleme als Mann' reden können. Abgesehen von der trotzigen ‚was-die-Bräute-können-können-wir-auch-Haltung', verbirgt sich dahinter ihr gebrochenes Verhältnis zu ihrer Rolle als ‚starker Typ' und realer Leidensdruck, besonders bei jüngeren Jungen und Außenseitern, die von den ‚richtigen Männern' wegen ihres Aussehens oder Verhaltens aufgezogen werden.

Von männlichen Pädagogen, die männliches Rollenverhalten infrage stellen und sich den Jungen zur Identifikation anbieten, könnten Jungen lernen, sich zu verändern. Doch leider existiert geschlechtsspezifische Jungenarbeit bis jetzt nur als Utopie in den Köpfen unermüdlicher Mädchenarbeiterinnen, denn männliche Pädagogen fühlen sich von geschlecht-spezifischer Jungenarbeit überfordert oder sehen ihre Notwendigkeit nicht ein. Die Wenigen, die es versuchen, scheitern. Ein Beispiel aus einem Schöneberger Jugendfreizeitheim, erzählt vom Heimleiter:

„Die Jungengruppe wurde vom damaligen Kollegen J. gegründet. Der J. hatte, glaube ich, sehr gute Vorsätze, aber nicht dieses Durchsetzungsvermögen. Er hat diese Jungengruppe begeistern können, wenn er aus seiner Erfahrung sprach, aber er konnte sich, glaube ich, nicht richtig durchsetzen.

Das lag an vielen Dingen. Einmal an der noch ziemlich jungen Berufserfahrung. Und wenn er von Jungen angemacht wurde, reagierte er sehr schnell, wie man nicht reagieren sollte, nämlich daß er gewissermaßen abblockte und dann meinte: ‚Wenn Du in dieser Stunde meinst, mich angreifen zu müssen und nur an Blödsinn denkst, dann hat es keinen Zweck'.

Die Gruppe hat das dann immer nur so verstanden, daß sie sich da mal richtig ausheulen konnte, andererseits aber kein Vertrauen untereinander da war und dem J. auch nichts entgegengebracht wurde. Überhaupt nicht so wie in der Mädchengruppe, die parrallel dazu lief. Es war eine Gruppe, die sich traf und sich freute, auch mal Räume zu besitzen, wo man nicht so gestört wurde, aber ein richtiges Vertrauensverhältnis ist eigentlich nie entstanden. Daraus hat sich dann ergeben, daß die Gruppe sich immer lockerer traf. Und der J. hat auch schon mal verkündet, eigentlich bringe das überhaupt nichts, weil im Hintergrund eigentlich immer stand, man sollte auch mal mit den Mädchen zusammenkommen. Und die Gruppe ist dann auch zerfallen.

Das Scheitern der Jungenarbeit wird hier auf das fehlende Vertrauen zwischen dem männlichen Pädagogen und der Gruppe zurückgeführt. Der Leiter des Freizeitheims scheint zu recht zu bemängeln, daß zwischen J. und der Jungengruppe kein ‚richtiges Vertrauensverhältnis' entstanden ist und entstehen konnte, weil J. ‚gewissermaßen abblockte'. Auf der anderen Seite kritisiert er, daß J. sich gegen die Jungen nicht durchsetzen konnte. Offenbar ist das auch J.'s Problem, denn seine Angst, sich von den Jungen infrage stellen zu lassen war größer als sein Anspruch, die Jungen zu verändern. Anstatt sich auf die Auseinandersetzung über männlich aggressive Kommunikationsformen einzulassen und damit auch seine eigene Person und Rolle als männlicher Erzieher Angriffen auszusetzen, reagierte J. abwehrend und reduzierte die Aggressionen der Jungen auf ein reines Disziplinproblem. Er spielte den Jungen gegenüber seine Macht als Pädagoge aus: ‚Wenn Du in dieser Stunde meinst, mich angreifen zu müssen und nur an Blödsinn denkst, dann hat es keinen Zweck'.

Wir fragen uns, wie Vertrauen entstehen soll, wenn der Zwang zur Durchsetzung männlicher Überlegenheit bereits von Seiten der Pädagogen von vornherein eine vertrauensvolle Beziehung zu Jungen verhindert.

Das Bedürfnis der Jungen, in einer Jungengruppe über Gefühle, Zärtlichkeitsbedürfnisse und Ängste zu reden, setzt sich im Freizeitheim nicht in die Praxis um. Wird ihr Leidensdruck zu groß, schütten sie einer verständnisvollen Pädagogin im Gespräch unter vier Augen – in Küche oder Büro – ihr Herz aus, um danach gestärkt zusammen mit den Kumpels ‚Bräute aufzureißen'. Denn von Frauen werden Jungen nicht grundsätzlich lernen, ihr geschlechtsspezifisches Aggressionspotential zu verändern. Ihnen dienen Männerbilder zur Identifikation. Da die Jungen aber kaum einen existenziellen Leidensdruck haben, ihr Verhalten gegenüber den Mädchen zu hinterfragen, bleibt der Pädagogin eben nur die Rolle der instrumentalisierten Trösterin.

„Anders wird es sein, wenn männliche Kollegen sich entsprechend zu den Jungen verhalten werden. Sie hätten zwar vermutlich harte Diskussionen mit den Jungen auszustehen, aber die Jungen würden eine neue grundsätzliche Erfahrung machen, nämlich die, daß ein Mann typisch-männliche Verhaltensweisen in Frage stellt" (Savier/Wildt, 1978 S. 190).

1.3 Geschlechtsspezifische Arbeitsteilung

– Pädagoginnen, die Mütter der Porzellankiste –

Die Arbeitsteilung und Organisation im Freizeitheim ähnelt stark der in einer Familie. Arbeitsanforderungen und Kompetenzen sind nach Geschlecht verteilt. Innerhalb dieser Arbeitsteilung sind die Frauen für den kommunikativen und emotionalen Bereich zuständig: Sie sind es, die zuhören, sich einfühlen, bei persönlichen Problemen zu Rate gezogen werden und Mut machen müssen.

Die Mitarbeiterinnen im Freizeitheim sind – und fühlen sich auch – dafür verantwortlich, daß im Innenverhältnis ‚der Laden läuft'. Einer ausschließlichen Konzentration auf die Interessen und Belange der Mädchen im Sinne geschlechtsspezifischer Jugendarbeit sind dabei Grenzen gesetzt. Die Jungen fordern massiv ihr Recht auf Zuwendung – auf die mütterliche Zuwendung der Pädagogin. Von den Männern erwarten sie in der Regel in dieser Hinsicht wenig, denn in Gruppen, die von männlichen Mitarbeitern angeboten werden, wird meist wenig geredet – am wenigsten über sich selbst. Stattdessen stehen Wettkämpfe (Tischtennis, Fußball etc.) oder Bastelgruppen in traditionell-männlichen Handwerksbereichen auf dem Programm.

Die Auseinandersetzung im Alltag – an der Theke, im Büro – erschöpfen sich häufig in typischen ‚Männergesprächen' über Autos, Sport, Hobbies, Frauen etc. oder verbalen Konkurrenzkämpfen und Machtspielen, bei denen sich herausstellen soll, wer eigentlich ‚Herr im Haus' ist.[3]

Insbesondere die Heimleiter haben selten Zeit für intensive Gespräche, denn sie müssen die Einrichtung nach außen vertreten. Repräsentation, Verwaltungsaufgaben und die Pflege der ,Kunkelebene' zum angeblichen Zweck der reibungsloseren Geldbeschaffung für ,ihr' Freizeitheim halten sie oft von der eigentlichen Arbeit mit den Jugendlichen fern. Im Innenverhältnis werden sie hin und wieder wirksam, wenn Ordnungsaufgaben zu erfüllen sind, die eine entsprechende väterliche Autorität verlangen.

Dies hat zur Folge, daß Erzieherinnen innerhalb des Freizeitheims im Grunde für alles verantwortlich sind: Für Mädchenarbeit, für die ,Gefühlsarbeit' mit den Jungen und – nicht zu vergessen – für das Arbeitsklima. Auch die männlichen Kollegen erwarten – genauso wie die Jungen – Zuwendung und Anteilnahme an ihren Problemen.

Einerseits werden Pädagoginnen für all das verantwortlich gemacht, besonders, wenn es die (mangelnde) ,Gefühlsarbeit' an Jungen betrifft. Dabei spielt es wohl kaum eine Rolle, ob dies als Gegenreaktion auf die Parteilichkeit für Mädchen, quasi als ,Dienstanweisung' geschieht („Du bist hier nicht nur für Mädchenarbeit angestellt), oder verschleiert als Hervorhebung weiblicher Stärke, wie beispielsweise bei Jörg Kraußlach:

„Die Mitarbeiterin wird die Rollenzuschreibung ,Sexualobjekt' wohl nie ganz los werden, aber sie ist daneben noch etwas ganz anderes: ähnlich der Mutter eine Frau, bei der es auch den männlichen Jugendlichen möglich ist, Schwäche zu zeigen und Anlehnungsbedürfnis, wo Wärme und Zuwendung erwartet, aber auch zurückgegeben wird . . . Es ist positiv, wenn sie ein kleines Stück der Achtung und Liebe, die sie für die Mutter haben, auf die Mitarbeiterin übertragen und dies auch zeigen können" (Kraußlach, 1981, S. 149).

Hier wird die Rolle der Pädagogin im Freizeitheim – mal Mutter, mal (dem Sprachgebrauch zufolge) Sexualobjekt – als Fähigkeit und lebenslange Aufgabe von Frauen zur pädagogischen Konzeption. Auf jeden Fall wird klar: Weibliche Energien sollen nicht etwa in Frauen, sondern in Männer, Söhne, in die Jungen im Freizeitheim investiert werden.

Auf der anderen Seite fühlen die Pädagoginnen selbst sich verantwortlich – für die Jugendlichen, für die Stimmung im Team, für die Kommunikation und die Atmosphäre im Haus. Ihre Bereitschaft und Fähigkeit, auf die Belange anderer einzugehen, ist ihre weibliche Stärke und macht sie gleichzeitig ausbeutbar.

Die Auswirkungen der geschlechtsspezifischen Arbeitsteilung führen oft zu dem schon oben erwähnten Ausstieg und der starken Fluktuation von Pädagoginnen.[4] Einige dieser Auswirkungen sollen im folgenden aufgezählt werden:

- Die berufliche ,Gefühlsarbeit' von Frauen im Freizeitheim unterliegt der gleichen Bewertung wie die von Frauen allgemein geleistete: Sie fällt auf der Bewertungsskala nicht unter die Kategorie ,Arbeit', sondern wird als kostenlose Dienstleistung selbstverständlich erbracht und in Anspruch genommen (vgl. dazu auch Drake, 1980).
- Pädagoginnen sind von der geringen Effektivität ihrer Arbeit besonders betroffen. Sie können keine Lehrstellen beschaffen, keine Wohnungen organisieren, Mädchen nicht vor prügelnden Vätern beschützen. Aber sie fühlen

sich verantwortlicher als die meisten ihrer männlichen Kollegen, einmal weil diese Probleme direkter an sie herangetragen werden, zum anderen, weil Männer diese Verantwortung gerne an Frauen abgeben.

- Für viele Gespräche und Aktivitäten fehlt im Arbeitsalltag oft die Zeit. Pädagoginnen haben meistens das Gefühl, ‚rund um die Uhr im Dienst zu sein' – oft kommen die Jugendlichen auch am Wochenende mit ihren Problemen. Dieser ‚Arbeitseinsatz' führt auf die Dauer auch zur Aufgabe eines eigenen Lebens zugunsten der Aufopferung für andere.
- Pädagoginnen, die eine Mädchengruppe organisieren, tun dies auch aus dem Bedürfnis heraus, sich einen Arbeitsalltag zu schaffen, der weniger entfremdet ist und mit dem sie sich, aufgrund der gemeinsamen Betroffenheit von Frauen und Mädchen, stärker identifizieren können. Gleichzeitig haben sie die Hoffnung, den frustrierenden Arbeitserfahrungen etwas Positives gegenüberzustellen. Diese Hoffnungen werden auch weitgehend eingelöst, führen jedoch statt der erhofften Entlastung zu neuen Belastungen, denn die Anforderungen von Jungen und Kollegen stehen im Widerspruch zu der notwendigen Parteilichkeit für die Mädchen. Die alltägliche Auseinandersetzung der Pädagogin mit Männern und Jungen führt zu emotionalen Verhärtungen, die liebevoller Zuwendung und positiven Indentifikationsangeboten für die Mädchen widersprechen. So wird die Arbeit im Freizeitheim für viele Pädagoginnen zu einem anstrengenden ‚Drahtseilakt'.

1.4 Mädchengruppen – Reden alleine reicht nicht

Die vorangegangenen Kapitel lassen die Chancen für Mädchenarbeit im Freizeitheim in trübem Licht erscheinen. ‚No future' für die Mädchenarbeit?

Doch entgegen allen Hindernissen existieren Mädchengruppen. Besonders die jüngeren Mädchen, die 14-16jährigen, vorwiegend Haupt- und Realschülerinnen, kommen regelmäßig. Mädchen, die schon seit langem dazugehören, sind stolz auf ‚ihre Mädchengruppe'. Manche können auf Geschichte zurückblicken. In ihrer Erinnerung gibt es Höhepunkte: Mädchentheatervorführungen, Mädchenfeste, Mädchenbandauftritte. Fast alle sagen, daß ihnen die Gruppe persönlich ‚was gebracht hätte': Sie haben Vertrauen zu den anderen Mädchen und zur Pädagogin, sie können in der Gruppe freier reden, sie sind selbstbewußter geworden, sie können sich Jungen gegenüber besser durchsetzen.

Vereinfacht dargestellt, verläuft die Entwicklung der Mädchengruppen in der Regel folgendermaßen:

In der Anfangsphase herrscht Euphorie: Die Mädchen kommen zahlreich und zunächst regelmäßig, denn sie spüren, es geht endlich einmal um sie. Die Verteidigung gegen die offensiven Angriffe der Jungen festigt die Gruppe im Kampf gegen den gemeinsamen Außenfeind. Die Mädchen treffen sich, um zu reden. Alle haben Probleme: mit Eltern und Geschwistern, mit Schule oder Ausbildung, mit den Jungen. Sie erzählen von ähnlichen Erfahrungen und stellen gemeinsame Betroffenheit fest.

Doch das Verständnis von gemeinsamer Betroffenheit schafft noch keine veränderten Lebensbedingungen, keine Freiräume für Selbstbestimmung. Und das neue Selbstbewußtsein der Mädchen zerplatzt wie eine Seifenblase, wenn sich im (Freizeitheim)alltag die alten eingefahrenen Abhängigkeiten reproduzieren.

Die feministischen Pädagoginnen sind ratlos und enttäuscht von ‚ihren' Mädchen, die sich trotz Mädchengruppe, trotz vieler Erfahrungen und gemeinsamer Erlebnisse immer wieder ‚anmachen' lassen bzw. sich bei vielen kleinen und großen Gelegenheiten im Jugendheimalltag den Jungen unterordnen.

Im Freizeitheim isoliert und gestreßt vom Alltagskampf um die Mädchenarbeit resignieren viele, denn sie haben den Mädchen auch kaum konkrete Alternativen anzubieten. Möglichkeiten, sich für die Mädchenarbeit weiter zu qualifizieren oder mit anderen Frauen über Methoden, Inhalte und politische Bedeutung von Mädchenarbeit zu diskutieren, sind kaum vorhanden. Sie wissen mittlerweile: Reden alleine genügt nicht, aber dem gemeinsamen Handeln sind im Freizeitheim Grenzen gesetzt.

Aus dieser Erfahrung heraus werden gerade in letzter Zeit von manchen Frauen in der Mädchenarbeit verstärkt Medien eingesetzt, über die Mädchen eigene kulturelle Ausdrucksformen und Körpererfahrung (z.B. Theater- und Rollenspiel) entwickeln und lernen, mit technischen Geräten (Video, Foto, Film) umzugehen, die sonst vorwiegend Jungen bedienen. Dabei stehen in der Regel nicht Technik und Produkt im Vordergrund. Genauso wichtig sind der gemeinsame Lernprozeß, die Kommunikation in der Gruppe und die Inhalte, die über das Medium transportiert werden.

Die Mädchen sind dabei aktiv und stolz auf ihre neu erworbenen Fähigkeiten. Sie wollen sie auch nach außen hin darstellen. Außerdem erfordert schon das Medienprodukt Öffentlichkeit, denn was wäre ein Theaterstück ohne Aufführung und ein Film, der nicht vorgeführt wird? Als öffentliches Forum steht ihnen meistens nur das Freizeitheim zur Verfügung. Doch den Vorführungen im Freizeitheim sehen sie mit gemischten Gefühlen entgegen: Auf der einen Seite ist es für sie eine Herausforderung, denn ‚den Jungen wollen sie's mal zeigen'. Außerdem haben sie die Hoffnung, durch die Provokation mit Hilfe eines Mediums, die Jungen doch noch verändern zu können. „Daß wir denen (den Jungen) klarmachen, was wir für Probleme mit den Scheiß-Jungen haben. Ja, also bei dem letzten Theaterstück, was wir momentan machen[5], kommt das ja ganz grell raus. Und daß die Jungs sich das mal überlegen ... daß die irgendwie darüber nachdenken" (Sabine R., Mitglied der Mädchentheatergruppe).

Auf der anderen Seite haben sie Angst davor, von den Jungen lächerlich gemacht oder von ihnen wegen ‚jungenfeindlicher' Inhalte angegriffen zu werden. Die Jungendominanz im Freizeitheim blockiert so die Kreativität der Mädchen und wirkt sich auch auf die Inhalte der Produktion und die Art der Darstellung aus.

Das Alltagsverhalten der Jungen und ihre Nichtkritisierbarkeit zwingt die Mädchen dazu, sich in ihren Theaterstücken immer wieder mit diesen frustrierenden Erfahrungen auseinanderzusetzen. Dadurch ‚dreht sich anscheinend immer alles um die Jungen'. Es ist aber nicht die Bewunderung, sondern die Verarbeitung ihrer täglichen Niederlagen, die sie dazu bringt. Im Jugendfreizeitheim gibt es unserer Erfahrung nach kaum ein anderes legitimes Ventil für persönliche und/oder kollektive Enttäuschungen, als gerade die Umsetzung dieser Erfahrungen im Medien- und Theaterbereich – einer kontrollierten Konfrontation mit den zu Kritisierenden. Doch die Jungen nehmen diese Prozesse in der Regel nicht wahr, noch werden sie von Pädagogen daraufhingewiesen. Für sie ist nur eins wichtig: Ob im Guten oder im Bösen – Hauptsache es geht um sie und nicht etwa um die Mädchen selbst.

Um daraus die Konsequenz zu ziehen müßten Möglichkeiten und Gelegenheiten geschaffen werden, wo Mädchen (Gruppen) ihre Produkte ausschließlich vor einem Mädchen- und Frauenpublikum vorführen können und dadurch Bewertungsmuster erfahren, die außerhalb des typischen Sexualobjektstatusses liegen. Doch dazu müßten sie mit anderen Mädchen in Kontakt treten können und mit ihnen – zumindest streckenweise – zusammenarbeiten. Das bedeutet wiederum für jede einzelne Gruppe, die Fixierung auf ‚ihr' Freizeitheim aufzugeben und gemeinsam autonome, freizeitheimübergreifende Organisationsformen und Selbstdarstellungsweisen für die Öffentlichkeit zu entwickeln.

In Berlin gab und gibt es inzwischen Ansätze von Kooperation zwischen Mädchenarbeiterinnen verschiedener Freizeitheime. In Schöneberg z.B. fanden sich 1980 Pädagoginnen zu einer Arbeitsgruppe zusammen mit dem Ziel, ihrer Vereinzelung entgegenzuarbeiten, sich gegenseitig in den Alltagsauseinandersetzungen um die Mädchenarbeit zu unterstützen und Mädchenöffentlichkeit herzustellen. Die Pädagoginnen planten zunächst ein großes Berliner Mädchenfest, das sie zusammen mit ihren Mädchengruppen organisierten und gestalteten. Um ihre Praxiserfahrungen zu reflektieren und Schlußfolgerungen für eine pädagogische Konzeption zur Mädchenarbeit zu ziehen, nahmen sie außerdem gemeinsam an einer Fortbildungswoche zur Situation von Frauen in der Mädchenarbeit teil und trafen sich über einen längeren Zeitraum hin zusätzlich nach Dienstschluß (von den Freizeitheimen wurden die wöchentlichen Treffen nicht als Arbeitszeit anerkannt).[6]

Im folgenden wollen wir zwei Beispiele von Mädchen-Öffentlichkeitsarbeit darstellen. Wir haben diese beiden gewählt, um einen, weil wir selbst an ihrer Planung und Durchführung beteiligt waren, bzw. sind, und von daher selbstbetroffen eigene Praxis reflektieren, zum anderen, weil an ihnen die mögliche Verbindung zwischen Mädchengruppen im Freizeitheim und freizeitheimübergreifender Mädchenarbeit deutlich wird.

1. Beispiel: Mädchenfest

Im Mai 1980 fand im Schöneberger Freizeitheim ‚Die Weiße Rose' ein Mädchenfest statt.[7] Eingeladen waren alle Berliner Mädchen, Mädchengruppen und Mütter. Es wurde eine Vorbereitungsgruppe gebildet, an der Pädagoginnen und Mädchen aus sechs Schöneberger Mädchengruppen teilnahmen. Auf den Vorbereitungstreffen wurde die Werbung geplant, der Ablauf des Programms zusammengestellt und die Organisation des Festes auf die Gruppen aufgeteilt. Jede Gruppe trug zur Gestaltung des Programms bei (Theateraufführungen, Rollschuh-Revue, Vorführung von Gruppentänzen, Hitparadenparodie).

Zum Fest selbst kamen ca. 250 Mädchen und Frauen. Der Ausschluß der Jungen machte sich angenehm bemerkbar: Einmal das ganze Freizeitheim für sich zu haben und selbst zu gestalten, die Musik selbst aussuchen zu können und nicht ‚angemacht' zu werden oder Gruppenzwängen zufolge selbst ‚anmachen' zu müssen, war für viele Mädchen eine entspannte Gegenerfahrung zur wöchentlichen Disco-Fete.

Die Darstellerinnen auf der Bühne erhielten Anerkennung für ihre körperliche Ausdrucksfähigkeit, ohne daß sie dabei auf ihre Sexualität reduziert wurden – für die meisten ein neues und überraschendes Erlebnis, denn im Alltag werden Mädchen allgemein über ihren Körper definiert und bewertet (vgl. Savier/Wildt, 1979). Sie müssen sich heterosexuellen Schönheitsnormen anpassen, um anerkannt zu werden. Doch ihr Verhältnis zum eigenen Körper ist gebrochen, denn die äußerliche Attraktivität erhöht auch ihre sexuelle Verfügbarkeit für Jungen. Ihr Körper – auf der einen Seite Bedingung für Erfolg – scheint ihnen andererseits Ursache für sexuelle Diskriminierung zu sein. Mädchen, die im Freizeitheim öffentlich vor Jungen auftreten, begeben sich deshalb immer in Gefahr, ihren Körper zum Schauobjekt zu machen und sich sexueller Abwertung auszusetzen. Sie wissen, daß Jungen nicht ihre darstellerischen Fähigkeiten bewerten, sondern in erster Linie ihre sexuelle Attraktivität. Bei Theateraufführungen beispielsweise reagieren Jungen, unabhängig vom dargestellten Inhalt, mit lautstarken Zurufen und Bemerkungen, wenn ein Mädchen die Bühne betritt, das ihren Schönheitsvorstellungen entspricht.

Auf dem Mädchenfest hingegen orientierte sich die Bewertung an der Qualität der Vorführungen, am Geschmack des Publikums, eventuell auch an Sympathien oder Antipathien mit den Darstellerinnen. Mädchen hatten hier den Freiraum, ihren Körper selbstbewußt einzusetzen, körperliche Fähigkeiten zu erproben und stolz auf sie zu sein. Das Verhältnis der Mädchen untereinander war wesentlich solidarischer als gewöhnlich im Freizeitheim, wo die Mädchengruppe anderen Mädchen gegenüber oft abgrenzend auftritt. Fast jede Mädchengruppe legt im Laufe der Zeit ein bestimmtes Ingroup-Verhalten an den Tag, schon, um im Freizeitheim überleben zu können. Das Bewußtsein, als Mitglied der Mädchengruppe ‚etwas ganz Besonderes' zu sein, das auch Abgrenzungsverhalten anderen Mädchen gegenüber produziert, ist u. a. eine Antwort auf die Diskriminierung der Mädchengruppe durch Jungen und Reaktion auf die damit einhergehende Spaltung der Mädchen in diejenigen, die ‚ihre' Gruppe verteidigen und diejenigen, die Mädchengruppen für überflüssig halten.

In der Praxis der Mädchenarbeit zeigt sich immer wieder, daß manche Mädchengruppen ablehnend aufeinander reagieren und alles daran setzen, sich voneinander abzugrenzen, statt sich zu solidarisieren. Die Sicherheit und Stärke, und der Schutz nach außen, den die Mädchengruppe den einzelnen bietet, führt oft zu einem übersteigerten Identifikationsverhalten der Mädchen mit der Gruppe. Die Gruppenzugehörigkeit wird durch gemeinsamen Kleidungs- und Tanzstil im Innenverhältnis kultiviert und demonstrativ abgrenzend nach außen gerichtet. Die Pädagoginnen sind verzweifelt, denn eigentlich müßte das Motto: ‚Mädchen und Frauen gemeinsam sind stark' doch auch den Mädchen unmittelbar einleuchten. Doch der Appell an Solidarität bleibt solange nur moralischer Anspruch, wie Mädchen und Mädchengruppen nicht auch praktisch erleben und lernen, daß sie einander unterstützen und ergänzen können. Denn die patriarchale Strategie, die Frauen spaltet, um sie zu beherrschen, bestimmt auch die Beziehungen der Mädchen untereinander. Und Mädchenarbeit sollte der langfristige Lernprozeß sein, diese Spaltung zu überwinden.

Mädchenfeste haben dabei auch die Funktion, daß, in Abwesenheit von Jungen, Mädchen die Aktivitäten und Fähigkeiten der anderen offen anerkennen und positiv bewerten können. Pädagoginnen denken dabei auch an ihre eigenen Erfahrungen auf Frauenfesten und an die Euphorie, die sie empfunden haben über ihre Stärke als Frauen – allein, ohne Männer. Sicherlich sollten Frauen diese Erfahrungen nicht platt auf Mädchen übertragen oder sie ihnen als Anspruch überstülpen. Denn wir dürfen nicht vergessen, daß das Bedürfnis nach einem ‚Fest nur für Mädchen' oftmals ursprünglich nicht von den Mädchen selbst, sondern von Pädagoginnen artikuliert wurde..

Trotzdem liegt in Mädchenfesten die Chance, das pädagogische Verhältnis zwischen Mädchenarbeiterinnen und Mädchen aufzuheben und stattdessen gemeinsame Momente zu genießen. Mädchen müssen dazu die Organisation ihres Festes mit in die Hand nehmen. Pädagoginnen sollten sie dabei nur unterstützen, sie beraten, ihnen ihre Erfahrungen zur Verfügung stellen, ohne daraus Macht abzuleiten. Denn die politische Dimension von Mädchenarbeit können Mädchen erst dann erleben, wenn die Beziehung zwischen ihnen und der Mädchenarbeiterin nicht mehr einer hierarchischen Ordnung unterliegt, sondern sowohl innerhalb als auch außerhalb institutioneller Zwänge zu einer solidarischen Beratungs-Beziehung wird.

2. Beispiel: Mädchenzeitung

Ende letzten Jahres planten wir gemeinsam mit der Mädchengruppe eines Schöneberger Freizeitheims die Herausgabe einer Zeitung, die Mädchen selbst schreiben und gestalten sollten. Die Mädchen wollten Raum für die öffentliche Darstellung von Alltagsberichten, Geschichten, Forderungen, Träumen. Aus ihrem Gruppengefühl und ihrer neu gewonnenen Stärke heraus hatten sie das Bedürfnis, ihre Erfahrungen als Mädchengruppe an andere weiterzugeben. Darüber hinaus wollten sie andere Mädchen über Beratungsstellen, Treffpunkte und Aktivitäten von Mädchen und Frauen informieren und sie ermutigen, selbst auch eigene Erlebnisse zu veröffentlichen.

Schon bei der genaueren Planung einzelner Themenschwerpunkte wurden Erfahrungen ausgetauscht und inhaltliche Diskussionen geführt. Die Mädchen machten sich erst mal ‚sachkundig': Sie interviewten andere Mädchen und Frauen oder erkundeten Projekte und Institutionen, über die sie berichten wollten. Um wirklich gute und informative Artikel schreiben zu können, mußten sie sich selbst ein Bild machen. Das Bedürfnis, anderen etwas mitzuteilen, wurde zum eigenen Lernprozeß.

Der Anstoß dazu, sich intensiv mit neuen Lebensformen auseinanderzusetzen, ging also nicht von Pädagoginnen aus, sondern lag sozusagen in der Natur der Sache (wir gaben lediglich inhaltliche Anregungen und unterstützten die Gruppe in erster Linie bei Lay out, Druck und Vertrieb der Zeitung). Die erste Ausgabe der Mädchenzeitung „Frauwärts" erschien im Januar 1982.

Um möglichst viele Mädchen in die Herstellung mit einzubeziehen, wird die Zeitung im Rotationsprinzip herausgegeben, d. h., die Verantwortung für die Herausgabe der darauffolgenden Nummer geht an eine andere Mädchengruppe über, die von ihren Vorgängerinnen bei technischen Problemen beraten und unterstützt wird (Druck, Vertrieb etc.). Der Kontakt, der dabei zwischen den Gruppen entsteht, ist nicht Ergebnis pädagogischer Intervention, sondern Resultat des gemeinsamen Interesses an der Fortführung des Zeitungsprojektes.

Die Autorinnen der Artikel schaffen Öffentlichkeit für die Lebensrealität von Mädchen und entwickeln eine öffentlich beachtete und bewertete Form von Mädchenkultur. Die Leserinnen können ihre eigenen praktischen und politischen Vorstellungen und Alltagserlebnisse mit denen der Autorinnen vergleichen, gemeinsame Betroffenheit feststellen und daraus Konsequenzen für ihr Alltagshandeln ziehen.

Pädagogische Vermittlung könnte also – langfristig zumindest – in vieler Beziehung in den Hintergrund treten. Über das Engagement und die Identifikation mit einem Projekt, könnten Mädchen soviel neue Erfahrungen machen, daß Pädagogik als vermittelnde Instanz von Lernprozessen überflüssig wäre. Sie könnte stattdessen auf der praktisch-handwerklichen Ebene beratende und unterstützende Funktion übernehmen.

2. Die Freizeit ist nicht alles – Orientierungen und Lebensperspektiven von Mädchen

Mädchenarbeit sollte – will sie mehr sein, als ein ‚Durchgangsstadium', in dem die Mädchen für die Auseinandersetzung mit Jungen/Männern auf kritische Art vorbereitet und gestärkt werden – die *ganze* Lebensrealität von Mädchen berücksichtigen.

Feministische Pädagogik – und um die geht es uns hier – kann sich nicht an Erziehungskonzepte anpassen, die im Laufe von Jahrtausenden patriarchaler Herrschaft zu ihrer eigenen Sicherung entwickelt wurden, um die ‚Produkte' dieser Gesellschaft unter Kontrolle zu halten (vgl. hierzu: Rutschky, 1977 und Holzkamp/Steppke, 1982).

Mädchen sollten von uns dahingehend unterstützt werden, ihr Recht auf freie Lebensentscheidung und (auch autonome) Entfaltung zu fordern und zu nutzen. Um für dieses Ziel aktiv einzutreten, muß der Aufteilung des Lebens in Einzelprobleme und der Spaltung von Frauen in Einzelschicksale entgegengearbeitet werden.

Im Freizeitheim verbringen Mädchen (und natürlich auch Jungen) ihre Freizeit und damit auch einen großen Teil ihres Lebens – vielleicht den Wichtigsten, denn es ist ihre freie Zeit, an deren Ablauf sie zu Recht Anforderungen stellen, die sich vom häuslichen Alltag abheben. Wir Pädagoginnen sollten versuchen, der Teilung in privates Sein und institutionalisierter Freizeit, ganzheitliche Pädagogik gegenüber zu stellen. Das heißt: die kollektive Auseinandersetzung in allen Bereichen weiblicher Lebenszusammenhänge ist notwendig. Eine Überforderung an Pädagoginnen und die pädagogische Praxis? Vielleicht. Aber das, was sich innerhalb der gegebenen Arbeitsbedingungen nicht realisieren läßt, kann in alternativen Projekten zu neuen (eigenen) Bedingungen geschaffen werden.

2.1 Das (un)natürliche Ende der Mädchenarbeit – Das Freizeitheim entläßt seine Kinder

Irgendwann kommt der Zeitpunkt, an dem die Mädchen, die regelmäßig Besucherinnen der Jugendfreizeitheime waren, wegbleiben. Auch viele Mädchengruppen lösen sich auf anscheinend mysteriöse Art und Weise plötzlich auf. Nach diesem Phänomen befragte Mitarbeiterinnen und Mitarbeiter der Freizeitheime erklärten dazu – sinngemäß – folgendes: Die Mädchen seien nunmehr in jenem Alter, in dem sie ‚andere Interessen' entwickeln würden. – Andere Interessen?

Bei genauerer Nachfrage stellt sich heraus, daß als Kernpunkt dieser anderen Interessen der feste Freund, teilweise mit Verlobungs- bzw. Heiratsabsichten angenommen wird. Einige würden jetzt auch arbeiten gehen und hätten von daher nicht mehr genügend Zeit, ins Freizeitheim zu kommen – das leuchtet ein.

Aber weshalb eigentlich? Wir fragten uns, ob es nicht ein schwerer Schlag für die Pädagogik ist, wenn die einmal begonnene Arbeit einfach aufhört. Insbesondere für die Arbeit in Mädchengruppen finden wir ein großes Maß an Kontinuität wichtig, besonders da die ausschließliche Bindung an eine (männliche) Person in Form einer Ehe oder festen Beziehung von vielen Mädchen als ‚natürliches' Ende der Jugendzeit begriffen wird, was häufig alle positiven Gruppenerfahrungen vergessen läßt und oft zu Einsamkeit und Resignation führt.

Die Mitarbeiter schienen ganz froh zu sein über diesen ‚Generationswechsel', denn die Jugendlichen könnten ja nicht ewig ins Freizeitheim kommen, sie müßten doch auch mal selbständig werden. Manche seien ja bereits richtig abhängig von der Einrichtung und wüßten sonst gar nichts mit sich anzufangen.

Und was die Mädchen betrifft, vertraut uns ein Heimleiter noch an, sollten wir uns doch mal vorstellen, was passiert, wenn 18, 19jährige Mädchen das Freizeitheim besuchten. Wir waren sehr gespannt. Die Mädchen, so ließen wir uns aufklären, ziehen noch ältere Jungen an, mit denen man im Freizeitheim überhaupt nichts mehr anfangen kann.

Da drängt sich die Frage auf, welche Rolle spielen die Mädchen im Freizeitheim? Das folgende Zitat aus einem Interview deutet ihre Funktion an:

„Es tanzt sich mit einem Mädchen zusammen im Endeffekt doch immer besser, als wenn die Jungen alleine sind, bloß alleine da rumhoppeln". (Ein Heimleiter)

Zuerst will man sie dort haben und dann ist man froh, wenn sie wegbleiben, denn was tun, wenn sie ‚aus der Rolle fallen'? Mädchen als Animierdamen des Jugendfreizeitheims? Aber diese ‚unendliche Geschichte' soll ein anderes mal erzählt werden . . .

Da die älteren Mädchen als Zielgruppe der Freizeitheimarbeit nun einmal nicht mehr existieren, wird natürlich auch die Frage nach dem Inhalt dieser scheinbar anderen Interessen nicht gestellt. Ob die Mädchen eine Lehrstelle gefunden haben oder nicht, was sie wollen oder was sie nicht wollen, wo und wie sie sich wehren und wo sie dem Anpassungsdruck unterliegen, interessiert kaum noch. Die Hauptsache ist, die Mädchen sind ‚untergebracht' – egal wo. Die Entschuldigung mit den ‚anderen Interessen' klingt nach außen plausibel und die Freizeitheimwelt ist wieder in Ordnung.

Uns aber interessert die Frage nach den sogenannten anderen Interessen der Mädchen. Ist der ‚Traumprinz' dahergekommen oder haben sie resigniert? Was ist aus den Bedürfnissen nach Autonomie und Selbständigkeit geworden, die in der Mädchengruppe unterstützt und entwickelt wurden: gibt es Mädchen, die sich den an sie gestellten Rollenerwartungen entziehen? ‚Aussteigerinnen' aus den bürgerlich familiären Zusammenhängen und ‚Einsteigerinnen' in eine subkulturelle Szene? Über ihren Verbleib herrscht im Freizeitheim oft das größte Schweigen.

2.2 Berufswunsch oder Desillusionierung – Chancenlosigkeit und Lebensplanung von Mädchen

Irgendwann hatte es sich herumgesprochen und war nicht mehr zu übersehen: Es wurden immer weniger Lehrstellen angeboten, dafür gab es aber umso mehr Schulabgänger, Lehrstellenknappheit, strukturelle und konjunkturelle Arbeitslosigkeit. ‚Schülerberg, geburtenstarke Jahrgänge' tauchten als Schlagworte nicht nur in Pädagogenkreisen auf. Zuständige staatliche Stellen vertrösteten auf den sogenannten Pillenknick (vgl. dazu: Schreyer, 1978).

Das ohnehin begrenzte Angebot an Ausbildungsplätzen für Mädchen wurde durch Rationalisierungen vor allem in Büroberufen und durch die Verlagerung der Produktion, beispielsweise von Textilien ins Ausland, besonders stark reduziert und konzentriert sich nunmehr auf wenige, oftmals qualitativ schlechtere Berufe.

Hinzu kommt, daß Jungen aufgrund des Lehrstellenmangels verstärkt in Berufsfelder eindringen, die zu den bislang Mädchen vorbehaltenen Ausbildungsmöglichkeiten gehörten. Es gibt immer mehr Krankenpfleger, Erzieher, Friseure etc. Interessant dabei ist auch die damit einhergehende plötzliche Aufwertung dieser Berufe.

Im Gegensatz dazu planen immer mehr Mädchen eine qualifizierte Berufsausbildung in ihr Leben ein. Dies aus mehreren Gründen: Der Kampf von Frauen um mehr Autonomie und Unabhängigkeit, von der neuen Frauenbewegung initiiert, wurde zu einem gesellschaftlichen Entwicklungsprozeß, der auch im Bewußtsein der Mädchen seinen Niederschlag fand. Erste Ansätze geschlechtsspezifischer Pädagogik unterstützten das Autonomiebedürfnis der Mädchen und motivierten sie dazu, ihr Leben für sich selbst und nicht in Abhängigkeit von einem Mann zu planen.

Selbst diejenigen Eltern, Lehrer und Erzieher, die nach wie vor Ehe und Familie als hauptsächliches Aufgabengebiet von Frauen ansehen, rieten ihnen zu einer Berufsbildung, denn im Arbeitsbereich Familie traten immer häufiger ‚Pannen' auf, wie am Ansteigen der Scheidungsrate sichtbar wird.

Im Sinne der herrschenden patriarchalischen Ideologie wurde das Idealbild der berufstätigen und verheirateten Frau entwickelt, die angeblich gerade deswegen glücklich ist, weil sie gestärkt durch ihre Berufstätigkeit auch eine bessere Hausfrau, Mutter und Ehefrau sein kann. (Unkritisch dazu: Untersuchung ‚Mädchen 82', Brigitte-Redaktion 1982)

Die damit verbundene Mehrfachbelastung konnte geflissentlich übersehen werden, da Hausarbeit nicht als Arbeit bewertet wird. Ehefrau, Mutter und Hausfrau zu sein, reicht fortan nicht mehr aus und wird dadurch noch weiter abgewertet.

Der große Anteil erwerbstätiger Frauen in den sechziger Jahren, die überwiegend als schlechtbezahlte und unqualifizierte Arbeitskräfte beschäftigt waren, machte den Mädchen ebenfalls die Notwendigkeit einer qualifizierten Berufsausbildung deutlich. An ihren Müttern sahen manche Mädchen, daß die ‚unqualifizierte' Berufstätigkeit ihnen nicht zu Selbstbestimmung und Autonomie verhalf, denn dazu waren und sind die Arbeitsplätze zu unsicher und zu schlecht bezahlt.

So verband sich für die Mädchen mit dem Bedürfnis nach einer qualifizierten Berufsausbildung auch der Wunsch, selbst Geld in der Tasche zu haben, ausgeben zu können und damit die ökonomische Autonomie nach außen hin sichtbar zu machen. Selbstverdientes Geld – verdient im Rahmen einer anerkannten, qualifizierten Tätigkeit – wird selten mit Mädchen und Frauen in Verbindung gebracht.

Stattdessen herrschen Assoziationen vor wie: Wenn Frauen Geld haben, dann haben sie entweder ‚angeschafft', geerbt oder reich geheiratet. Das Geld wird ihnen quasi immer von Männern großzügigerweise ‚zugeschoben'. Bezahlte Arbeit von Frauen und Mädchen in der Unter- und Mittelschicht wird so niedrig bezahlt, daß die Allianz mit dem männlichen Hauptverdiener fast zwangsweise erfolgen muß.

Frauenberufe sind nicht zufällig vorwiegend ‚Zu-verdienerinnenberufe', natürlich nicht gemessen an der Dauer und Schwere der Arbeit, sondern aufgrund der Unterbezahlung. Auch gibt es kaum Arbeitsfelder für Frauen und Mädchen, in denen sie ‚Aufstiegschancen' in Bezug auf die Bezahlung haben. So werden die Mädchen dem Heiratsmarkt erhalten, denn als ‚Zuverdienerin' muß sie einen ‚Hauptverdiener' auftreiben, koste es, was es wolle.

Doch der Traum von einer einigermaßen befriedigenden Berufstätigkeit ist für die meisten ausgeträumt. Während der Wochenkurse mit Hauptschülerinnen zum Thema Berufsfindung in einer Berliner Jugendbildungsstätte[8] zeigte sich bereits vor einigen Jahren, daß die Desillusionierung bei vielen Mädchen immer früher einsetzt. Während zuvor, in den üblicherweise vor Beginn der Kurse ausgefüllten Fragebögen, in den Spalten ‚Traumberuf' und ‚angestrebter Beruf' noch Traumberufe Stewardess, Reiseleiterin, Kinderkrankenpflegerin, Tierpflegerin auftauchten, verschwanden diese mit der Zeit und wurden ersetzt durch meist gleich schlechte Alternativen: Traumberuf: Friseurin, angestrebter Beruf: Büro.

Auch der Traum vom Märchenprinzen und die Erfüllung durch ein ausschließliches Dasein für ‚ihn' scheint ausgeträumt. Die Ideale und Träume unserer Mütter, die hofften, über die Ehe mit einem Mann den gesellschaftlichen

Aufstieg zu vollziehen, sind für die Mädchen nur noch bedingt interessant. Partnerschaft heißt heute die Devise. Partner ist aber nur, wer Gleiches leistet und da Leistung in Geld gemessen wird, sind Frauen gezwungen – wollen sie Partnerinnen sein – welches herbeizuschaffen. Die Partnerschaftsideologie lockt Frauen und Mädchen in die Falle, weil sie als gleich darstellt, was nicht gleich ist. Denn Männer sind schlechte Partner: Sie leisten nur einen Bruchteil der gesellschaftlich notwendigen Arbeit, beanspruchen aber die Kontrolle über alle Arbeitsleistungen und Produkte von Frauen (z. B. auch Kinder) und profitieren von ihrer Mehrarbeit.

Entscheidend aber ist, daß Mädchen sich nicht mehr an dem Bild der Frau als untergebener Dienerin des Mannes orientieren, auch wenn ihnen auf dem Weg zu ihrer Selbstbestimmung Fallen gestellt werden und die Zukunft immer düsterer erscheint.

Aber vielleicht hat diese düstere Zukunftsvision auch Vorteile für die Mädchen, ermöglicht neue Handlungsspielräume und Gedanken. Denn sie stellt jede Festlegung und Planung infrage und somit auch viele Anpassungs- und Verzichtleistungen, die unter dem Hinweis auf zukünftige Sicherheit von ihnen verlangt werden.

2.3 Der Stellenwert von Freizeit im Lebenszusammenhang der Mädchen

Die Mädchen wenden sich verstärkt dem Bereich ihrer Freizeit zu. Sie blenden perspektivische Überlegungen aus, zumindest solange, wie die Familie – trotz aller Schwierigkeiten – als Rückhalt und Versorgungsinstanz funktioniert und gemeinsam mit der Schule – quasi im Sinne eines Rahmenprogramms – die nötige Sicherheit bietet. Bürgerliche Zukunft ist kein Thema. Nicht nur innerhalb der jugendlichen Subkulturen, die aus dem ‚no future'-Gefühl einen neuen Stil kreiert haben, sondern auch bei den Mädchen, die sich nicht eindeutig der ‚neuen Welle' zuordnen.

In einer Mädchengruppe eines Schöneberger Jugendfreizeitheimes, mit der wir im Rahmen unserer Arbeit zu tun hatten, kündigte sich eine Frau an, die mit den Mädchen einen Film zum Thema: ‚Mädchenträume' drehen wollte. Das Konzept sah vor, daß die Mädchen erzählen, wie sie sich ihr Leben in zehn Jahren vorstellen (ein meist erfolgreiches Vorgehen aus der pädagogischen Trickkiste). Wir diskutierten über das Filmthema. Es stellte sich heraus, daß die Mädchen mit dem Konzept wenig anfangen konnten: ‚Ich weiß gar nicht, was ich der da erzählen soll.'. Eine andere: ‚Die soll mich mal fragen, was ich jetzt will, was weiß ich denn, was in zehn Jahren ist. Interessiert mich nicht'.
Die Gruppe beschloß, bei diesem Film nur mitzumachen, wenn sie das Konzept in ihrem Sinne ändern könnte. Da die Filmfrau bereits angedeutet hatte,

daß ihr beim Fernsehen eingereichtes Exposeé quasi dieses Vorgehen festlegt, war die Sache für die Mädchen sowieso gestorben. Instinktiv hatten die Mädchen die politische Bedeutung des ‚Werbefilms': Wie können Mädchen wieder träumen lernen, erfaßt und boykottiert.

Das heißt allerdings nicht, daß Mädchen keine Phantasie mehr haben. Parallel zum Filmvorhaben entwickelte dieselbe Mädchengruppe folgende Idee für ein Theaterstück:

Die Mitglieder einer Mädchenband planen, zusammen um die Welt zu reisen, um endlich ‚mal richtig zu leben'. Doch keine hat Geld. Deshalb beschließen sie, einen Banktresor zu ‚knacken' (was wäre naheliegender?). Natürlich nicht nach Jungenmanier in einem spektakulären Banküberfall mit Pistolen und Toten, sondern raffiniert, trickreich – und vor allem heimlich.

Wie der Zufall so will, bekommen sie das Angebot, als Damenkapelle in einer Bankfiliale anläßlich des 100jährigen Bestehens der Bank zum Tanz aufzuspielen. Der Coup klappt: Während des Auftritts gelingt es einer, unbemerkt zu entschlüpfen, mit einem Trick den Schlüssel an sich zu bringen, den Tresor auszuräumen und das erbeutete Geld im Gitarrenkoffer zu verstecken.

Zu Hause angekommen muß sie leider feststellen, daß sie in ihrer Aufregung den Gitarrenkoffer in der Bank vergessen hat. Als die Verzweiflung ihren Höhepunkt erreicht, steht plötzlich die Garderobenfrau aus der Bank vor der Tür und bringt den Mädchen den Gitarrenkoffer mit dem kostbaren Inhalt, woraufhin die Mädchen sie zu ihrer Weltreise einladen.

Die Phantasien, die die Mädchen hier entwickeln, sind gegenwartsbezogene Wunschvorstellungen, keine Zukunftsplanungen, sondern schnelle und konkrete Fluchtmöglichkeiten aus der Realität, denn die Aussichten auf die Zukunft sind düster: Wohnungsnot, Arbeitslosigkeit, allgegenwärtige Gewalt, Umweltzerstörung, atomare Bedrohung. Dann doch lieber das Leben vor dem Tode noch genießen, zumindest in der Phantasie.

Doch Mädchen setzen sich in ihren Phantasien auch mit der gegenwärtigen Lebensbedrohung auseinander:

Unsere Zukunft:

„Im Jahre 19 . . hatte die Menschheit den Atomkrieg hinter sich, rußbedeckte Landschaften und Stadtruinen, dicke, beißende, nach verkohlten Leichen und Plastik stinkende Nebelschwaden durchzogen die Luft – Totenstille – kein überlebendes Wesen.

Moment! Was ist das?

Hinter den Überresten eines Atomkraftwerkes schleicht ein mittlerweile zahnloses Wesen, das undefinierbare, monotone Laute von sich gibt. Sabbernd und labbernd sind beim Näherkommen immer wieder die gleichen Worte herauszuhören: „Mir mabm memommen." („Wir haben gewonnen"). Plötzlich rollt es ein zerfetztes, verkohltes Papierfähnchen aus der Hosentasche, das entfernt an die amerikanische Flagge erinnert und fuchtelt damit begeistert in der Luft herum. Dabei fällt ihm versehentlich sein Paß aus der Tasche. Oh! – Der einzig Überlebende ist Herr Reagan.

Am Himmel ein buntbemaltes Raumschiff. Aus den Luken fallen Blumen und Spielzeug. Trauer und Enttäuschung sind groß, als die kleinwüchsigen Wesen mit den großen Köpfen aus dem Raumschiff steigen und diese Einöde sehen. Beim Anblick der fahneschwenkenden Jammergestalt stutzen die außerirdischen Besucher. In diesem Moment geschieht etwas, was Herr Reagan während seiner kurzen glorreichen Amtszeit noch nie erlebt hat . . . .
(Fortsetzung folgt)"
(aus: „Frauwärts" Nr. 1, 1982, S. 25)

Noch haben die Mädchen ein Interesse am Überleben. Die Geschichte ist nicht resignativ, auch wenn die Autorinnen dem Weiterbestehen der Erde keine großen Chancen einräumen. Sie setzen der ‚totalen Katastrophe' ihre positive Utopie von buntbemalten Raumschiffen mit Blumen und Spielzeug entgegen.

Aus den Beispielen wird klar, daß die Wünsche und Bedürfnisse der Mädchen in erster Linie um das Hier und Jetzt kreisen. Aber nicht nur die Aussicht auf eine düstere Zukunft läßt sie die Verwirklichung ihrer Träume in der Gegenwart suchen. Auch dem frustrierenden Alltag müssen sie täglich etwas entgegensetzen, denn das, was ihnen von Schule, Elternhaus und Staat vermittelt wird, ist paradox: Gerade weil die Zukunft düster ist, sollen sie sich anpassen anstatt sich zu wehren, ihre Wünsche, Träume und Hoffnungen begraben, statt Möglichkeiten für ihre Realisierung zu fordern.

Jugendlichen werden heute Erfolgserlebnisse und Anerkennung konsequent verweigert, denn:

„– Die Schule als Zuteilungsinstitution für soziale und berufliche Chancen funktioniert nicht mehr,
– wer sich anstrengt, bekommt dennoch keine Lehrstelle oder ein akzeptables Einkommen,
– Wohnungen für Jugendliche gibt es nicht, es sei denn, sie werden besetzt,
– wer spart, hat jetzt nichts und morgen wahrscheinlich auch nichts,
– zeitbewußt leben heißt, im Hier und Jetzt genießen" (Savier, 1982a, S. 142).

Für die Eltern ist allerdings der Schulerfolg ihrer Kinder, gerade angesichts der schlechten Berufschancen, oft selbstverständlich. Für sie ist meist klar: Wenn es weniger Lehrstellen gibt, bekommen nur die Guten eine. Dazu soll ihre Tochter (ihr Sohn) gehören. Die Eltern – insbesondere die Mütter – wissen um die Wichtigkeit einer beruflichen Qualifizierung für Mädchen. Denn die Mütter der meisten Mädchen (der von uns untersuchten Mädchenszene) sind außerhäuslich berufstätig. Überwiegend haben sie miese und schlechtbezahlte Jobs, manche haben sich auch ‚hochgearbeitet', soweit das für Frauen überhaupt möglich ist; man sollte eher sagen ‚hochgedient', denn häufig macht die jahrelange Tätigkeit in einer Firma den ‚Erfolg' aus.

Die Eltern wollen also, daß aus ihrer Tochter ‚etwas wird': „Mein Vater wollte, daß ich Stewardess werde oder Sekretärin. Da ich das nicht konnte mit meinem Zeugnis und ich mich auch soviel beworben hatte und nichts geklappt hatte, da war er wohl auch ein bißchen enttäuscht gewesen und hat gesagt, ‚nun geh‘ arbeiten und so‘ “ (Marion S.).

Die Hoffnungen der Eltern setzen die Mädchen unter Druck. In der Schule geht der Streß weiter. Die drohende Arbeitslosigkeit trägt dazu bei, die für den gemeinsamen Ansturm auf noch verbleibende Arbeits- und Ausbildungsplätze angekündigte Konkurrenzsituation besonders in der Haupt- und Realschule vorwegzunehmen. Schulischer Erfolg bedeutet heute verstärkt, in Konkurrenz zu Mitschülern/innen treten zu müssen. Um selbst durchhalten zu können, wird von den Mädchen gefordert, sich gegen die Freundinnen zu stellen, die schulischen Leistungsdruck verweigern.

Dadurch wird die Solidarisierung der Mädchen und somit die Möglichkeit, ihre Situation als eine nicht nur individuell verschuldete zu begreifen, erschwert. Hinzu kommt, daß die im Zuge koedukativer ‚Gleichberechtigung‘ den Mädchen übergestülpten Bildungsziele der Schule, die sich vorwiegend an der Lebensperspektive und Lebensplanung von Jungen orientieren, weibliches Arbeitsvermögen als anzuerkennende gesellschaftlich wichtige Fähigkeiten fast vollständig verdrängt haben. Gemeint sind damit die sogenannten weiblichen Fähigkeiten, die Mädchen im Laufe ihrer Sozialisation lernen: Hausarbeit und Sozialarbeit. Beides ist jedoch weiterhin Bildungsziel für Mädchen (heimlicher Lehrplan), wird aber nicht offiziell bewertet und anerkannt. Leistung wird formal nach dem bewertet, was Jungen leisten. Mädchen unterliegen demnach einem doppelten Leistungsdruck, wenn sie in der Schule erfolgreich sein wollen.

Auch der moralisch erhobene Zeigefinger von Eltern, Schule und Medien verweist auf den, manchen Mädchen angeblich drohenden ‚Abrutsch‘ in die ‚Gosse‘, zu denen, die sich neben dem offiziellen Arbeitsmarkt reproduzieren: den Prostituierten, Fixern und Kriminellen. Für die Eltern sind es die, die es mangels familialer Erziehung moralischer Tugenden und Werte nicht geschafft haben, aus ihrem Leben etwas ‚Ordentliches‘ zu machen.

So entsteht ein Teufelskreis, der die guten Ratschläge und Ermahnungen in ihr Gegenteil verkehrt (nach dem Motto: Ratschläge sind auch Schläge). Die Mädchen (und Jungen), die vor dem Hintergrund der oben genannten Möglichkeiten ihrer Angst vor der Zukunft ein turbulentes Leben im Hier und Jetzt entgegensetzen, die Zukunft vorübergehend für sich abschaffen und daraus ein neues Lebensgefühl gewinnen, bekommen oft täglich vorgehalten, was aus ihnen wird, wenn sie ‚so weitermachen‘.

Während Jungen in den Augen der Eltern Gefahr laufen, ‚kriminell‘ zu werden, wird Mädchen sexuelle ‚Devianz‘ und ‚Verwahrlosung‘ vorgeworfen. Insbesondere Väter, die die antiautoritäre und ziellos scheinende Auflehnung der Kinder am allerwenigsten verkraften, haben stets ‚ermunternde Sprüche‘ zur Hand, denn während Mütter in der Regel voller Sorge fragen: „Was soll bloß aus Dir werden?“, wissen die Väter es oft längst: „Aus Dir wird nie etwas ... Du siehst jetzt schon aus wie eine Nutte ...“.

So wird die Freizeit zu der Zeit, während derer sich das Leben als lebenswert herausstellen muß. Für Mädchen ist diese freie Zeit meist zusätzlich durch Hausarbeit, d. h. nicht anerkannte und unbezahlte Reproduktionsarbeit für die Familie eingeschränkt. Sie lernen frühzeitig, daß Männer für sie Arbeit sind, denn durch ihre (unbezahlte und nicht als Arbeit anerkannte) Hausarbeit verlängern sie die Freizeit für Väter und Brüder (vgl. hierzu: Griffin, 1982).

In der ihnen noch verbleibenden Freizeit müssen sie in Windeseile all das versuchen zu kompensieren, was sich als täglicher Alltagsfrust in ihnen anstaut. Denn bei einem Leben im Hier und Jetzt fällt auch die Möglichkeit weg, Wünsche und Bedürfnisse in die Zukunft zu projizieren und so den Alltag erträglicher werden zu lassen.

2.4 Exkurs: Mütter und Töchter – Die doppelte Botschaft. Einige Ausschnitte aus der familialen Situation

Mütter wollen, daß es ihren Töchtern später einmal besser geht als ihnen selbst. Für den Weg dorthin scheint es jedoch zwei Straßen zu geben, die in unterschiedliche Richtungen auseinanderlaufen. Die eine ist geradlinig, allgemein akzeptiert und gut ausgeschildert, die andere erscheint kurvenreich, voller Gefahren und Abenteuer und ist von einer Faszination, die gleichzeitig Angst erzeugt.

Manche Mütter vermitteln die Existenz beider Möglichkeiten. Oft unbewußt übertragen sie ihre eigenen Emanzipationswünsche auf die Tochter. Aber die gleichzeitigen Forderungen nach Anpassung an bürgerliche Normen und die Verordnung geschlechtsspezifischer Verhaltensweisen widersprechen den signalisierten Wünschen nach Auflehnung und Emanzipation.

Der Draht zwischen Mutter und Tochter erhält im Laufe des Sozialisationsprozesses Bruchstellen. Die Töchter werden mißtrauisch, sie erleben die Kompromißbereitschaft und Anpassungsleistungen, die die Mutter gegenüber den männlichen Familienmitgliedern (Unterordnung unter den Ehemann, Bevorzugung von Brüdern in Bezug auf häusliche Pflichten etc.) erbringt, um den Familienfrieden aufrechtzuerhalten bzw. wiederherzustellen, als Schwäche und nicht selten als Verrat. Auch Mütter, die im Innenverhältnis der Familie eine deutliche Entscheidungsmacht haben, verzichten in der Regel auf die äußere Repräsentation dieser Stärke. im Gegenteil, nach außen hin leugnen sie diese dominierende Stellung und versuchen den Ehemann zu motivieren, die Familie und sie selbst stellvertretend zu repräsentieren. Die Parteilichkeit der Mädchen für die Mutter in Konfliktsituationen mit dem Vater gerät ins Wanken, wenn sie ständig wieder erlebt, wie ihre Mutter sich immer wieder anpaßt und sich Dinge gefallen läßt, von denen beide – Mutter und Tochter – wissen, daß es so nicht in Ordnung ist. Die Mutter weiß, daß die Tochter weiß – aber meistens schweigt sie.

Um den Ehefrieden aufrechtzuerhalten, sind Mütter oftmals gezwungen, die Erziehungsvorstellungen des Vaters gegenüber der Tochter durchzusetzen. Häufig versuchen sie jedoch, sie vor Sanktionen durch den Vater zu schützen, indem sie ihm gegenüber Ordnungsverstöße der Tochter verschweigen und Fehlverhalten vertuschen.

Diese Solidarität zwischen Müttern und Kindern gegenüber dem Vater funktioniert jedoch in der Regel nur, solange es allen gelingt, Stillschweigen zu bewahren. Kommt der Vater dahinter, ist es der Mutter häufig nicht mehr möglich, in der offenen Auseinandersetzung die Solidarität mit den Kindern aufrechtzuerhalten. Stellt sie sich in Konfliktsituationen sogar offen auf die Seite des Vaters, wie z. B. bei Bestrafungsaktionen, erhält der Draht zwischen Mutter und Tochter eine weitere Bruchstelle oder reißt sogar vorübergehend ganz ab.

In unserer Arbeit haben wir die Erfahrung gemacht, daß es für Mädchen oft problematisch wird, wenn die Mutter nach einer Phase des Alleinlebens eine Beziehung zu einem Mann beginnt und diesem gestattet, sich in die Erziehung der Kinder ‚einzumischen'. Die Gefühle der Tochter werden aufgespalten zwischen dem Wunsch, daß es der Mutter gut gehen soll und der Eifersucht und ohnmächtigen Wut über die Einmischung eines Mannes, der nicht einmal ihr Vater ist, in das Verhältnis zu ihrer Mutter.

Eine weitere Enttäuschung erleben die Mädchen, wenn es den Müttern nicht gelingt, ihre Forderung nach Mitarbeit der Brüder im Haushalt durchzusetzen, denn die Töchter fühlen sich dadurch zu recht gegenüber den Brüdern in ihrer Freizeit eingeschränkt und diskriminiert.

Anpassung, Erfüllung aller Anforderungen und die Übernahme der elterlichen Normen kann die Tochter aus dieser psychischen Zwickmühle scheinbar befreien. Es bringt – abgesehen von einer Unmenge an Hausarbeit – dem Mädchen meist Lob und Zuwendung ein, sowie Bevorzugung im Geschwisterverband.

Die weniger angepaßte Variante, bei der die Tochter u. U. eher den unbewußten Wünschen der Mutter nachkommt, hat die Zuspitzung des Konfliktes zur Folge. Verweigerungstechniken in Bezug auf die Hausarbeit, Schule und Erziehungsregeln begleiten diese Auflehnung. Sind zwei oder mehrere Töchter in der Familie, gibt es oftmals beide ‚Varianten'. Die angepaßte Tochter verstärkt dann meist durch die Solidarisierung mit der Mutter das Verweigerungsverhalten der anderen Tochter und umgekehrt.

Das gespannte Verhältnis zwischen Mutter und Tochter verhindert einen gegenseitigen Identifikationsprozeß auf der Basis von Anerkennung und Vertrauen und damit die Möglichkeit, daß die Tochter aus den Lebenserfahrungen der Mutter lernt. Die angepaßte Tochter darf, um die Anpassungsleistungen zu erbringen, die ambivalenten, wiederstandsprovozierenden Anteile der mütterlichen Biographie nicht wahrnehmen und muß ihre eigenen verdrängen, um zur Stabilisierung ihrer Psyche die Illusion von Partnerschaft und Familienglück aufrechtzuerhalten. Die Identifikation mit der Mutter bezieht sich stärker auf die von ihr aufrechterhaltenen Normen und hat als Lernprozeß deren Übernahme zur Folge.

Die Tochter, die sich verweigert und abgrenzt, konnte nicht aus den Erfahrungen der Mutter lernen, weil sich die von ihr wahrgenommenen Widerstandsbestrebungen und Wünsche der Mutter als für sie nicht tragfähig erwiesen haben, da sie im Leben der Mutter zu wenig konkret werden. Die Identifikation mit Widerstandsversuchen der Mutter ist kaum möglich, da diese selten im Beisein der Tochter zum Vorschein treten. (Vergl. auch Werner V. 1982, S. 5)

Die Mütter sind meist verzweifelt über die Abgrenzungen der Tochter und fragen sich: „Was habe ich bloß falschgemacht?" Um jedoch aus dieser Situation der Mitteilungslosigkeit herauszukommen, müßten sie sich zunächst den Widersprüchlichkeiten ihrer eigenen Biographie öffnen, sie akzeptieren und verarbeiten. Dieser Prozeß ist angstbesetzt, macht er doch wahrscheinlich längst notwendig gewordene Konsequenzen deutlich und verstärkt somit das Gefühl, einer scheinbar auswegslosen Situation gegenüber zu stehen.

Hinzu kommt, daß mütterliche Lebenserfahrungen nicht zu der Art von Wissen gehört, das Mädchen heutzutage angeblich brauchen. Nirgendwo hören Mädchen, daß von Müttern mehr zu lernen ist als die Technik der sogenannten häuslichen Pflichten.

So verkommt die Vermittlung von Lebenserfahrung zur Erteilung guter Ratschläge und dem Heraufbeschwören von Schreckensvisionen („Komm Du mir bloß nicht mit einem Kind nach Hause").

2.5 Der Schritt über die Schwelle – Ausflippen oder sich anpassen?

Für die meisten Mädchen ist die Phase, wenn die Schule beendet ist und der sogenannte Ernst des Lebens beginnt, die Zeit der zweiten großen Verunsicherung in ihrem Leben. Die erste ist unserer Meinung nach die Pubertät, auf die hier nicht weiter eingegangen werden soll.

Ausgestattet mit dem Wissen, daß ein Beruf ein größeres Maß an Unabhängigkeit gestattet, sind viele Mädchen kurz vor Schulabschluß eifrig bemüht, eine Lehr- oder Arbeitsstelle zu finden. Ganz besonders die Mädchen, die nicht gerade die allerbesten Schülerinnen waren und dazu noch in ihrem Auftreten (Körpersprache, Kleidung, Sprache) nicht an der angepaßten Erwachsenenwelt, sondern an jugendlichen Subkulturen orientiert sind, erwartet ein Prozeß der Diskriminierung und Demoralisierung, wie er wohl nur von Betroffenen selber eindrucksvoll beschrieben werden kann (siehe auch nachfolgendes Interview).

Das Elternhaus, bisher selbstverständliche Versorgungsinstitution, stellt sich als solche plötzlich infrage. Spätestens hier setzt der Ablösungsprozeß vom Elternhaus ein. Die Schule, die den Tag – abgesehen von den häuslichen Pflichten

– in Schulzeit und Freizeit eingeteilt hat, fällt als lebensordnende Instanz weg, ebenfalls die schützenden Zusammenhänge des Klassenverbands, die gewohnten Bezüge zu Lehrern und Mitschülern, die Freundinnen.

Im Jugendheim treffen sie meist überwiegend jüngere Mädchen an, die alten Freundinnen aus der Mädchengruppe kommen nach und nach nicht mehr.

Gleichzeitig nimmt der äußere Anpassungsdruck ständig zu. Ermahnungen und gute Ratschläge der Eltern werden aufgefrischt („Kleider machen Leute"). Mit Bewerbungsgesprächen beginnt es, die Alltagskleidung muß durch etwas ‚flottes' ersetzt werden, die Rolle der netten, adretten, modischen, kurz, der ‚modernen' jungen Frau, die, will sie ihre Arbeitskraft verkaufen, auch ihre Weiblichkeit anbieten muß, wird eingeübt.

Die Entscheidung steht vor der Tür. Klar ist: Wer sich nicht wenigstens äußerlich anpaßt, kann die Lehrstelle oder den Job gleich vergessen. Alles in allem: die Packeisgrenze ist erreicht. Arktisches Klima breitet sich aus. Die Situation der Desorientierung verlangt nach einer neuen Ordnung. Für Mädchen bedeutet dies vor allen Dingen die Suche nach einer neuen emotionalen Orientierung.

Nun kommt es darauf an, wer die Mädchen vom Packeis befreit: Sind es die alten Cliquen aus der Wohngegend oder bieten sich neue subkulturelle Orientierungen? (siehe dazu: Savier 1982b). Oder ist es der Freund, eine Verlobung, die die Sicherheit einer durch bürgerliche Normen geschützten Zweierbeziehung verspricht und dem Leben durch die Sorge für andere einen Sinn gibt? Die Frage nach dem Sinn wird erträglicher, wenn man als Fluchtpunkt und Orientierung eine andere Person oder andere Personen hat. „Wenn ein Mann sie liebt, denken viele Frauen, dann haben die Ärgernisse und Sinnlosigkeiten der restlichen Lebensbereiche keine zerstörerische Bedeutung. Wenn er sie versteht, lassen sich die Fremdheiten des Alltags ertragen" (Schlaffer/Benard 1981, S. 279).

Wir kennen Mädchen, die langjährige Mädchengruppenerfahrungen haben, und dort selbstbewußt und mutig geworden waren, die aber gerade in dieser zweiten Phase der Verunsicherung dem Anpassungsdruck nicht standgehalten haben. Das hat uns besonders betroffen gemacht. Und uns ist klar geworden, daß Mädchenarbeit anders organisiert werden muß, die Mädchen gerade in dieser Phase nicht verlassen werden dürfen, auch wenn es zunächst so aussieht, als hätten sie Hilfe nicht mehr nötig.

Wir erlebten auch Mädchen, die nach dem Verlassen der Mädchengruppe andere Orientierungen fanden, die sie ihrem Wunsch nach einem autonomen Leben näher gebracht haben (vgl. hier: Savier 1982b).

Warum sie jeweils den einen oder anderen Weg einschlagen, können wir (noch) nicht ausreichend erklären, aber auf jeden Fall weigern wir uns, Mädchen und Frauen nur als Opfer zu sehen. Das entspricht zwar der Situation, in der wir leben, nicht aber der persönlichen und kollektiven Stärke vieler von uns erlebten Mädchen und Frauen. Das Problem liegt auch nicht in der Anpassungs- und Kompromißbereitschaft mancher Frauen, sondern in der noch nicht genügenden Verbreitung von Alternativen, in denen Mädchen und Frauen lernen können, die Verantwortung für sich selber zu übernehmen.

2.6 Marion S. – „Es wird eben nicht mehr so schön, wie es mal gewesen ist“[9]

Marion S. ist jetzt 19 Jahre alt. Mit 15 kam sie in die Mädchengruppe eines Freizeitheims in Berlin-Schöneberg, wo sie – wie sie selbst sagt – einige für sie wichtige Entwicklungen gemacht hat. Wir kennen sie von dort aus der Mädchengruppe. Sie war immer eine Aktivistin in der Gruppe. Mit ihrer nach außen jungenhaften und ‚ruppigen‘ Art setzte sie sich im Freizeitheim sehr gut durch. Den Jungen gegenüber trat sie als Kumpel auf.

„Es spielt auch eine Rolle, wenn man so eine Gruppenbestätigung hat. Wenn man ganz genau weiß, bei den Leuten werd' ich akzeptiert, die mögen mich, ich bin ihr Kumpel, obwohl ich jetzt ein Mädchen bin“.

In der Schule wurde sie deswegen diskriminiert:

„In der Schule sagten alle: Jetzt kommt der Kerl! oder so. Haben alle ein bißchen gelästert, und die Lehrer, die haben auch nie zu mir gesagt, Marion, die haben immer zu mir gesagt, Schmidt, steh mal auf und, Du bist ja genauso wie Dein Bruder!

Also, solche Sprüche hab ich zu hören bekommen, aber ich hab mir nichts daraus gemacht.“

Irgendwann fing sie jedoch an, ihr äußeres Verhalten zu verändern. *„Ich habe da plötzlich einen Jungen gesehen und der hat mir gefallen. Und da bin ich öfters in Blusen rumgelaufen, hab mich anders angezogen und hatte im Sommer viel den Rock an.“*

Marion wohnt jetzt mit ihrem Verlobten zusammen und besucht seither nicht mehr das Freizeitheim. Anfang 1982 haben wir sie angerufen und mit ihr das nachfolgende Gespräch geführt, das wir für diese Expertise gekürzt haben.

Wie ist es so bei Dir gelaufen, gab es Ärger beim Ausziehen?

Marion: Der Frank, der ist zu mir gezogen, zu meinen Eltern und da haben wir ein halbes Jahr gewohnt. Doch mal hat uns das auch gereicht, nicht. Dann hat er Stunk mit meinem Vater gehabt und dann sind wir eben wieder ausgezogen. Na ja, mein Vater der ist so'n bißchen, also, was der sagt, wird gemacht. Er ist halt der Herr im Hause und so soll das auch sein und ich muß machen, was er sagt. Ich meine, da kommen schon Reibereien, das bleibt nun nicht aus. Das kommt von ganz alleine. Dann sagt man nur ein falsches Wort und dann geht das los. Mein Vater hat bloß Frank rausgeschmissen, mich nicht. Und ich hab gesagt, dann geh ich auch mit. Irgendwann muß ich ja auch mal einen Anfang machen. Ich meine, ich kann ja nicht ewig zu Hause hängen und meiner Mutter auf der Tasche liegen. Jetzt wohnen wir bei seinen Eltern (lacht). Ich meine, da hat man wenigstens seine Ruhe, also kein Zanken. Wir haben ein Zimmer, das ist so groß wie Euer Bad, so 10 qm, also ich und der Frank, nicht. Also, das ist eine Zweieinhalbzimmerwohnung, Küche und Bad. Im Schlafzimmer schläft der Bruder und Vater und im Wohnzimmer sitzen wir alle so mal. Wir haben also das halbe Zimmer. Und wenn das so groß wäre wie dieses hier, würde ich mich wirklich freuen. Aber jetzt suchen wir eine Wohnung.

Ich habe gesehen, wie meine Geschwister alle ausgezogen sind. Mit 13, 14, 15 sind sie alle getürmt von zu Hause und ich wollte jetzt meinen Schwestern und Brüdern beweisen, weil sie sagten, bei Vater kannst Du es höchstens bis 15 aushalten, weil man mit ihm nicht auskommen kann, daß man mit ihm auskommen kann, wenn man es will. Ich hab also meinen 18. Geburtstag zu Hause gefeiert und meine Verlobung auch, was also keiner meiner Geschwister gemacht hat. Ich hab auch jetzt einen anständigen Beruf, ich hab zwar nichts gelernt, aber ich hab 'nen Beruf. Ich bin ein Wunschkind, meine Eltern wollten mich haben und auch so, wie ich jetzt bin. Mein Vater gibt nie zu, daß er uns liebt. Er sagt vielleicht meiner Mutter heimlich: Ich hab Dich lieb oder was. Aber er zeigt nie seine Gefühle.

Alle zwei Monate hat meine Mutter für uns Schuhe geholt. Acht paar Schuhe, das war viel Geld. Meine Geschwister haben alle Turnschuhe bekommen. Ich hab so lange im Kaufhaus gebrüllt, bis ich die Schuhe kriegte, die ich haben wollte. Ich hab dann gebrüllt: Ich will aber, und die Leute haben dann geguckt und meine Mutter hat mir dann die Schuhe geholt. Ich hab immer meinen Willen bekommen. Ich brauch das und das, hier hast Du es. Und die anderen – wenn die das sagten – wurde ihnen was ins Gesicht angeboten. Ich hatte eben bloß Glück, daß ich die letzte bin. Wenn ich die erste gewesen wäre, würde es mir auch anders gehen.

Mein kleiner Bruder hat angefangen zu knacken und mit der Pistole rein in die Kneipe. Er war dreiviertel Jahr im Knast. Mein Bruder hat immer zu hören bekommen, daß er ein Hirni ist und hat das nicht gepackt. Er hat versucht, durch Saufereien und Klauereien seine Aggressionen abzubauen. Und der andere, also der Hans, der kokainsüchtig ist und er hier und mein Vater, die sind alle eins, die Drei. Weil mein Vater merkt, daß der so ist, wie er selber, akzeptiert er das nicht so. Er hat immer gesagt: Du Hirni, Doofi, Du und 'ne Lehrstelle. Als mein Bruder den Lehrvertrag in der Hand hatte, war mein Vater von den Socken, hat sich aber auch gefreut.

Mein Vater hat mich nie bestraft, nur einmal hab ich ein Ding gekriegt, weil ich drei Leute bei mir habe schlafen lassen, ohne sein Wissen, zwei Jungen und ein Mädchen. Ich hab Keile bekommen. Ich hab's ja auch eingesehen, fand es richtig. Das hab ich auch gesagt. Wir haben darüber diskutiert. Ich hab wirklich Scheiße gebaut. Meine Mutter kommt gut mit jungen Leuten zurecht. Sie ist fürs Diskutieren und beschnattert meinen Vater, daß wir irgendwann zusammensitzen und sie spricht dann das Thema an und ich geh dann drauf ein. Dann muß mein Vater auch, und dann sitzen wir und diskutieren. Mein Bruder macht dann auch manchmal mit, manchmal nicht. Und dann ergeben sich so manchmal Sachen, weiß ich nicht – dann wird das richtig besprochen. Das ist wichtig. Ich bin zu meiner Mutter gegangen, und hab ihr gesagt, daß ich 'nen Freund habe, wo sich andere Mädchen das gar nicht trauen würden. Meine Mutter hat sich darüber mit mir unterhalten. Als ich mal Schwierigkeiten hatte mit Frank, habe ich meine Mutter wieder darauf angesprochen. Das war ganz normal. Das ist wichtig, daß man zu seinen Eltern gehen kann und sagen kann, paß mal auf, da ist das und das passiert, was soll ich machen. Ich find' das wichtig. Ich bin ganz zufrieden. Ich hab 'ne gute Erziehung gehabt, kann ich also sagen, und ich bin auch stolz drauf, daß ich die Einzige bin, die ein gutes Zuhause hatte. Ich meine – gut – ich bin auch mal bei Bilka klauen gegangen, mußte mal vor Gericht, wegen 'ner Prügelei, und so. Da bin ich hingegangen zu meinem Vater und hab ihm das erzählt, da sagt der: Wieso klaust Du denn, Du hast es doch gar nicht nötig, du kriegst doch genug Taschengeld. Ich hab kein richtiges Taschengeld gekriegt, nur immer, wenn ich was brauchte. Schulsachen hat mir meine Mutter immer mitgebracht. Ich hab nie 'ne Schelle gekriegt. Meine Mutter hat zuerst viel vertuscht, aber irgendwann kriegte er es einfach raus. Erst war er sauer. Ich hab' im Kaufhaus Lippenstifte geklaut, Nagellack, da war ich 12 oder 13. Das sind Sachen, die kribbeln in den Fingern. Da muß man einfach was nehmen. Und dann haben wir Unterhosen geklaut und BH's. Wir hatten ja gar keine Brust gehabt. Und solche Sachen haben wir geklaut und irgendwann haben sie uns dann erwischt. Meine Mutter hat uns da ganz schön geholfen. Ich bin nach Hause gekommen und hab das meiner Mutter erzählt. Da sagte sie: laß mal, das machen wir schon. Dann mußten wir zum Gericht, also erst mal zur Polizei, zur Aussage, und da hat mir dann meine Mutter geholfen und hat gesagt, daß sie mir selber das Geld gegeben hat und daß ich mir einen BH kaufen sollte und der hat mir dann nicht gepaßt, da hab' ich ihn zur Schule genommen für meine Freundin. Die hat das also auch noch bestätigt. Die Mutter meiner Freundin hat ausgesagt, daß sie weiß, daß ich ihr den BH schenken wollte und damit war dann der Fall abgegessen, wa? Naja, und dann konnten sie uns ja nichts beweisen, weil die haben mich ja nicht direkt beim Einstecken gesehen oder so.

Mein Vater wollte, daß ich Stewardess werde oder Sekretärin. Da ich das aber nicht konnte mit meinem Zeugnis und ich mich auch so viel beworben hatte und nichts geklappt hat, war er wohl auch ein bißchen enttäuscht gewesen und da hat er gesagt: Nun geh arbeiten und so. Also ich hab Bewerbungen geschickt, ich hatte eine ganz dicke Hand. Und ganz ordentlich hatte ich alles abgeschickt, so Klarsichthüllen und Hefter und alles, nicht. Ich hab die Dinger wieder gekriegt, mit meinem eigenen Umschlag. Nur so'n Schmierzettel, leider nein und solche Dinger. Ich wollte was beim Arzt machen, also – ich wollte Zahnarzthelferin werden oder eigentlich wollte ich ja mal Erzieherin werden (lacht). Aber ich hab doch meinen Realschulabschluß nicht bekommen und weißt Du, den brauch ich ja. Und dann wollte ich auf eine Haushaltsschule gehen und bevor ich da angefangen hatte, so mit der Haushaltsschule, die ging im September los, hab ich doch noch 'ne Arbeit gefunden. Also bei dem da im Laden. Ich war zufrieden, daß ich was hatte. Er hat gebrüllt, ich soll arbeiten gehen und dann hab ich im Keller Staub gewischt und dann bin ich krank geworden, das war letztes Jahr zwischen Weihnachten und Neujahr – so kurz vor Weihnachten. Da hab ich also was mit den Bronchien gekriegt, war also ganz schwer erkältet und bin mit Fieber zur Arbeit gegangen. Hab 'ne Stunde geputzt, also von 8.00 bis 9.00 Uhr geputzt und dann haben sie mich durch's Lager gescheucht. Und dann war da also Saison, also Stoßzeit vor Weihnachten, und da bin ich also nur rumgerannt und dann hab ich gesagt, wenn nach Silvester alles vorbei ist, geh ich zum Arzt. Ich hatte 'ne starke Bronchitis, ich hab flach gelegen, bestimmt zwei Wochen, drei Wochen. In der Zeit hat er mir gekündigt, hat er gesagt, die Krankschreibung ist nie angekommen. Dann hab ich mir ein Duplikat geholt und hingelegt und dann mußte er mich ja noch weiterbezahlen. Und am 30. Februar ist dann die Kündigung inkraft getreten und dann hab ich von der AOK dann noch Geld gekriegt. Und dann hab ich Arbeitslosengeld gekriegt.

Meine Mutter hat sich auch immer bemüht, sich rumgehört bei ihren Kolleginnen. Und mein Vater bei den Kollegen. Dann haben die 'ne Lehrstelle gehabt, wie heißt denn das, so, wenn man Filme schneidet, Cutterin – ja, ich meine, das ist mir zu doof. Das ist vielleicht ein interessanter Beruf, ich meine, man kann sich doch gar nichts darunter vorstellen. Also, ich weiß nicht. Ich fotografier' ja auch nicht gerne und so. Ich finde, man muß schon ein bißchen Interesse haben oder so. Ich meine, die Lehrstelle war wohl frei gewesen, die sagten, ich soll mich mal ein bißchen bemühen, aber ich wußte ja nichts. Und dann war das eben so gewesen, spring ich jetzt oder spring ich nicht.

Hat das Jugendheim Dir in der Zeit irgendwie weitergeholfen?

Marion: Also unsere Betreuerin hat immer versucht, mir 'ne Lehrstelle zu organisieren. Die haben uns immer gesagt, würdest Du denn das oder das machen. Und da könntest Du das machen und mal gucken nach Arzthelferin oder mal bei 'nem Arzt fragen, geh einfach mal rum bei den Ärzten in Deiner Nähe und frag', ob die jemanden brauchen. Und ich hab' mir da ja nicht so viel Hoffnung gemacht, weiß ich. Ich war da so richtig lustlos gewesen. In der ersten Zeit nicht so, da hatte ich auch reingestarrt in die Zeitungen, da habe ich mich auch flotter angezogen und ging hin. Die erste Zeit bin ich also eigentlich so sehr selbstbewußt hingegangen. Und dann hab ich gemerkt. Ich bin also so – ich bin, also bei der Polizei beim Einstellungstest, also, ich hab dagesessen, schweißnasse Hände, hab' gefroren, ja. Hab nichts mehr gewußt.

Ja, beim Diktat hatte ich 27 Fehler. Also, ich meine, ich hab' so in Rechtschreibung 'ne Drei, zwischen Drei und Vier hab ich immer gestanden. Also ich meine, 27 Fehler im Diktat, das war so ein Lückendiktat, da muß man immer nur die Wörter einsetzen und die falschen rausstreichen und das ist doch nun wirklich nicht allzu schwer. Da haben alle null Fehler gehabt und ich hab' da 27 Fehler. Das ist mir auch unbegreiflich, wie ich das machen konnte.

Ja, da war ich schon richtig übernervös gewesen. Ja, und dann war ich bei der GASAG gewesen. Da war ich dann schon wieder etwas selbstbewußter. Also, ich bin hingegangen und dachte, entweder klappt es oder es klappt nicht. Ich bin also hingegangen und hab' mich da hingesetzt, hab angefangen zu schreiben. Erst da so einen Aufsatz: „Was stelle ich mir unter dem Beruf der

Bürogehilfin vor", „Die Stromversorgung unserer Stadt" oder „Meine Straße". Das sind doch Themen, die sind doch irgendwie ein bißchen blöde. Also dann hab ich geschrieben über die Bürogehilfin und da hab' ich geschrieben, daß das bestimmt ein stressiger Beruf ist, wenn das Telefon klingelt und man mit den Akten über den Flur rennt, naja, und da haben sie mich auch nicht genommen.

Da mußte ich übrigens auch rechnen, und da war also so was – also Allgemeinbildung. Und da fragten sie, wer hat die Oper „Der Zigeunerbaron" geschrieben?

Meine Mutter hat auch Arbeit gesucht und dann ist meine Mutter putzen gegangen. Der Alte hat wieder gebrüllt, ‚geh arbeiten und faules Schwein', usw. Weißt Du, wie das so ist. Und dann hab ich gesagt, Scheiß drauf, gehst Du eben vier Stunden arbeiten. Da war ich auch schon mit Frank zusammen. Der hat gesagt, vier Stunden reichen, erhol Dich erst mal, weil ich total kaputt gewesen war. Naja, und dann hab ich eben geputzt, erst vier, dann sechs, zum Schluß acht Stunden. Dann bin ich also von fünf – also um fünf hab' ich angefangen, um vier aufgestanden, also von fünf bis zehn und dann noch einmal von eins bis fünf arbeiten gegangen in der Schule. Erst war ich bei der Polizei morgens und dann nochmal nachmittags in der Schule. Ich meine, wenn man so wie ich seine 20 - 25 Dinger weg hat in einer Woche, dann ist man schon so weit, daß man sagt, was renn' ich denn da überhaupt noch rum, da geh' ich doch lieber auf's Arbeitsamt. Gearbeitet hab ich doch schon, und auf's Arbeitsamt gehen doch andere auch. Naja, und dann, als Putze, hab ich mich immer gefühlt, als wenn ich 'ne nackte Türkin wäre, so 'ne Dreckschwarte über meinem Körper oder so hätte. Die haben mich angeguckt, so von oben bis unten, so als wenn ich die Gicht hätte, oder so. Die gucken einen an. Und da hab ich – ich hab' manchmal so geweint, ich war fertig, also, das ist schon unnormal. Ich hab schon echt gedacht, ich muß mal zum Psychiater. Ich war richtig – ich hatte bestimmt 'n Knacks weg gehabt in dieser Zeit.

Auch so, wenn ich auf der Straße gelaufen bin, hab ich mir manchmal sogar schon eingebildet, daß die sagen: ‚I, da kommt die Putze' oder so was. Oder wenn wir weggewesen sind, so zu Freunden oder zu Arbeitskollegen, dann haben viele Frauen so angefangen über Berufe zu reden und: „Was machst Du denn?" – „Raumpflegerin". Die anderen ganz schockiert: „Raumpflegerin, ach Gott, die Arme, die tut mir aber leid" – so wird man dann behandelt. Das ist auch nicht schön. Da kriegt man noch 'nen Knacks weg. Ich meine, gut, wenn ich vierzig wäre, dann würd' ich mir nichts draus machen, als Putze zu gehen, denn manchmal, wenn man Glück hat, dann ist das wirklich ein Lacher, was man da machen muß. Doch ich meine, mit achtzehn oder siebzehn – und dann irgendwo putzen, das ist nichts. Es gibt ja auch viele Leute, die sagen, bevor ich putze, gehe ich auf's Sozialamt. Und ich hab eben gedacht, bevor ich zum Sozialamt gehe oder zum Arbeitsamt, gehe ich lieber putzen. Ich meine, irgendwie fand ich das richtig, was ich tat, wie ich mich entschieden habe. Ich find' es noch heute richtig. Aber da macht man doch ganz schön – ich meine – putzen ist ja ein Beruf, wie jeder andere, find' ich, nicht?

Ich bin so ein richtig arbeitssuchender Mensch. Aber jetzt im Moment suche ich 'ne Wohnung. Ich such immer irgendwas. Ja ich hab gesucht und gesucht. Ich war schon als Verkäuferin gewesen, hab' mir überall was angeguckt. Aber bloß nicht mehr als Putze. Ja und irgendwann stand dann mal in der Zeitung, ‚Pflegekraft gesucht'. Ich ruf da an, sollte um 12.00 Uhr da sein. Da hatte Frank noch „schlecht Wetter" und sagte: „Na, ich fahr Dich da hin", denn nach Kohlhasenbrück ist ein ganz schönes Stück. Naja, und dann waren wir schon um halb Zwölf da. Ich sagte: „Nee, da kann ich doch noch nicht reingehen." Da sagte er, „los geh rein, besser 'ne halbe Stunde zu früh als 'ne halbe Stunde zu spät. Das macht immer 'nen besseren Eindruck." Na also, ich rein, da sagen die, „Na wunderbar, daß sie die erste sind und pipapo. Dann haben sie sich mein Zeugnis angeguckt, Lebenslauf haben sie gar nicht groß beachtet, und ich hatte ja schon privat 'ne Bekannte von meinen Eltern gepflegt, die war halbseitig gelähmt gewesen durch 'nen Schlaganfall. Und das hab' ich da auch erzählt. Und da sagt sie, „Da sind Sie genau die Frau, die wir suchen". Da hab' ich mich natürlich gefreut. Und sie sagt: „Machen Sie das mit ihrer Firma klar, kündigen Sie, usw., dann können Sie Freitag gleich anfangen." Na, und da hab' ich Freitag angefangen und es gefällt mir da ganz toll. Das ist ein privates Altersheim. Aber es ist ganz toll da, ich weiß nicht, irgendwie bin ich auch erfüllt. Also, wenn ich von der Arbeit komme, dann weiß ich, ich hab' was geschafft. Und ich krieg auch 10,-- DM die Stunde. Also ich hab' da ein Gehalt. Ich krieg da 1600,-- DM Brutto. Da bleiben so 1200,– DM übrig. Das erhöht sich aber. Ich hab' da jetzt erst mal ein Vierteljahr Probezeit. Einen Monat hab' ich schon rum. Naja, ich finde, das ist wirklich so was ganz Tolles. Erstmal hab ich da auch was mit Medizin zu tun. Ich kann dann da Spritzen geben und Medikamente austeilen. Ich mach mich nicht tot und kann da mein Wissen etwas aufbessern. Wir haben da eine Oberschwester, die ist eine examinierte Krankenschwester und die weiß ja alles in der Medizin. Die frag' ich jeden Tag und löcher sie mit Fragen, das kriegt die Chefin mit. Und sie findet das ganz gut, daß ich mich dafür interessiere.

In der ersten Zeit, als ich noch so rumgerast bin nach 'ner Lehrstelle, da hab ich ja immer noch gealbert, da hab ich das ja auch noch nicht so bewußt gesehen, daß ich was für die Zukunft tun muß, daß ich ein Stück voraussehen muß und nicht nur heute sehen kann, oder was. Das hat man also gar nicht so bewußt gesehen, man war eben noch so'n bißchen Kind. Und jetzt ist es so schwer, wenn man jetzt direkt damit konfrontiert wird, jetzt – also, wenn jetzt jemand zu Dir sagt, Du mußt, also, das ist so, als ob jemand Dir 'ne Moralpredigt hält. Man ist auf dem Weg jetzt nach vorne, ja, in ein weiteres Leben. Man checkt das aber nicht, das ist so eine ganz doofe Zeit. Man weiß nicht, was ist überhaupt los mit Dir? Das weiß man alles nicht . . . und irgendwann kriegt man das dann aber mit – wenn man Glück hat. Und wenn nicht, naja.

Ich hab das so zu spüren gekriegt im Bewerbungsbüro. Ich hatte im Haar so 'ne lila Strähle drin. Ich bin immer hingegangen mit Jeans, mit frischgewaschenen Jeans, Pulli und 'n Paar Turnschuhe und einer normalen Jacke. So richtig normal angezogen. Und eben die Haare waren so'n bißchen zauselig, da war die Dauerwelle schon langsam so, na, so wie jetzt ungefähr rausgewachsen – und dann hatte ich eben noch diese Strähne und aufgrund dessen haben die schon immer gleich gemerkt, was los war und ich wußte dann immer gleich Bescheid. Das zeichnet schon gleich den Charakter irgendwie aus, dachte ich. Irgendwas muß ja an mir sein, was den anderen Leuten nicht so richtig paßt. Ich meine, wenn ich eine Arbeit gehabt hätte oder irgendwas gelernt hätte, dann könnte ich auch so rumlaufen, wie mir das gefällt. Ein bißchen verschlampt, oder so. Ich finde, man will ja was von den Leuten und nicht nur die von einem selbst. Und dann muß man eben auch schon was machen – Kleider machen Leute –. Das war immer schon so. Also, zum Beispiel, was ich erlebt hab'. Ich stehe in der U-Bahn und habe meine Lederjacke an von meinem Vater. Diese blaue Strähne im Haar und Turnschuhe und so. Locker stehe ich da und hab' geraucht. Und neben mir, also, ein Stückchen weiter, eine Frau, so richtig schön, so im Kleid und raucht eben auch. Und da kommt der BVG'er – die haben da grad 'ne Razzia gemacht. Und der kommt und guckt mich an: „Fahrschein, mal bitte". „Na bitte schön". Da sagt er: „Mach mal gleich die Zigarette aus". Da sage ich: „Moment, ich nehme noch eben zwei Züge und dann mache ich sie natürlich aus." Da sagt er: „Wenn Sie nicht sofort die Zigarette ausmachen, dann kriegen Sie ein Verbot" oder was. BVG-Verbot oder was. Dann muß man immer zu Fuß gehen. Stell Dir das mal vor. Und da hab ich zwei Züge genommen und hab' die Zigarette ausgemacht. Und dann war der nun befriedigt. Aber mich hat es geärgert. Und er ist ja dann gegangen. Und die andere, die stand einfach da und hat geraucht. Der hat nur gehofft, daß ich keinen Fahrschein habe, weil die sich freuen, wenn man keinen Fahrschein hat. Wenn ich jetzt so auf dem Bahnhof stehe und man sieht so aus, dann finde ich, daß die irgendwie doch immer Streit suchen. Leute, die normal aussehen, kriegen keinen Ärger. Man kommt an den Punkt, wo man sich irgendwie entscheiden muß. Klar, ich finde, das ist irgendwie was ganz wichtiges. Das sollte man auch gar nicht ignorieren. Ich finde, das ist eine ganz wichtige Phase im Leben. Wenn Du jetzt von der Schule kommst und davor stehst, ich meine, daß man sich direkt entscheiden muß, entweder – oder. Und ich finde, das ist ganz wichtig. Entweder, man hat einen, der einem einen Ruck gibt, einen Stoß über die Schwelle oder man bleibt davor stehen.

Wer war denn das bei Dir?

Marion: Ich glaube, der Frank war das gewesen. Ich meine, das fing ja schon damit an, daß ich nie Geld in der Tasche hatte. Ich hab' damals 6,– DM verdient in der Stunde. Also ich hatte 700,– DM raus im Monat. Und ich hab meine acht bis neun Stunden gearbeitet pro Tag. Und ich hab nichts gesehen. Und wenn wir dann wirklich mal weggegangen sind, ich hatte ja auch nie Geld. Irgendwie ist das ein Scheißgefühl, wenn man so rumhängt – also – ich kann Dir das gar nicht so sagen. Aber irgendwie – ich weiß, wie das ist – das ist was ganz Doofes,

Der Frank hat gelernt, der war im zweiten Lehrjahr oder im dritten. Anfang des Dritten war er gewesen. Dann hat er gesagt, wie beschissen das eben ist mit den Lehrherrn, mit den Lehrstellen usw. Wo er ja nun auch Recht hat, nicht. Also, ich finde, durch den Frank oder was, da hab' ich, ich weiß nicht, da konnte man zugucken, wie ich mich verändere – also zumindest in der ersten Zeit, da bin ich auch noch rumgeflippt. Ich bin auch so zur Arbeit gegangen und das war vielleicht ausschlaggebend, daß ich nur so im Lager sitzen durfte. Ja, und da hat der Frank gesagt, so, wie Du rumläufst, da würde ich Dich auch in den Keller schicken zum Staub wischen. Irgendwie sind das so Späße. Aber man grübelt dann trotzdem darüber nach. Man macht sich auch seine Gedanken.

Es gibt ja viele Leute, die im Beruf mit Jackett rumlaufen und nach Feierabend rennen sie wie ein Punk rum. Ich meine, und solche Leute bewundere ich irgendwie. Die können noch immer irgendwie unterscheiden, Beruf und Privatleben. Und das finde ich toll. Ich weiß nicht, ob ich das könnte.

Frank will das auch nicht, daß ich so rumrenne, das spielt vielleicht auch noch 'ne Rolle – man will ja seinem Partner auch irgendwie ein bißchen gefallen.

Der ist früher auch mit Jeans rumgelaufen, der trägt heute noch Jeans. Und ich würde auch gerne Jeans tragen, gegen Jeans habe ich nichts, aber er, so mit Amihemd, und das mag ich eben nicht, das hab ich ihm auch gesagt. Wenn er alleine weggeht, dann zieht er eben seine Amihemden und seine Stepper an. Ich meine, ich hab ja auch so irgendwie Vorstellungen, wie mein Mann aussehen muß. Und das sag ich ihm. Und ich geh dann los und hol ihm ein Hemd oder was. Eben was mir gefällt. Das zieht er dann auch an. Das beeinflußt einen dann in der Partnerschaft. Man muß ja irgendwie so ein bißchen gemeinsam laufen und auch äußerlich ändert man sich irgendwie. Manchmal benehme ich mich und komm mir vor, als wenn ich Frank selber wäre, so jetzt vom Sprechen her oder was. Manchmal wundere ich mich und denke mir: „Bist Du doof?"

Meinst Du nicht, daß es geht, daß man in einer Beziehung man selbst bleibt? So mit eigenen Kontakten und eigenen Freunden?

Marion: Ich meine – na klar, würde das gehen – aber ich meine, dazu müßte man den richtigen Partner haben. Ich weiß nicht, wie ich Dir das erklären soll. Also, wenn ich zu Frank sagen würde, Du hast Dein Privatleben, Deine Freunde und kannst das alles machen und ich hab' meine Freunde und komme abends nach Hause und dann beginnt erst mal unser Familienleben, ich weiß, das würde gar nicht gehen. Ich weiß nicht, wie ich Dir das erklären soll.

Ich meine also – das würde schon gehen. Bloß, ich finde, er würde dann denken: Was macht sie jetzt, mit wem ist sie jetzt zusammen? Und wenn ich alle seine Freunde kennen würde und ich wüßte, was die so für einen Charakter haben, also, Mißtrauen spielt eine große Rolle. Sieh mal, meine Eltern sind dreißig Jahre zusammen und er ist eifersüchtig wie ein Verrückter. Ich finde, wenn das nach 30 Jahren noch so ist, so was würde ja nie gut gehen, das kann ja gar nicht gut gehen. Meine Mutter muß pünktlich zu Hause sein, sonst macht er ihr 'ne Szene (lacht). Ich meine, es ist traurig, daß es so ist.

Wie stellst Du Dir jetzt Dein weiteres Leben vor?

Marion: Erstmal wollen wir eine eigene Wohnung haben. Wir haben schon ein paar Beziehungen, mit dem Renovieren, den Möbeln und so. Und wenn wir eine eigene Wohnung haben und alles hat sich so richtig eingespielt, dann würde ich gern ein Kind haben wollen. Von mir aus würde ich jetzt schon ein Kind haben wollen. Ich weiß nicht, ey, ich wollte schon immer ein Kind haben. Von mir aus hätte ich mit 16 schon immer ein Kind haben wollen. Ja, ich muß unbedingt ein Kind haben. Also, bei mir in der Familie schmeißen die wie die Karnickel. Meine Mutter hat acht Kinder gekriegt, meine Schwägerin kriegt jetzt auch das zweite und meine andere Schwägerin kriegt jetzt auch eins. Meine eine Schwester hat ein Kind, die andere Schwester hat ein Kind. Die haben also alle ein Kind. Aber irgendwie, ich weiß nicht. Wenn ich eine Frau sehe mit 'nem dicken Bauch, also ich will da sofort hingehen und immer den Bauch anfassen (lacht). Ich mach immer nur so 'nen Harten, aber in Wirklichkeit ist das nicht so. Ich meine, ich kann ja genauso heulen, wie jeder andere Mensch auch. Ich weiß nicht. Ich hab das vielleicht von meinem Vater, weil der zeigt das alles eben auch nicht so, daß er genauso Gefühle hat wie andere auch. Und ich überspiele das immer mit Lachen. Und so, wenn ich zu Hause bin, dann merke ich, wie dreckig es mir eigentlich auch geht. Ich war schon immer so'n Typ gewesen, der lieber Probleme von anderen anhört und nicht andere Leute mit seinen Problemen vollquatscht. Die Einzige, die ich vollquatsche, ist meine Mutter, und dann hilft sie mir, so wie sie das kann.

In der Zeit, wo Du eine Lehrstelle gesucht hast, warst Du da noch im Jugendheim?

Marion: Doch da bin ich immer zur Mädchengruppe gegangen. Auch als ich gearbeitet habe. Dann war ich mit Frank zusammen, aber nicht so zusammen wie jetzt. Da sind wir immer nur rumgezogen in Diskotheken. Da hab ich mich so ein bißchen abgesondert, auch zur Mädchengruppe. Ich bin zwar hingegangen, aber es war nicht so wie früher, daß ich wie 'ne Bekloppte, so auf Punk – drauf gewartet habe, daß Feten stattfinden, auf denen man rumflippen kann. Ich finde auch, so ein Jugendheim soll die Freizeit gestalten. Zum größten Teil ist da gar kein Anreiz. Ich finde, die Jugend hat auch so gar keinen Bock mehr auf Freizeit, so wie das früher war. Da haben sie Spiele gemacht und alles. Das hat ja nun nichts mit Kind oder Erwachsenen zu tun. Die Jugend möchte jetzt nur noch Musik hören, bis die Ohren rot sind und Krawall machen. „Ich bin hier der Stärkste" und rauchen und saufen, ein bißchen Hasch rauchen und so. Ich meine, das ist jetzt alles ‚in', früher war das nicht so ausgeprägt.

In der Mädchengruppe ist es anders gewesen. Ja, in der Mädchengruppe, als auch die alten Leute noch drin waren, ich meine die Carola und die Gerda, da hat das noch Spaß gemacht. Da sind wir immer Essen gegangen, ins Kino gegangen, öfter ins Frauenzentrum oder haben mit anderen Mädchengruppen diskutiert und mal ein Fest veranstaltet, nur Mädchen. In der Weißen Rose damals. Ich weiß nicht, Du warst doch auch da. Das war doch mal was! Da hat man so ein Ziel vor Augen: Das wollen wir machen, z. B. ein Theaterstück. Also, ich fand das erste Stück, was wir gemacht haben, ganz toll. Das würde ich immer wieder spielen auch jetzt noch mal. Damals war ich fünfzehn oder sechzehn. Aber ich würde jetzt wieder mitmachen. Wenn man selbst was produzieren kann, kann man sagen, also das haben wir auf die Beine gestellt.

Meine Mutter und die Mädchengruppe haben mir beigebracht, meine Meinung zu sagen. Wir haben gelernt, uns offen die Meinung zu sagen. Zuerst war das schwer. In der Gruppe sagt man: „Carola, das war nicht so gut von Dir gewesen", und Carola sagte: „Ich fand das ganz normal", und dann haben wir darüber diskutiert und die anderen sagten halt auch ihre Meinung dazu. Ich war vorher so zurückhaltend und finde, daß die Mädchengruppe mich irgendwie geprägt hat. Jetzt konnte ich mich besser mit Mädchen auseinandersetzen, diskutieren. Vorher hatte ich immer irgendwie Angst. Vorher war ich schüchtern, ich dachte, ich könnte was Falsches sagen und überlegte vorher immer fünf Mal, ob ich dann überhaupt was sage. Durch die Mädchengruppe hab ich das alles so mehr gelernt, mich auszudrücken.

Unsere Erzieherin hat das immer toll gemacht. Die macht es jetzt noch gut. Mit ihr hab ich mich immer gut verstanden, hab irgendwie die Hemmungen hinter mir gelassen. Ich war immer ich gewesen. Das ist was ganz – ich weiß es nicht. Wenn man so richtig von der Seele her quatschen kann, das ist was ganz anderes, als wenn man nur rumsitzt und hört, was die anderen sagen.

Vermißt Du das nicht manchmal?

Marion: Vermissen? Was weiß ich. Wenn ich mit Frank Zank habe oder den einen Tag, wo wir uns getroffen haben, da hab ich mit Frank Stunk gehabt, da hab ich mich angezogen und bin zur Mädchengruppe gegangen. Ich denke – man denkt da nicht so intensiv dran. Das sind mehr Erinnerungen – ich meine – manchmal denke ich schon daran, wie schön das früher gewesen ist. Aber ich finde, es wird eben nicht mehr so schön, wie es mal gewesen ist, kann es auch gar nicht.

Gibt es jetzt andere Zusammenhänge, in denen Du – wie Du eben selbst gesagt hast – Du selbst sein kannst, was produzieren kannst? Macht Du das woanders?

Marion: Ich rede zum Beispiel viel mit meiner Mutter. Ich rufe sie an und kann mit ihr quatschen, manchmal bis in die Nacht hinein. Und irgendwie hilft einem das, wenn man einfach so losredet. Es muß ja nicht immer in der Gruppe sein. Doch wann und was soll ich zu Hause produzieren. Ich kann höchstens mein Essen produzieren (lacht) und meinen Abwasch.

Weißt Du eigentlich, was die anderen so machen?

Marion: Och, die Gerda hat angerufen zu meinem Geburtstag. Ich hab sie auch mal getroffen in der Diskothek „Twenty five" mit der Sabine zusammen. Die sind ja nun auch alle in meine Klasse gegangen und tun dann alle so, als wenn sie einen nicht mehr kennen. Ich war auf dem Rummel gewesen und da war auch meine halbe Klasse gewesen und wir sind alle bloß immer aneinander vorbeigelaufen. Wir waren ja auch nicht in einer Meute, waren oft mit Freund und sind alle bloß aneinander vorbeigelaufen, obwohl wir uns gesehen haben. Aber da ist irgendwie so eine Spannung.

Also zur Zeit hab ich gar keine anderen Freunde. Wir gehen zu seinen Arbeitskollegen hin. Eine Zeitlang war ich mit der Erika zusammen. Mit der war ich schon zweimal verreist. Aber das ist alles ein bißchen abgebrochen.

Ich finde, daß Mädchenfreundschaften immer zerbrechen, gerade wenn man einen Typen kennenlernt. Ich hatte schon mehrere Freundinnen, also so durch dick und dünn. Das ist immer zerbrochen, weil man sich irgendwann für Jungs interessierte. Das bleibt ja nicht aus, das ist ja irgendwie normal und daran zerbricht so 'ne Mädchenfreundschaft.

Ich finde das eigentlich doof, aber das ist doch immer so 'ne Sache. Ich find es zwar doof, aber was kann ich dagegen machen? Ich meine, ich könnte höchstens mit ihr darüber quatschen. Aber im Grunde genommen nützt das ja auch nicht viel, weil – die Typen sind ja so besitzergreifend und wollen ja ihre Freundin für sich alleine haben. Wenn ich sagen würde, also – heute ist Dienstag und heute gehe ich mit Bärbel weg, das ist also, ich müßte das dann alles so ordnen. Also ich finde, es muß auch plötzlich kommen, was weiß ich, von einer Stunde zur anderen. Wenn ich wirklich Lust habe, dann müßte es auch möglich sein, so was zu sagen. Also für mich ist eine Freundin eine Freundin. Und ob da nun jetzt ein Typ kommt – das bleibt trotzdem meine Freundin, und da sollte man auch nicht den Kontakt abbrechen. Und dann gibt es auch Freundinnen, die denken, sie können dann nicht mehr anrufen, weil ihre Freundin jetzt einen Freund hat und können nicht hingehen zu ihr, weil sie dann denken, sie stören. Ich finde, da wird einfach angerufen und basta!

Aber ich gehe sowieso nicht gerne in eine Kneipe. Schon gar nicht alleine und auch nicht mit 'ner anderen Frau. Wenn die Männer was gesoffen haben, werden sie sowieso blöde und dann sieht man so richtig, wie doof sie sind. Dann könnte ich denen immer eine reinschlagen. Und in Diskotheken kann man sich nicht unterhalten. Und meine Freundin hat es so blöde zu Hause wegen ihres strengen Vaters. Und bei mir sind Schwiegervater und Schwager und 'ne fremde Familie und irgendwo muß man sich ja auch hinsetzen.

Und wenn man jetzt so wie ich einen Partner hat, dann wird man natürlich auch ein bißchen eingeschränkt. Das ist so ein Schritt, den man sich irgendwie überlegen kann, aber ich finde, daß die meisten sich das gar nicht überlegen. Wenn ich mich jetzt verlobe und pipapo, kann ich eben das und das nicht mehr machen. Oder ich verlob mich jetzt eben nicht und dann kann ich eben das und das alles noch machen. Das ist auch wieder so eine Sache, wo man sich entscheiden muß, nicht?

3. Alternativen – Vorschläge – Forderungen – Ein Fazit

Die Notwendigkeit, Alternativen formulieren zu müssen und zu wollen, verursacht ‚Streßbeschwerden'. Denn das logische Fazit aus unseren Erfahrungen und Erkundungen wäre der fromme Wunsch nach einem Ende unserer patriarchalen Gesellschaftsform und ihren deformierenden Auswirkungen – unserer Meinung nach besonders auf Männer. In der augenblicklichen Situation können wir kaum noch mit ihnen rechnen, denn sie sind in ihrer Machtposition, so auch nicht mehr veränderbar, weil unerreichbar. Doch sie ‚sitzen' nunmehr überall an den Schaltstellen des gesellschaftlichen Lebens – als Heimleiter, Bürovorsteher, Amtsleiter, Senator . . . und nicht zu vergessen – als der Junge von nebenan, der im Jugendheim den ‚Macker' rausläßt.

Bleiben wir bei der institutionellen Jugendarbeit. Wir Frauen haben in den letzten Jahren alle unsere Energien investiert, um Möglichkeiten, Räume und Lebensräume für Mädchenarbeit im Rahmen von Jugendarbeit auszuhandeln:

- Wir haben um Stellen für Frauen gekämpft, die diese Arbeit machen können und wollen. Kaum ein paar Stellen gibt es.
- Wir haben von den theoretischen und praktischen Überlegungen vieler Frauen gelernt und eigene theoretische und praktische Überlegungen formuliert – sie sind nie eingegangen in das öffentliche Denken, in das gesellschaftlich anerkannte Denken über die Jugendarbeit – es sei denn, unsere Überlegungen fanden unter tiefen Verbeugungen vor männlichen ‚Autoritäten' statt.
- Wir haben von den männlichen Kollegen Unterstützung erwartet, indem wir hofften, daß sie endlich eine emanzipatorische Jungenarbeit entwickeln und in die Hand nehmen würden – wir haben den ‚Jungenansatz' sogar vorformuliert, doch es erfolgte keine nennenswerte Reaktion darauf. Wo sind die Männer, die auch sagen, daß sie unter ‚Männermacht' leiden?
- Wir haben gesehen, wie sich andere Kolleginnen teilweise mit dem Gegebenen arrangierten (arrangieren mußten) und die endlich aufgebrochenen Widersprüche wieder zuschaufelten. Wir mußten die Spaltungen zähneknirschend hinnehmen.

Das einzige, was wir nicht wußten, war: Die Mädchen fordern, mitzumachen, einzusteigen – oder auch auszusteigen – wie man es eben sehen will. Viele haben ihre Chance zur Autonomisierung – zumindest im Rahmen einer Mädchengruppe im Jugendheim – sofort wahrgenommen, ja sogar unermüdlich herausgefordert.

Vielleicht haben wir die Kraft, die von den Mädchen ausgeht, einfach unterschätzt, ihre Ausdrucks- und Widerstandsformen nicht erkannt oder aber unseren Streß als bezahlte Mädchenarbeiterinnen zu stark in die Arbeit mit einfließen lassen. Das heißt nicht, daß die Mädchen nicht von unseren Kämpfen lernen, nicht beteiligt sein sollten, am Widerstand gegen bürokratische Ordnung, eingefahrene Hierarchien und Moralvorstellungen. Doch die ‚Befreiung' mancher Pädagogin hat die Mädchen vielleicht um eigene Chancen zur ‚Befreiung' gebracht – zumindest dann, wenn die Pädagogin erhobenen Hauptes die Arbeitsstelle hinter sich gelassen hat.

Setzen wir also unmittelbar bei den Mädchen an. Sie haben uns einiges voraus, zum Beispiel ihre Unbefangenheit, einen ‚Typen' doof zu finden' oder einen Heimleiter einfach zu ignorieren. Sozialarbeiterinnen würden Schweißausbrüche bekommen, würde das an ihrem ARbeitsplatz – auch wenn es noch soviel gute Gründe dazu geben würde – von ihnen verlangt.

Auch sind die Szenen- und Beziehungsstrukturen der Mädchen in und kurz nach der Pubertät noch nicht so festgefahren. Sie haben weniger Verlustängste, spielen mit ihren Möglichkeiten, sich abzugrenzen oder heiß lieben zu können. Das eröffnet ihnen manch aufregenden Erfahrungshintergrund. Wir haben oft zu lange gewartet, solange, bis ihre Kreativität gebrochen und ihre Begeisterungsfähigkeit gebremst war. Nun hatten sie zwar einen mit uns gemeinsamen Leidenshintergrund, doch auch ihre Energien hatten gelitten, die, die nötig gewesen wären, aus einem Gefühl der Wahl, der freiwilligen Entscheidung heraus, für sich selbst autonome Lebensformen zu entwickeln. Die uns oftmals fast zwanghaft anmutenden Wiederholungen von enttäuschenden Erlebnissen, in die sich die Mädchen freiwillig begeben, nachdem sie bereits desillusioniert waren von der ‚Traummannideologie' und von dem Glauben an eine Veränderung der Lage durch eigene Kraft, sind Beweise für ihre fatalistische Hartnäckigkeit. Warum warten wir so lange? Sagen wir doch selbst, daß Mädchen, die die Angebote der offenen Jugendarbeit wahrnehmen, meist noch vor ihrem Identitätsbruch in der Pubertät stecken. Ihre Vitalität, ihr Wissensdurst und ihre Träume von einer spannenden Welt als erwachsene Frau müssen doch nicht erst zerstört werden. Die Verbindung zwischen ihren Hoffnungen und den realen Möglichkeiten, die sie erwarten, kann von ihnen selbst viel aktiver hergestellt werden, wenn bereits in der Pubertät Alternativen angeboten werden. Freilich werden sie von den Mädchen in dem Moment noch nicht als Alternativen wahrgenommen, da der Alltag erst langsam beginnt, sie aus ihren Träumen herauszureißen. Doch das Wissen um diese Alternativen gibt ihnen Stärke, auf die sie später zurückgreifen können.

In Ergänzung und nicht in Abgrenzung zu ihren Müttern fehlen Leitbilder und Personen – Frauen und Mädchen, die die Möglichkeiten einer lebbaren Autonomie in den Bereich des Wirklichen rücken. Weibliches Liebesvermögen ist eine Stärke, weibliches Arbeitsvermögen ist eine Stärke – doch die gesellschaftliche Unterdrückung, Ausbeutung und gleichzeitige Nutzung produziert Leiden. Dieses Leiden erfahren die Mädchen sowohl täglich im Jugendheim als auch auf der Straße und in der Familie. So ist es nicht nur unsere Aufgabe, dieses Leiden zu mildern, sondern die zugrundeliegenden Stärken sichtbar zu machen. Mädchen brauchen Momente, Tage, Alltage, in denen sie ‚auf sich selbst abfahren können', so wie bei der Aufführung ihrer Theaterstücke, ihrer äußerlichen Stilbasteleien oder beim Lay-Out einer Mädchenzeitung.

Die Mädchen, die in ihrem Wohnbereich ‚ihr' Freizeitheim besuchen, kennen meist nicht mal ihren eigenen ‚Kiez'. Es war bisher vornehmlich ein Jugenprivileg, unterstützt durch Familie und Schule, über den eigenen Wohnblock hinaus Erkundungen anzustellen, die Konfrontation mit dem Fremden zu suchen. Mädchen haben da viel aufzuholen, um sich alternative Orientierungen zu ihrer eigenen ‚Vier-Wände-Kultur' (vgl. McRobbie/Garber, 1979 und die Expertise von Fromm/Savier, 1982) zu ermöglichen.

Es gibt berechtigte Gründe für ihre Angst, das gewohnte (sichere) Territorium zu verlassen: Die Gewalt auf der Straße, fehlendes Geld für Unternehmungen, die schnelle Etikettierung von ‚deviantem' Verhalten, wenn sie sich aus dem kontrollierten ‚Sicherheitsbereich' begeben. Doch es gibt auch neue, wirklich sichere Bereiche für Mädchen. Das sind die Bereiche, die von Frauen für Frauen organisiert wurden. Die Frauenbewegung mit ihren eigen-kulturellen Spiel- und Arbeitsweisen, die zwar nicht unbedingt leicht zugänglich und nicht direkt für Mädchen gemacht, so doch auch von Mädchen zu erobern wären. Die Verbindung dazu muß von uns Frauen hergestellt werden. Wir sprechen hier von Frauenkneipen, Frauenbuchläden, Workshops zu vielen Körper-Kopf-Kulturbereichen, Frauenfilmen, von Frauen besetzte Häuser, Frauen- und Mädchen-Wohngemeinschaften etc.

Im Wannseeheim für Jugendarbeit in Berlin, einer Jugendbildungsstätte, führen Frauen schon seit Jahren Kurse mit Hauptschülerinnen durch.

„Der Alltag von Mädchen ist oft langweilig, Neugier und Entdecker(innen)freude werden kaum angesprochen oder in eine Traumwelt verwiesen. In den Seminaren wollen wir Themen anbieten, die die Neugier der Mädchen ‚anmachen'. Sie sollen Lust bekommen, etwas Neues zu erfahren über Frauen, über sich selbst, und das, was um sie herum passiert. Was haben wir den Mädchen in einer kurzen Woche zu bieten? Wir können uns ihnen zuwenden, sie ernst nehmen, ihnen Informationen geben zu Themen, die wichtig für sie sind. Aber als Pädagoginnen können wir immer nur vermitteln, zwischen den Mädchen und dem ‚wirklichen Leben'. Dabei sollen sich die Mädchen selbst ein Bild machen können und von uns nicht ‚vollgequatscht' oder gar überredet werden" (Heinemann/Naundorf/Pfeiffer, 1981, S. 9).

Die Autorinnen brauchen keine Angst zu haben, sich dem Vorwurf auszusetzen, „die Mädchen überredet zu haben". Zu was, in Abgrenzung zu wem? Die Mädchen sehen, was sie sehen wollen, Interpretationen sind kaum mehr nötig, denn die Auswirkungen der Institution ‚Ehe' beispielsweise werden ihnen zu Hause tagtäglich vor Augen geführt. Die Alternativen sind es, die fehlen. Beispielsweise die Möglichkeit des schlichten Allein-Lebens, die Erprobung eigener Stärken in relativer Unabhängigkeit oder die Möglichkeiten, gleichgeschlechtliche Beziehungen bruchlos über die Klippen der heterosexuellen Konditionierung retten zu können, also ‚Normalität' als zwangshafte Anpassung infrage zu stellen. Dazu sind Erkundungen in eine ‚fremde', ihnen bisher nicht zugestandene Welt notwendig. Schlicht: Der Erfahrungshorizont sollte mit unserer Unterstützung erweitert, Wahlmöglichkeiten organisiert und die Konsequenzen offen dargestellt werden.

„Begegnungen mit Mädchen, Frauen und Frauengruppen, die eigene Vorstellungen in die Tat umsetzen, sind eine Möglichkeit, dem latenten Anpassungsdruck an das traditionelle Frauenbild direkt und anschaulich etwas entgegen zu setzen. Es geht nicht darum, diese ‚starken Frauen' zu idealisieren, sondern Auseinandersetzungen – mit dem Risiko der Ablehnung – zu provozieren und Identifikationen mit Stärken und Widerstandskraft von Frauen zu ermöglichen. Jedes Mädchen kann selbst entscheiden, wieweit sie sich darauf einläßt" (Heinemann/Naundorf/Pfeiffer, 1981, ebenda).

Doch nicht nur bei der Eroberung neuen Territoriums sind verständniserweiternde Erfahrungen für Mädchen möglich, sondern – trotz profunder Kritik an den Organisationsstrukturen – auch in den Jugendfreizeitheimen selbst. Mädchen sind vielseitig. Sie begeistern sich nicht nur für neue Formen eines kreativen Äußeren oder für alternative Lebensmöglichkeiten, sondern sie sind – im Gegensatz zu Jungen – auch immer wieder bereit, auf verbaler Ebene, in Gruppenzusammenhängen oder in Zweiergesprächen, über sich, ihre Probleme und Wünsche zu sprechen, zu lachen oder zu weinen. Diese Offenheit bietet schon lange die reale Basis der Mädchenarbeit in der institutionellen Jugendarbeit.

In der Freizeitarbeit mit den Mädchen spiegeln sich alle Diskriminierungen, Anpassungsleistungen und Widerstandsformen wieder. Sie erwarten zu Recht eine Klärung der Probleme und eine Aufklärung bezüglich ihrer Verständnislosigkeiten, ihrer Fragen. Die Pädagogin ist dabei die erste direkte Ansprechpartnerin. Das erfordert in hohem Maße ‚Durchblick' und Sensibilität, denn die unterschiedlichen Sozialisationserfahrungen prägen die Mädchen auch in Bezug auf unterschiedliche Verweigerungen oder Anpassungen. Dabei spielt die Geschlechtszugehörigkeit und der Umgang mit der Weiblichkeit der Mädchen, ihrer Verwertung und Entwertung die grundlegende Rolle.

Wir wollen hier vier Bereiche aufführen, in denen die Diskriminierung der Weiblichkeit besonders zum Ausdruck kommt und in denen unserer Meinung nach, im Rahmen von Mädchenarbeit Alternativen besonders notwendig sind.

3.1 Weibliche Sexualität

Die Aberkennung einer eigenständigen Sexualität, eines autonomen Körpers, einer selbständigen sexuellen Wahrnehmung, muß die Mädchen in der Pubertät verunsichern, ihnen das Gefühl der Vollwertigkeit und Autonomie nehmen. Die ‚Erweckung' der weiblichen Sexualität durch den Mann – den Prinzen – findet nie statt, denn sie war ja schließlich längst vorher wach, z. B. im Zusammenhang mit der ‚besten Freundin'. So findet sie nur ein jähes Ende – zumindest als autonome Kraft. Die Zurückeroberung des sexuellen Selbstwertgefühls, Verständnisse und Zugeständnisse an Onanie, Narzismus und selbstbegeisternde

Körperlichkeit müssen in der Mädchengruppe als Alltagsgespräch möglich sein. Massage, Gymnastik, Tanz und Theater läßt uns Frauen und Mädchen den Körper als integrierten Teil unserer selbst wahrnehmen, verteidigen und behüten.

3.2 Das Verhältnis der Mädchen zu ihren Müttern

Auch Mütter brauchen Anerkennung von Seiten ihrer Töchter. Sie hoffen auf deren Unterstützung, mit der sie nicht nur Hilfe bei der Hausarbeit meinen, sondern auch Verständnis für ihren belasteten Arbeitsalltag. Doch viele Mädchen sind oftmals enttäuscht über die Unterordnung ihrer Mütter unter Väter und männliche Geschwister, denn sie empfinden sie gleichzeitig als Herabsetzung ihrer eigenen Persönlichkeit: Männer sind für die Mutter offenbar wichtiger.

Auch wenn Pädagoginnen die abgrenzende Haltung der Mädchen gegenüber ihren Müttern aus ihrer eigenen Geschichte heraus oftmals gefühlsmäßig nachvollziehen können, sollten sie der Spaltung zwischen Müttern und Töchtern entgegenarbeiten. Denn in der Identifikation und gleichzeitigen Abgrenzung der Mädchen von ihren Müttern stellen sich auch immer wieder Parallelen zwischen Pädagoginnen als anerkannte und bezahlte Gefühlsarbeiterinnen und der mütterlichen Gefühlsarbeit her. Pädagoginnen arbeiten im Freizeitheim unter Abhängigkeitsstrukturen, die mit denen innerhalb der Familie vergleichbar sind. Auch die Erwartungen der Mädchen an die Pädagoginnen sind geprägt von den Erfahrungen, die sie mit ihren Müttern machen oder gemacht haben. Sie hoffen, in der Pädagogin eine starke und autonome Frau zu finden, die sich – anders als oftmals die Mutter – gegen die Ansprüche von Männern und Jungen durchsetzt und eindeutig für die Mädchen Partei ergreift. Daß es auch für Pädagoginnen im Freizeitheim schwer ist, diese Hoffnungen zu erfüllen, wurde schon beschrieben. Trotzdem haben sie im Vergleich zu vielen Müttern wesentlich größere Handlungsspielräume (schließlich sind sie ja nicht mit dem Heimleiter verheiratet). Sie können sich beispielsweise den männlichen Ansprüchen dadurch entziehen, daß sie die Aktivitäten der Mädchengruppe zeitweise aus dem Freizeitheim auslagern.

Um dem Mißtrauen zwischen Müttern und Töchtern, hervorgerufen durch Verletzungen und enttäuschte Erwartungen entgegenzuwirken, müßten die Mädchen die Möglichkeit haben, die Stärken ihrer Mütter zu entdecken und die Bedingungen, unter denen diese Stärken zu Schwächen werden oder zumindest als solche bewertet werden, zu erkennen. In der direkten Auseinandersetzung mit der eigenen Mutter entwickelt sich dieser Prozeß nur selten, denn oft ist die Kommunikation zwischen Mutter und Tochter durch eine lange Geschichte problematischer Erfahrungen blockiert.

Pädagoginnen könnten diesen Kommunikationsprozeß wiederbeleben, indem sie in der Mädchenarbeit Projekte zum Verhältnis zwischen Müttern und Töchtern anregen. Die Mädchen könnten ihre oft auch sehr unterschiedlichen

Beziehungen zu ihren Müttern miteinander vergleichen, Unterschiede oder Gemeinsamkeiten feststellen, Positionen erklären, hinterfragen oder kritisieren. Oftmals haben Mädchen zur Mutter ihrer Freundin ein wesentlich besseres Verhältnis als zur eigenen Mutter und können deshalb gar nicht verstehen, was die andere an ihrer Mutter eigentlich auszusetzen hat. Im Laufe eines solchen Auseinandersetzungsprozesses könnten die Mädchen lernen, das Verhalten der eigenen Mutter aus einem neuen Blickwinkel – quasi mit den Augen der anderen – zu sehen. Die Pädagogin kann diesen Auseinandersetzungsprozeß unterstützen, indem sie z. B. Interviews mit Müttern oder anderen erwachsenen Frauen anregt. Denn die intensive Beschäftigung mit dem Alltag und der Biographie von Frauen läßt den Mädchen auch die eigene Mutter mit ihren Stärken und Schwächen oft in anderem Licht erscheinen.

3.3 Öffentlichkeitsarbeit von Mädchen für Mädchen

Die Begeisterung und die Energien, die Mädchen in Mädchengruppen entwickeln, liefern genügend Antriebskraft für Projekte mit öffentlicher Wirkung. Sie haben die Möglichkeiten in der Hand, andere Mädchen direkt anzusprechen, durch Zeitungen, Mädchenkalender, Plakate, Mädchenfeste, Artikel in Zeitschriften etc. Wir Pädagoginnen sollten dazu den Mut der Mädchen organisieren und das technische know how liefern.

Durch Medien, die unmittelbar von Mädchen für Mädchen produziert werden, wird die Auseinandersetzung in der eigenen Gruppe erst zur politisch aktiven Auseinandersetzung, die Widersprüche werden stärker hinterfragt und unterschiedliche Positionen gleichberechtigt ausgetragen. Das Selbstbewußtsein der Mädchen erfährt durch die Veröffentlichung ihres Gruppenprodukts einen Schub Gesundheit und Bedeutsamkeit. Die konkreten Lernprozesse, in Medienprodukten umgesetzt, haben auf kreative Art ein agitatorisches Ziel, und das verleiht Kraft.

3.4 Berufswahl und Berufswünsche von Mädchen

Die Organisierung von neuen Ausbildungsplätzen außerhalb der für Mädchen angebotenen Berufsbereiche liegt sicherlich größtenteils nicht innerhalb der Handlungsspielräume von Mädchen und Pädagoginnen. Doch im Vorfeld dessen sind Aktivitäten notwendig. Erkundungen an entsprechenden Arbeitsplätzen und Interviews mit Frauen, die dort arbeiten, helfen den Mädchen, sich neu zu orientieren und andere Mäglichkeiten kennenzulernen.

Die persönliche Vermittlung des konkreten Arbeitsfeldes, der Vor- und Nachteile des Berufs und der alltäglichen Situation am Arbeitsplatz erleichtert den Mädchen, sich mittels neuer Informationen auf Alternativen zu den traditionell-weiblichen Arbeitsbereichen einzulassen.

Wichtig dabei ist z. B. auch, daß die interviewten Frauen mit ihrer Biografie und augenblicklichen Lebensrealität nicht anonym bleiben und somit die Trennung von Arbeit und Privatleben, die gegen die Interessen der Mädchen läuft, nicht weiterhin zementiert wird.

Die Auseinandersetzung mit traditionell männlichen Berufsfeldern gehört dazu. Wie geht es Mädchen und Frauen in sogenannten Männerberufen? Wie können sie ihre Interessen einbringen und sich gegen die männlichen Strukturen wehren und wo müssen sie sich arrangieren und Kompromisse machen. Warum steigen viele Mädchen aus der begonnenen Lehre in einem Männerberuf wieder aus?

Aber auch: Welche Befriedigung und Erfolgserlebnisse liegen in handwerklichen Tätigkeiten, die nicht traditionell weiblich sind? Dazu wäre neben den Gesprächen mit Frauen auch die sinnliche Erfahrung notwendig. Viele Jugendfreizeitheime verfügen über Werkstätten, in allen Haushalten fallen Reparaturen an und auch der Raum, in dem sich die Gruppe trifft, kann nach eigenen Vorstellungen der Mädchen gestaltet werden.

Da wo es von Frauen be- oder instandgesetzte Häuser gibt, könnte handwerkliche Tätigkeit – in Form von Unterstützung der Projekte – mit dem Kennenlernen alternativer Lebensformen verbunden werden. Hier läßt sich durchaus Neues organisieren. Viele Möglichkeiten sind denkbar.

Anmerkungen

1 In Berlin ist der Mädchenansatz relativ weit entwickelt und praktisch erprobt. Das Berliner Beispiel läßt sich natürlich nicht einfach auf westdeutsche Verhältnisse übertragen, bietet aber wegen seiner ‚Fortschrittlichkeit' die Möglichkeit, Entwicklungen und Tendenzen in der Mädchenarbeit deutlich zu machen und kritisch zu betrachten.

2 Zum Begriff ‚Gefühlsarbeit' vgl.: Sozialarbeiterinnen Frankfurt: Gefühlsarbeit – Die weiblichsten Frauen der Nation: Sozialarbeiterinnen, 1978.

3 Beispiele hierzu beschreibt unter anderem Jörg Kraußlach, in: Aggressionen im Jugendhaus, 1981.

4 Im Vergleich dazu sind die von uns befragten Freizeitheimleiter acht bis zwölf Jahre in ihrem Beruf tätig.

5 Das Theaterstück ‚Nur Luft' handelt von der ständigen sexuellen ‚Anmache', die Mädchen im Alltag erleben und sollte im Jugendfreizeitheim Frobenstraße in Berlin-Schöneberg aufgeführt werden.

6 Die Pädagoginnengruppe hat sich inzwischen aufgelöst. Leider können wir hier nicht im einzelnen auf den Prozeß von ‚Aufstieg und Zerfall' der Gruppe eingehen, auch wenn andere aus einer genaueren Darstellung bestimmt wichtige Schlüsse für ähnliche Projekte ziehen könnten.

7 Das Fest wurde im Rahmen des Jugendkulturfestivals veranstaltet. Wir arbeiteten damals in zwei Schöneberger Freizeitheimen mit Mädchengruppen, die an der Durchführung des Festes beteiligt waren und nahmen auch an der Schöneberger Pädagoginnengruppe teil.

8 Gemeint ist die Jugendbildungsstätte Wannseeheim für Jugendarbeit e.V. in Berlin.

9 Alle Namen in diesem Interview wurden geändert.

Benard, Cheryl/*Schlaffer,* Edit: Liebesgeschichten aus dem Patriarchat, Reinbek 1981
Brake, Mike: Soziologie der jugendlichen Subkulturen, Frankfurt 1981
Brigitte/Deutsches Jugendinstitut: Mädchen 82, Hamburg 1982
Drake, Hans: Frauen in der Sozialarbeit. Sexismus – Die geschlechtsspezifische Diskriminierung, Neuwied 1980
„*Frauwärts*" (Berliner Mädchenzeitung) Nr. 1, 1982
Griffin, Chris: The good, the bad and the ugly. Zur Situation junger Frauen auf dem Arbeitsmarkt, in: McRobbie, Angela/Savier, Monika (Hg.): Autonomie – aber wie!? erscheint im Herbst 1982, München
Heinemann, Gabriele/*Naundorf,* Gabriele/*Pfeiffer,* Dagmar: Wir haben keine Patentrezepte, in: „Courage", Sonderheft Nr. 4/1982
Holzkamp, Christine/*Steppke,* Gisela: Leben und Wissenschaft – Einige Überlegungen zu den Auswirkungen der geschlechtsspezifischen Trennung von Erziehungsarbeit und Erziehungswissenschaft, unveröffentliches Manuskript, 1982
Krausslach, Jörg: Aggressionen im Jugendhaus, Wuppertal 1981
McRobbie, Angela/*Garber,* Jenny: Mädchen in den Subkulturen, in: Clarke, John u.a.: Jugendkultur als Widerstand, Frankfurt 1979
Nava, Mika: Mädchen sind eigentlich kein Problem: Die politische Bedeutung von Ungleichheit in der Jugendarbeit, in: McRobbie, Angela/Savier, Monika (Hg.), 1982
Rutschky, Katharina (Hg.): Schwarze Pädagogik, Quellen zur Naturgeschichte der bürgerlichen Pädagogik, Frankfurt 1977
Savier, Monika/*Wildt,* Carola: Mädchen zwischen Anpassung und Widerstand, München 1979
Savier, Monika: Das Freizeitheim entläßt seine Kinder: Über das Bedürfnis von Mädchen, ihre Freizeit wieder in Freiheit verbringen zu wollen, 1982a, in McRobbie, Angela/Savier, Monika (Hg.), 1982
Savier, Monika: Mädchen in Bewegung, 1982b, in: McRobbie, Angela/Savier, Monika (Hg.), 1982
Schreyer, Michaela: Der Pillenknick, in: Beiträge zur 3. Berliner Sommeruniversität für Frauen: Frauen und Mütter, Berlin 1978
Werner, Vera: Weichenstellungen im weiblichen Lebenszusammenhang: Familienerziehung, Jugendkultur und Einstieg in die Geschlechtsrolle, Studie für die deutsche Unesco-Kommission, Bonn, Oktober 1982
Wood, Julian: Boys, sex talk, unveröffentlichtes Manuskript, 1981

Die Autorinnen:

Rita Eichelkraut, geb. 1951, Sozialarbeiterin, seit 1970 in der Jugendarbeit tätig. Ab 1977 an der Entwicklung eines mädchenspezifischen Ansatzes in der außerschulischen Jugendbildungsarbeit beteiligt. Seitdem Arbeit in verschiedenen Berliner Frauen- und Mädchenprojekten, zuletzt im Team des Forschungsprojektes ‚Mädchenorientierte Jugendarbeit' an der TU-Berlin. Arbeitsschwerpunkt ist die Kulturarbeit mit Mädchen.

Claudia Fromm, geb. 1954, Soziologin. Mehrjährige Tätigkeit in Projekten zur Mädchenarbeit. Lebt in München.

Kreyssig, Ulrike, geb. 1954, Studium der Erwachsenenbildung in Gießen und Berlin, Diplom-Pädagogin, Arbeit mit Frauen an der VHS, im Strafvollzug, zwei Jahre Berlin-dienliche Forschung in dem Theorie-Praxis-Projekt ‚Drogenabhängige, jugendliche Frauen im Strafvollzug', Aufbau und Mitarbeit im Frauenprojekt ‚Violetta Clean', Wohngemeinschaft für drogenabhängige Frauen in Berlin. Verschiedene Veröffentlichungen zum Thema ‚Frau und Sucht'.

Kurth, Anne, geb. 1953, Studium der Sozialwissenschaften in Göttingen und Berlin, Arbeit mit Frauen in verschiedenen sozialen Bereichen, Strafvollzug, VHS, Lehraufträge an der FU/TU Berlin, zwei Jahre Berlin-dienliche Forschung zum Thema ‚Drogenabhängige, jugendliche Frauen im Strafvollzug', verschiedene Publikationen zur Situation süchtiger Frauen, seit 1982 Aufbau und Mitarbeit in der ersten therapeutischen Frauentherapieeinrichtung für drogenabhängige Frauen in Berlin, ‚Violetta Clean'.

Monika Savier, geb. 1952, Sozialpädagogin, bis Ende 1983 wiss. Angestellte in einem Mädchenforschungs- und Praxisprojekt an der Technischen Universität Berlin. Seit Jahren Frauen- und Mädchenarbeit, u. a. mit Prostituierten, jungen Hausbesetzerinnen und im Kultur- und Musikbereich. Verschiedene Buchveröffentlichungen. Seit 1984 Mitarbeit in einem Frauen(aus)bildungsprojekt in Umbrien/Italien.